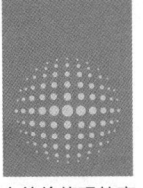

中外价值观教育
前沿论丛

顾　问　杨晓慧
总主编　高　地

欧盟创业教育研究
基于核心素养发展的视角

常飒飒　著

图书在版编目(CIP)数据

欧盟创业教育研究：基于核心素养发展的视角 / 常飒飒著. — 北京：商务印书馆，2023
ISBN 978-7-100-21787-3

Ⅰ. ①欧… Ⅱ. ①常… Ⅲ. ①欧洲联盟－创业－教育研究 Ⅳ. ①G647.38

中国版本图书馆CIP数据核字(2022)第192672号

权利保留，侵权必究。

中外价值观教育前沿论丛

顾　问　杨晓慧
总主编　高　地

欧盟创业教育研究
——基于核心素养发展的视角
常飒飒　著

商 务 印 书 馆 出 版
(北京王府井大街36号　邮政编码100710)
商 务 印 书 馆 发 行
艺堂印刷(天津)有限公司印刷
ISBN 978-7-100-21787-3

2023年1月第1版　　　开本 710×1000　1/16
2023年1月第1次印刷　印张 13¾
定价：70.00元

目　录

总　序 …………………………………………………………………… 1

绪　论 …………………………………………………………………… 1
　　第一节　研究缘起 ……………………………………………………… 1
　　第二节　国内外研究现状与评述 ……………………………………… 7
　　第三节　研究思路及研究方法 ……………………………………… 20

第一章　基于核心素养发展的欧盟创业教育本体释义与理论线索 ……… 24
　　第一节　核心概念释义 ……………………………………………… 24
　　第二节　欧盟基于核心素养发展的创业教育观 …………………… 35
　　第三节　欧盟创业素养理论 ………………………………………… 39
　　第四节　欧盟创业教育的发展理论 ………………………………… 44

第二章　基于核心素养发展的欧盟创业教育历史演进与最新动向 ……… 50
　　第一节　欧盟创业教育的历史分期 ………………………………… 50
　　第二节　欧盟核心素养发展的最新动向 …………………………… 62
　　第三节　欧盟核心素养修订动因分析 ……………………………… 71

第三章　基于核心素养发展的欧盟创业教育特点分析 ………………… 75
　　第一节　欧盟创业教育的两级战略驱动机制 ……………………… 75
　　第二节　欧盟创业教育的终身化发展路径 ………………………… 85
　　第三节　欧盟创业教育的多元化评价主体 ………………………… 91

第四章 基于核心素养发展的欧盟创业教育典型案例分析 …… 100
 第一节 区域协同的育人模式：东南欧创业学习中心 …… 100
 第二节 "自下而上"的组织模式：欧洲青年企业联盟 …… 115
 第三节 职前、职后相衔接的教师教育：欧盟"创业型"
     教师培养 …… 126

第五章 基于核心素养发展的欧盟创业教育可借鉴性分析 …… 137
 第一节 可借鉴性分析的共同基础 …… 137
 第二节 可借鉴性分析的特色比较 …… 143
 第三节 可借鉴性分析的基本结论 …… 153

附　录 …… 170

参考文献 …… 190

后　记 …… 208

总 序

一

当今世界正经历百年未有之大变局。这既是一场发生在经济与政治领域的深刻变局，也是一次人类价值秩序的深度变革。一方面，随着中国的和平稳步崛起，我国的国际地位和世界影响力显著提升，推动构建人类命运共同体、共建"一带一路"倡议得到了国际社会积极响应，赢得了世界人民的广泛认同，中国价值正在全世界显示出前所未有的影响力和感召力。而与之相对的，是老牌发达资本主义国家经济增长乏力，政治与社会风险加剧，长期以来构成西方主导意识形态的自由主义价值秩序面临着越来越严重的深层困境。恰如习近平总书记所言，"我国处于近代以来最好的发展时期，世界处于百年未有之大变局，两者同步交织、相互激荡"。

价值秩序变革必然伴随着激烈的价值冲突。全球化时代，原本植根于不同经济基础、文化样态和制度模式的各类价值观逐渐相互激荡、彼此碰撞，包括现代价值与传统价值的碰撞、世俗价值与宗教价值的碰撞、社会主义价值与资本主义价值的碰撞等。尤其在保护主义、孤立主义与民粹主义大行其道的当下，文明间的交流互鉴与相互理解显得格外重要。习近平总书记指出，"文明是多彩的，人类文明因多样才有交流互鉴的价值"，"文明是平等的，人类文明因平等才有交流互鉴的前提"，"文明是包容的，人类文明因包容才有交流互鉴的动力"。以更加开放包容的精神，积极吸收和借鉴人类文明的有益成果，同世界各国一道携手构筑"和平、发展、公平、正义、民主、自由"的全人类共同价值，为社会发展进步提供正确的精神指引和强大的精神动力，是当代中国价值观建设的重要使命。

从价值秩序变革和价值冲突加剧的背景出发，教育的基础性、先导性地位愈发得到凸显。为了应对复杂的世界局势，确保未来的生存权和发展权,世界各国都日益注重通过教育树立主导价值,凝聚价值共识,为本国、本民族培养人才。可以说,价值观教育已经成为一个兼具民族性与世界性的人类课题。对于中国而言,中国价值的影响力和感召力既取决于中国价值观自身的科学性、真理性,同时也取决于能否开展行之有效的价值观教育与对外价值传播。党的十八大以来,我国高度重视通过价值观教育承载马克思主义理论研究和实践传播,广泛开展培育和践行社会主义核心价值观、大中小学思想政治理论课建设、深化创新爱国主义教育等实践活动,为全社会的有序运行、良性发展提供了明确的价值准则和价值引领,在各种利益矛盾与思想差异之上最广泛地形成了价值共识和团结奋斗的强大精神力量。与此同时,我们大力推动中国文化走出去,尽力讲好中国故事、阐述中国理念、展示中国魅力,使世界人民更加理解和认同中国价值观,有效提升了中国价值的影响力与感召力。

从价值秩序变革和价值冲突加剧的背景出发,还需要深刻把握世界价值观教育发展的重大课题,既包括如何进一步创新发展、不断提升科学性和有效性的长期性课题,也包括在多元文化交融交锋背景下如何"保持本色"和"引领世界"的时代性课题。对此,我们要统筹把握中华民族伟大复兴战略全局与世界百年未有之大变局,立足以文明交流互鉴推动构建人类命运共同体的战略高度,秉持"以我为主、为我所用"的原则,以全面建设社会主义现代化国家的重大战略需求为引领,不断加强中外价值观教育的交流合作与对话沟通,系统研究世界各国价值观教育的理论创新与实践范式,深入把握价值观教育的普遍规律与特殊现象,科学考察不同历史文化背景下大众传播的价值心理和接受习惯,全面认识中外价值理念的差异性和相通性,为"对内凝聚价值共识"和"对外讲好中国故事"提供价值遵循,使当代中国形象更加闪亮起来,使人类命运共同体理念更加深入人心,使人类和平发展事业更加行稳致远。这是新时代加强国际价值观教育比较研究的本质意涵与根源所在。

二

放眼世界,价值观教育是人类社会一项具有普遍性的实践活动,广泛被各国政府、政党、集团、社会团体等用来宣扬特定的价值观，以实现一定的教育和政治目的。虽然不同国家在意识形态、政治制度、价值立场、基本国情、社会现状等方面存在着显著差异，价值观教育的目标、内容和方略也不尽相同，但价值观教育在维护社会稳定、巩固主流意识形态、强化主导政治文化等方面的目的是一致的，这构成了中外价值观比较研究得以可能的现实基础。

国际价值观教育比较研究主要关注世界各国开展价值观教育的基本路径、特色做法和经验教训，旨在把握国际价值观教育的实施状况，并总结特点、发掘规律，为我国价值观教育的创新发展提供有益启发，服务于筑牢国家意识形态安全与文化强国建设。虽然国内外在价值观教育的称谓上有所不同，例如道德教育、公民教育、政治教育、宗教教育、爱国主义教育等，但无论哪种称谓，其实质都是围绕"价值观"的教育。道德教育主要关注道德价值观的形成和发展，公民教育主要关注政治和社会价值观的培育和养成，宗教教育主要关注宗教价值观的宣扬和传播。也就是说，这些名称虽各有不同，但都有一个共同点，那就是体现了价值观在教育中的必要性与合法性，体现了国家、学校、社会在培育价值观方面的重要性。这种内在的共通性和一致性为我们把握价值观教育与其他德育活动之间的关联，以及处理好价值观教育的"名实之辩"问题提供了可能。

国际价值观教育比较研究一直都是我国比较思想政治教育学、比较教育学、哲学等学科的重点关注领域，基于不同学科视域开展的国际价值观教育研究也各有侧重。比较思想政治教育学注重将价值观教育国际比较放在国家主导意识形态与教育实践的互动关系之中加以审视，着重探究价值观教育如何发挥巩固政权和稳定社会的功能；比较教育学侧重于从教育实践活动本身出发开展研究，深入系统把握各国价值观教育在目标、内容与方法方面的理论动态和基本特点；哲学更加关注价值观教育折射出的特定国家与民族的思想意蕴和价值取向，从而把握其背后所蕴含的国家哲学与社会思潮动态。可以说，目前国内学界已经在价值观教育国际比较研究方面取得了较为突出的研究成果。但总体来看，目前这一领域还存在着较为广阔的拓展空间，还面临着如何从注重规模扩张的宏观勾勒转向注重质量提升的内涵式发展的问题，具体包括进一步夯实理论基础、丰富国别研究、加强微观透视、创新研究范式、服务中国需要等重大任务，这都构成了未来进一步丰富发展国际价值观教育比较研究的可能路径。近年来，学界已经开始了深化和扩展在这方面的努力尝试，在已有的丰硕成果基础上，专门围绕价值观教育国际比较的基础理论、国别样态、可借鉴性等问题形成了一批高质量研究成果，为进一步把握价值观教育的本质和规律、提升价值观教育的科学化水平做出了重要贡献。

在全面建设社会主义现代化国家新征程的时代方位下，我们需要从全面建设社会主义现代化国家、构建人类命运共同体的战略高度开展国际价值观教育比较研究，广泛深入调研世界典型国家价值观教育在指导理论、总体战略、制度设计、实施路径、教育成效上的基本状况，全面把握世界价值观教育的总体态势与发展特点，着力研究当代世界价值观教育前沿问题和发展趋势，系统总结当代世界各国价值观教育的典型经验与失败教训，进而为新时代新阶段我国培育践行社会主义核心价值观和对外传播中国价值、讲好中国故事、提升国际话语权提供有益借鉴和理论参考。

三

《中外价值观教育前沿论丛》（以下简称"论丛"）是东北师范大学思想政治教育研究中心（以下简称"中心"）推出的"比较思想政治教育研究"系列成果之一。论丛秉持"以我为主、批判借鉴、交流对话"的基本原则，对国外多个典型国家的价值观教育状况进行了深度透视与全面把握，意在拓展原有论域，进一步深化学术研究、强化学科建设、服务国家需要。

中心是国内学界较早关注该领域的研究团队之一，多年来一直将"价值观教育的国际比较"作为主要研究方向。先后获立多项国家社科重大项目和教育部重大攻关项目、获批"当代青少年德育研究学科创新引智基地"（"111"计划）、承担国家留学基金委"中外青少年德育比较研究创新型人才培养项目"、推出"高端研究成果外译计划"。在成果出版方面，正在规划推出"译丛""论丛"和"教丛"系列"比较思想政治教育"研究成果。其中，《思想政治教育前沿译丛》已在人民出版社完成第一辑出版。《中外价值观教育前沿论丛》则集合了中心团队近年来在国际价值观教育领域的最新研究成果。未来还计划推出相应系列教材。

这套论丛在研究对象选取方面，以不同的政治制度类型、社会发展程度、民族文化传统和价值观教育典型性为遴选原则，以美国、俄罗斯、日本、加拿大、新加坡以及欧洲部分国家为研究对象，旨在综合把握不同国家价值观教育的一般样态与典型特质，并在时间向度上揭示民族国家价值观教育内容与形式的历时态变迁规律。

在研究点位选取方面，论丛主要针对国外价值观教育的三类典型主体——国家、学校和社会三个层面展开调查研究，分别就国家战略与制度设计、课程体系与实践方式及运行体系与实施载体等维度进行考察，重在分析多元主体在价值观教育中的职责使命、作用方式及其相互间的协同配合机制。其中，又着重关注考察国外价值观教育在学校教育层面的基本做法，包括课程建设、教材设计、教法实施等。

在理论视域方面，论丛基于我国价值观教育研究的学科立场和理论范式，不局限于"价值观教育"的概念称谓，而是广泛着眼于国际道德教育、品格教育、公民教育、历史教育、政治教育、宗教教育等多种德育活动，力图实现对国际价值观教育理论与实践的全景式把握。

在受众群体方面，论丛主要面向四大读者群：一是思想政治教育学、教育学、政治学、社会学等领域的理论工作者；二是教育主管部门决策者、中小学及高校一线教师、辅导员等思想政治工作者；三是思想政治教育、道德教育、比较教育等相关专业的本科生和研究生；四是对价值观教育问题拥有浓厚兴趣的读者朋友。

论丛在研究过程中特别重视价值取向与意识形态立场。但由于是涉及国外的研究，有些内容可能是对国外价值观教育的还原与呈现，请读者加以注意辨别，批判性地进行阅读和思考。

杨晓慧
2021 年 4 月于东北师范大学思想政治教育研究中心

绪 论

当前，我国大众创业、万众创新正持续向更大范围、更高层次和更深程度推进，培养创新创业型人才是国家实施创新驱动发展战略、促进经济提质增效升级的迫切需要。人才的培养靠教育，创新创业教育既是党和国家的迫切需要，又是个体全面发展的有效途径；既符合时代发展特点，又能体现思想政治教育解决实际问题与解决思想问题相结合的基本原则。创新创业教育是新时代思想政治教育理论与实践的创新点，思想政治教育与创新创业教育相融合，可以有效破解创新创业教育的育人问题，这也是当前思想政治教育全员、全过程、全方位育人的迫切要求。本章从研究缘起、国内外研究现状与评述、研究思路与研究方法等方面入手，对本书的主要内容进行全局性阐述。

第一节 研究缘起

马克思曾说："问题就是公开的、无畏的、左右一切个人的时代声音。问题就是时代的口号，是它表现自己精神状态的最实际的呼声。"[1] 每个时代都有属于自己"烙印"的特殊问题，而关注个人创新精神、创新创业意识和能力发展的创新创业教育无疑是知识经济时代的特殊问题和重要问题。2016年12月，习近平总书记在全国高校思想政治工作会议上发表重要讲话，强调了高校思想政治工作关系"高校培养什么样的人、如何培养人以及为谁培养人这个根本问题"，"要把思想政治教育工作贯穿教育教学全过

---

[1] 马克思恩格斯全集：第40卷[M].北京：人民出版社，1982：289-290.

程"①。2017年,随着中共中央国务院出台《关于加强和改进新形势下高校思想政治工作的意见》②以及《高校思想政治工作质量提升工程实施纲要》③等重要文件,我国高校"大思政"格局已经得到普遍共识④。

那么,在"大思政"格局下,创新创业教育理念与传统的思想政治教育应该如何融合?创新创业教育如何在破解学生生存就业等实际问题的同时,又发挥"实践育人"的价值引领作用?如何既能够促进学生的全面发展,又能够促进大学生对国家的认同?上述问题是思想政治教育理论与实践的前沿性问题,也是随着我国"大众创业,万众创新"走向深水区需要解决的关键性问题。在此背景下,选择欧盟创业教育作为研究对象,可以具体归纳为以下三个方面原因:

一、高校"大思政"格局中创新创业教育彰显育人属性的追问

"大思政"格局的核心思想是"坚持全员全过程全方位育人。把思想价值引领贯穿教育教学全过程和各环节,形成教书育人、科研育人、实践育人、管理育人、服务育人、文化育人、组织育人长效机制"⑤,即高等教育"三全育人"思想。其中"实践育人"是"大思政"的重要组成部分,也是"三全育人"的重要阵地和载体。2017年教育部思政司发布的《高校思想政治工作质量提升工程实施纲要》也将"扎实推动实践育人"作为十大育人体系的实施内容之一,重点提到了发挥创新创业教育的实践育人功能⑥。2018年教育部高教司发布了《关于加快建设高水平本科教育全面提高人

---

① 习近平在全国高校思想政治工作会议上的讲话:把思想政治工作贯穿教育教学全过程开创我国高等教育事业发展新局面[N].人民日报,2016-12-09(001).
② 教育部.高校思想政治工作质量提升工程实施纲要.[EB/OL]http://www.moe.gov.cn/jyb_xwfb/xw_fbh/moe_2069/xwfbh_2017n/xwfb_20171206/sfcl/201712/t20171206_320713.html,2017-12-06.
③ 中共中央,国务院.关于加强和改进新形势下高校思想政治工作的意见[Z].中发[2016]31号.
④ 冯刚.改革开放40年来高校思想政治教育发展的经验与展望[J].中国高等教育,2018[Z2]:47-51.
⑤ 中共中央,国务院.关于加强和改进新形势下高校思想政治工作的意见[Z].中发[2016]31号.
⑥ 教育部.《高校思想政治工作质量提升工程实施纲要》有关情况.[EB/OL]http://www.moe.gov.cn/jyb_xwfb/xw_fbh/moe_2069/xwfbh_2017n/xwfb_20171206/sfcl/201712/t20171206_320713.html,2017-12-06.

才培养能力的意见》，简称"新时代高教40条"中也重点提到了深化创新创业教育改革的方向性问题，即"推动创新创业教育与专业教育、思想政治教育紧密结合"①。笔者认为，创新创业教育与思想政治教育融合的关键，便是关注创新创业教育育人问题。

高校创新创业教育旨在培养学生的创新创业精神、思维以及能力，提倡学生"做中学"以及发挥"主动性"，是一种将理论与实践相结合，指向实践的教育。在构建高校"大思政"格局的战略布局下，创新创业教育作为知识经济时代的重要教育内容，是"大思政"格局重要的组成部分。创新创业教育"实践育人"作用的发挥，与思想政治教育密不可分。在思想政治教育的视域下，我们可以从三方面理解创新创业教育。

一是高校创新创业教育需要正确的思想价值引领。创新创业教育的核心是通过培养学生的创新创业精神、思维与能力从而实现学生的全面发展。其中，创新创业精神、思维与能力的培养也同时蕴含着对学生创业观、择业观以及人生观等的改变。无论是创业精神的培养、思维方式的改变抑或是价值观念的生成都是同时发生的，统一在创新创业教育的实施过程之中。因此，创新创业教育中需要正确的思想价值引领。社会主义核心价值观是我国国家倡导的价值观念，因此创新创业教育离不开社会主义核心价值观、中国优秀传统文化以及中国共产党的优秀革命传统和思想的引领。用思想政治教育引领创新创业教育的发展，有益于破解创新创业教育"为谁培养人"以及"如何培养人"这一根本性问题，保证创新创业教育发展的方向性。

二是高校创新创业教育与思想政治教育终极目标一致。高校"大思政"格局的形成是为了更好地促进高校立德树人目标的实现，为实现"两个一百年"奋斗目标、实现中华民族伟大复兴的中国梦，培养又红又专、德才兼备、全面发展的中国特色社会主义合格建设者和可靠接班人。我们在引导学生树立正确的世界观、人生观、价值观，使其能够自觉接受和弘扬社会主义核心价值观的同时，也需要注重培养学生的团队意识、独立思考能力以及创新创业精神。而上述这些精神品质的养成，都可以通过创新创业教育来完成。创新创业教育既是改变学生思维方式、促进学生全面发展

---

① 教育部.关于加快建设高水平本科教育全面提高人才培养能力的意见.http://www.moe.gov.cn/srcsite/A08/s7056/201810/t20181017_351887.html. 2018-10-28.

的教育，也是促进服务于十九大所提出的"加快建设创新型国家"、实现"两个一百年"奋斗目标和为中华民族伟大复兴的中国梦提供强大的人才智力支撑的教育。因此在目的性上，创新创业教育与高校"大思政"格局具有相合性和统一性。

三是高校创新创业教育是高校思想政治教育的重要阵地。创新创业教育贴近学生实际，迎合当今时代发展，因此在实施创新创业教育的过程中，更容易发挥解决学生实际问题与解决学生思想问题相结合作用，使思想政治教育的思想引领、价值引领找到有力"抓手"和"着力点"，极大地促进思想政治教育的实效性和针对性。此外，在实际中，我们还发现往往是就业中心的老师、一线党委副书记、团委书记以及辅导员等思想政治教育工作者承担着为学生教授就业创业课程以及指导学生参加创新创业大赛的职责。创新创业教育早已成为思想政治教育工作的应有之义与新的载体。

因此，本研究从思想政治教育的学科视域出发，选择欧盟创业教育作为研究对象。由于创新创业教育是一种新的教育理念和形式，具有跨学科性，因此不同学科的关注点均不相同：从管理学出发，关注创业行为；从教育学出发，关注教育治理；而从思想政治教育学科出发，更加关注人的发展，更加关注创新创业教育对人思想的改变以及创新创业教育的意识形态属性。笔者认为从思想政治教育学科视域出发，更有利于把握创新创业教育的本质。

二、丰富比较思想政治教育学科发展的有益尝试

我国思想政治教育学科于1984年创立，至今走过了30余年的发展历程。比较思想政治教育，作为其中的一个重要方向，尽管起步晚，但是发展快，研究视域不断拓展和深化。将比较思想政治教育学作为思想政治教育下的一个学科方向进行划分和研究，越来越得到学者们的普遍重视。其中比较有代表性的观点有：张耀灿教授按照主干和非主干学科的分类方法，将比较思想政治教育学与思想政治教育学原理、思想政治教育方法论以及思想政治教育史并列称为思想政治教育学科理论体系的四个主干学科[①]；杨晓慧教授认为比较思想政治教育领域的开拓，使思想政治教育学科发展格

---

① 张耀灿.思想政治教育学科理论体系发展创新探析［J］.思想教育研究，2007（04）：9-12.

局从"三足鼎立"走向"四分天下"①

对于比较思想政治教育的前提性问题"国外是否有思想政治教育",学界已经达成了共识。从概念和本质上说,思想政治教育是"一定的阶级、政党、社会群体用一定的思想观念、政治观点、道德规范,对其成员施加有目的、有计划、有组织的影响,使他们形成符合一定社会、一定阶级所需要的思想品德的社会实践活动"②。那么当然各国占统治地位的阶级或集团也会将有利于其统治的意识形态灌输给社会成员,以教育培养合乎其社会性质和要求的公民,从而使他们在促进国家发展和维护社会稳定上发挥作用。"诚然,他们不大使用'思想政治教育'的概念,但在公民教育、道德教育、情感教育、价值观教育、宗教教育等名目下,却从事了大量实质性的思想政治教育工作。"③学者们通过名与实的考察,回答了比较思想政治教育研究这一前提性问题。随后,学者们从爱国主义教育、公民意识培养、个人道德品质修养、价值观教育、政治教育、道德教育等多个视域出发丰富了比较思想政治教育的研究内容。这些都是从我国思想政治教育的传统研究领域出发,在国外寻找其"对等内容"进行的比较研究。由于国家间的制度、文化、语言等存在很大不同,有学者倡导用"整体"以及"问题"的研究意识,来从事思想政治教育的比较研究④。笔者非常赞同这一观点。"整体"的研究意识即将事物进行整体分析,而不人为将其进行割裂。比较思想政治教育需要将国外对人的教化放在现实环境之中,关注当下各国教育热点与难点。"问题"的研究意识即聚焦当代国家和大学生关注的焦点问题而进行比较研究,解决我国思想政治教育培养人的核心问题。

当前世界各国都在大力发展创业教育。创业教育是符合时代发展的教育理念已经毋庸置疑。但是随着创业教育的持续深入开展,它是"价值中立"的教育,还是具有一定"价值引领",会对个体产生教化和影响的教育?笔者认为尽管创业教育是一种迎合时代发展的新型教育理念和形式,但是绝不是价值中立的教育,各国(地区)在大力推广创业教育时,已将

---

① 杨晓慧.比较思想政治教育研究的学科理性、本质定位及系统建设[J].思想理论教育导刊,2014(10):101-105.
② 张耀灿、郑永廷等.现代思想政治教育学[M].北京:人民出版社,2001:6.
③ 苏崇德.比较思想政治教育学[M].北京:高等教育出版社,1998:12.
④ 上官莉娜.比较思想政治教育:现状、挑战与发展[J].思想理论教育,2013(15):10-15.

主导的价值和观念融入其中。与"宗教"以及"公民教育"等显性的价值灌输和引领不同，创业教育是一种隐性的思想政治教育手段。而上述问题，并没有得到学界的普遍关注。只有用比较思想政治教育的学科立场、原理与方法，才可以将他国育人问题进行深入研究，并为我国创新创业教育中注入中国精神，使其传承红色基因，体现中国特色，贡献中国方案，最终实现国家意志成功转化为个体思想和行动。

思想政治教育具备"世界眼光""中国情怀""时代特征"[①]。聚焦"欧盟创业教育"是便是三者的集中体现。创业教育是当今的时代问题，通过关注欧盟创业教育的育人问题，审视其可借鉴性，可以使中国创新创业教育更加彰显中国情怀。

三、欧盟创业教育发展的特色

创业的发展在欧洲具有非常悠久的历史。"创业"（Entrepreneurship）一词，最早是由法国经济学家坎蒂隆（Cantillon）在18世纪发明的。之后法国学者萨伊（Jean Baptiste Say）和美籍奥国学者熊彼特（Schumpeter）都在创业研究方面做出了杰出的贡献。然而，长期以来欧洲各国政府并未对创业的重要性给予更多的重视。20世纪末，受到全球经济危机的影响，欧洲经济开始下滑，2008年以来欧洲更是出现了50年以来最严重的失业现象，失业人口多达2500万。经济重振成为了摆在欧洲各国面前的头等大事。在此背景下，欧洲各国开始认识到创业对促进就业和提升欧洲竞争力的重要性。以欧盟为主要代表的机构和组织开始大力在欧洲发展创业教育。之后，在欧盟和各成员国政府的大力推动下，欧洲先后出台多项政策和战略措施来搭建欧洲创业教育体系：2000年，欧盟提出"里斯本战略"，创业和创业教育正式被纳入政治议程；2006年，欧盟正式发布《欧洲创业教育奥斯陆议程》；2013年，欧盟发布《创业2020行动计划》将创业精神提升为重新振兴欧洲的关键，创业教育被置于培养创业精神的三大行动计划之首；2016年，欧盟提出《创业素养框架》，以欧盟为代表的欧洲各级组织试图在欧洲范围内发起关于创业教育的改革，将创业精神融入包含中小学阶段教育、职业教育以及高等教育在内的整个教育体系，使欧洲人具有

---

① 冯刚.推动思想政治教育创新发展［N］.光明日报，2014-06-10.

创业思维，最终在欧洲形成创业型社会。

选择欧盟作为研究对象，除了因为欧盟创业教育比较有特色外，还因为我国的创新创业教育发展与其有着很多共同点，与美国"早发内生型"的创业教育相比，中国和欧盟组织的创业教育都属于"后发外生型"，具体而言主要有三方面特点：一是创业教育起步较晚。我国高校创新创业教育是在20世纪90年代末期才开始受到重视，与欧盟组织重视创业教育的时间基本相当，比美国的创业教育晚了将近50年。二是创业教育发展较快。与早发国家最初动力来源于社会内部不同，后发国家发展动力与外部文化传播和挑战密切相关；与早发国家发展的主导力量来自社会，自下而上推进不同，后发国家发展的主导力量来自国家，自上而下推进。三是创业教育理念高度一致。中国和欧盟组织的创业教育都以面向全体、结合专业、广谱施教为指导思想，秉持培养具有开创性个人的"广谱式"创业教育理念。

习近平总书记提出"构建人类命运共同体"思想，倡导文明的"沟通"与"互鉴"。闭门造车的时代已经过去，不关注别国改革现状，而只把关注点放在本国，创业教育只能是一种盲目的、无法跟上时代步伐的改革。国家之间教育经验的相互交流和借鉴对本国的教育事业的发展有着重要的意义。从思想政治教育学科视域出发，系统总结欧盟创业教育的特点和做法，能够为我国"大思政"格局中"实践育人"功能的充分发挥提供启示和借鉴。

第二节　国内外研究现状与评述

本研究是从思想政治教育学科的视角审视"他者"创业教育的育人问题。因此本研究的研究综述从两个方向展开：一是国内外创业教育育人问题研究现状；二是欧盟创业教育的研究现状。

一、创业教育中育人问题研究分布

"育人"是与"创建企业"相对应的概念，泛指创业教育研究中有关人的全面发展的研究。创业教育兴起于20世纪中后期[①]，由于起源于商学院，

---

① Jerome A. Katz. The Chronology and Intellectual Trajectory of American Entrepreneurship Education [J].Journal of Business Venturing, 2002,18(2):294-298.

在兴起的初期，学者们关注的焦点一直是"创业教育的目的"。"创业者是否可教""创业者特质说""创业的过程论"以及"创业教育的成熟性与合法性之争"[①]均是学者们对创业教育目的争论的一种体现。随着实践领域创业教育迅速走出商学院，变成一场全球高校的教育革命，创业教育是一种改变学生思维方式的教育理念越来越深入人心。其中，美国百森商学院以及欧盟等国际组织对这一理念的推广起到了十分关键的作用。创业教育"实践育人"便是对"创业教育通过改变人的思维，促进人的发展"这一逻辑的深化。

（一）国外创业教育育人研究现状

国际上对创业教育育人的关注主要是创业教育对个体的思维（Mindset）或能力的影响，典型代表是欧盟以及美国的百森商学院（Babson College）。欧盟从20世纪末开始，致力于在整个欧盟推广通过创业教育改变个体创业思维的理念。通过提出核心素养这一概念，欧盟将创业教育塑造创业思维的目标具体化，实现了将创业教育融入终身教育体系的理论构建。在本研究的正文中，笔者会详细论述。美国的百森商学院坐落在美国高等学府密集的波士顿地区，是一个因"创业学"研究而闻名全球的大学。在其他名校商学院关注传统商科之时，百森商学院审时度势，最早确立了以"创业"为核心的办学思路，涌现出杰弗里·蒂蒙斯（Jeffry A.Timmons）这样的学术领军人物，并且发起了诸如"创业者旗舰项目""创业教育专业人士的终身学习计划"等多个全球有影响力的旗舰项目[②]。百森商学院致力于通过生态系统的构建，来发展创业教育。

除此之外，澳大利亚学者科林·琼斯（Colin Jones）在创业教育对个人思维的影响方面思考得更为深入。结合实践教学，他将自己的教学理念概括为"希望学习者能够获得创业知识，进而获得创业智慧；能够在生活中发现自我；能够对学习保持积极性且不畏失败；能够在大学期间及毕业之后创造机会从而获得自我满足感"。结合教育学中的相关理论，他进一步提出学生学习创业的本质是使自己变为"理性的冒险者"。"理性的冒险

[①] 王占仁，常飒飒.美国高校创业教育"成熟性""合法性"及"发展趋势"的论争与启示[J].比较教育研究，2016，38（01）：7-13.

[②] 杰弗里·蒂蒙斯，小斯蒂芬·斯皮内利.创业学[M].周伟民，吕长春，译.北京：人民邮电出版社，2005：1.

者"包含包括"智力能力""可与他人结成亲密关系的能力""价值判断独立性""含混容忍度""广泛的兴趣"以及"幽默感"六大特征[①]。

(二)国内创新创业教育育人研究现状

国内创新创业教育育人功能的发展得益于创新创业教育与思想政治教育学科的结合。思想政治教育学科的优势是通过关注"价值观""道德"以及"精神"的变化来对个体产生影响,从而达到育人目的。在思想政治教育的实践中,一线工作者以及研究者敏锐地发现创新创业教育贴近学生实际,有利于发挥思想政治教育学科中"解决实际问题与解决思想问题"的规律。学者们尝试将思想政治教育融入创新创业教育,代表性的观点有"创业价值观论""创业教育与思想政治教育的双向建构"[②]以及"创新创业教育作为思想政治教育学科的研究方向"[③]等。

"创新创业价值观论"认为创新创业教育的实质是改变学生的创业价值观,主张在当前的创新创业教育中加强学生创业价值观的教育,从而实现"个体人格发展"以及"社会同化认同"。在具体创业价值观教育模式的构建中,主张从"经济""政治""文化"和"个人"四个维度出发进行内容设计。在实践路径上,主张从"课堂教学""以文化人"以及"思想转变"三个方面进行[④]。有学者认为当前亟待强化"诚实守信""心理素质""创新能力""团队合作""吃苦耐劳"和"创业意愿"等方面教育,有学者认为需要在大学生创业教育中强调"爱国主义教育""创新精神教育""法律意识教育"以及"职业道德教育"等内容[⑤],还有学者提出"创业伦理"的概念,认为创业伦理是当前创业教育的关键与核心[⑥]。尽管学者们的研究视角不同,但是都强调创新创业教育需要社会主义核心价值观的引领。

"创新创业教育与思想政治教育双向建构"以及"创新创业教育作为思想政治教育学科的研究方向"均是在"创业价值观论"基础上对创新创业教

---

① 科林·琼斯.本科生创业教育[M].王占仁,译.北京:商务印书馆,2016:52.
② 宋妍.高校创新创业教育与思想政治教育关系研究[D].东北师范大学,2017:11.
③ 王占仁.创新创业教育与思想政治教育的关系论析[J].深圳大学学报(人文社会科学版),2018,(1):111-115.
④ 孔洁珺.大学生创业价值观教育研究[D].东北师范大学,2017:5.
⑤ 朱春楠.大学生创业价值观教育研究[D].东北师范大学,2017:11.
⑥ 刘志,梁祯婕."双创时代"研究生创业伦理培育的意义与研究进路[J].学位与研究生教育,2017(6).

育育人问题的更进一步探索。"创业价值观论"还仅仅聚焦在"观念"与"思想"层面,思考创新创业教育育人问题,而其他两种观点却是从根本上认为创新创业教育就是新时代思想政治教育的一种实现形式。"创新创业教育与思想政治教育双向建构"观点认为二者存在"目标的一致性""内容的相通性""方法的相容性"以及"功能的相合性"[①]。学者王占仁进一步提出创新创业教育应该成为思想政治教育学科之中稳定研究方向的观点。他根据张耀灿教授对思想政治教育学科体系划分为"基础理论学科"和"应用理论学科"两部分的方法,认为当前创新创业教育与心理健康教育、人际关系以及爱情婚姻道德教育等指向大学生实际问题的研究领域应该属于思想政治教育应用理论学科的范畴。这样不仅可以有效避免思想政治教育"关门主义"问题,也可以为一大批以问题为导向、注重实际应用的研究方向找到学科归属[②]。

基于此,我们可以看出创新创业教育"育人"问题是当前国内外创业教育研究的热门话题,也是一个前沿的论题。在这个问题的研究和深化上,我国学者更加具有优势,因为我们既有教育学的学术视野,又有思想政治教育的学科优势,而后者更能为我国创新创业教育育人注入中国精神,更加有利于中国理论指导中国实践。

二、欧盟创业教育的相关研究分布

欧盟创业教育的相关研究分布梳理,主要从国外研究和国内研究两个方向进行。国外研究重点考察代表性机构和代表性学者的主要观点,国内研究重点考察我国对欧盟创业教育的引介内容。

(一)国外相关研究的进展与前沿

1. 代表性机构

一是欧盟官方机构的权威政策和调研报告。欧盟创业教育和培训的主要发起部门是欧盟企业与工业总司(Directorate-General for Enterprise and Industry)。进入21世纪后,该部门先后主导和资助过一系列围绕创业教育核心问题的研讨会以及调研项目,例如2010年围绕"创业教育合作以及一致性"问题召开的研讨会,2011年关于创业教师教育问题的研讨会以及

[①] 宋妍. 高校创新创业教育与思想政治教育关系研究[D]. 东北师范大学,2017.11.

[②] 王占仁. 创新创业教育与思想政治教育的关系论析[J]. 深圳大学学报(人文社会科学版),2018,(1):111-115.

2012年针对创业教育在高等教育中开展情况进行的系列调研等。研讨会以及调研项目之后出台的系列政策文本或专项调研报告，都是研究欧盟创业教育的一手文本资料。除了欧盟企业与工业总司直接发布或者授权发布外，欧盟委员会下设的教育部门也会参与到创业教育中来。教育领域所涉及到的创业教育政策主要是欧律狄刻网络联盟（Eurydice Network）发布的一系列比较研究。另外，针对一些特别重要的领域，欧盟委员会也会向议会和法院递交内部通讯，经议会和法院批准后作为正式的欧盟官方文件进行下发，这些文件也是国际上研究欧盟创业教育的重要官方政策文本，例如《欧洲终身学习核心素养建议框架2006》以及《欧洲终身学习核心素养建议框架2018》。通常此类文件代表了欧盟官方政策导向。近年来欧盟官方机构陆续发布了近二十余项的官方政策和报告，这些是研究欧盟创业教育的官方文献。除了欧盟企业与工业总司直接署名发布的创业教育相关政策文本和调研报告外，欧盟也常常委托第三方研究机构进行文件政策的咨询。第三方的研究机构主要分为欧盟资助的官方研究机构以及非欧盟资助的研究机构。官方研究机构例如"联合研究中心"（Joint Research Centre，简称JRC），为欧盟政策出台提供非常重要的政策咨询。另外，欧盟也会授权一些非欧盟官方的研究机构进行政策咨询。这些第三方的研究机构出台的研究报告，也是研究欧盟创业教育的重要参考。

二是国际公认的研究创业的机构。由于创业教育在全球的全面兴起，国际上有很多国际组织也针对全球创业教育展开了系列专门研究。尽管各国际组织针对创业研究的视角、目的不尽相同，但是他们发布的文献资料也为国家间创业教育的比较研究提供了重要资料参考。国际上在创业教育领域中比较重要的国际组织有全球创业观察（Global Entrepreneurship Monitor，简称GEM）和经济合作和发展组织（Economic Co-operation and Development，简称OECD）。GEM始于1999年，由美国百森商学院和英国伦敦商学院（London Business School）联合发起，初衷是比较国家间创业性表现的不同。经过近二十余年的发展，该机构已发展为拥有18年数据资源的权威创业数据发布机构，每年有20余万受访者、100余个经济体、500余专家及300个科研机构参与该机构的调查或研究。GEM在我国的合作单位为清华大学中国创业研究中心。GEM长期关注两方面内容：一是个体的创业行为和态度；二是国家环境如何对创业产生影响。2014年GEM

提出了创业生态系统框架条件的概念，其中共包括融资渠道、政府政策、政府创业规划、创业教育、研发转移、商业和法律基础、市场开放性、物理基础设施以及文化和社会规范等九大方面。

OECD和联合国教科文组织也是国际上最早关注创业的国际权威组织，但是二者关注的视角有所不同，OECD大多是从地区区域合作和发展的视角出发，而联合国教科文组织大多是从教育的角度出发。这和两个组织不同的定位有直接关系。在OECD系列报告中，柯林·博尔（Colin Ball）提出的三张教育"通行证"思想较为出名，即将"事业心和开拓技能""学术资历"与"职业技能"并列为学习的三张通行证。这一思想被联合国教科文组织亚太地区办事处在报告中采纳，成为20世纪80年代末90年代初，在中国非常流行的学术话语。进入21世纪，联合国教科文组织持续对创业教育大力推动。联合国教科文组织亚太地区教育局成立了"联合国教科文组织创业教育联盟"，每年都会召开联盟年会，围绕"亚洲创业教育"进行讨论。2014年11月26日，联合国教科文组织中国创业教育联盟在浙江杭州成立，并落户浙江大学。浙江大学作为联盟主席单位，负责联盟的组织与筹建、对分支机构的领导和协调等工作。

2. 代表学者及主要学术观点

欧盟创业教育经过了三十余年的发展，已经拥有一批具有国际影响力的代表性学者，他们经常结合欧洲独特的经济、社会、文化和教育等维度，提出创业教育发展独特的欧洲视角。其中主要的代表人物有英国学者艾伦·吉布（Alan Gibb）、法国学者阿兰·法约尔（Alain Fayolle）、英国学者安迪·帕纳卢那（Andy Penaluna）、芬兰学者克里斯汀娜·埃尔基莱（Kristiina Erkkilä）以及德国学者理查德·韦伯（Richard Weber）等。研究代表学者的主要著作、论文，梳理他们的主要观点，对我们了解欧盟创业教育的前沿有重要作用。

一是艾伦·吉布主要观点。吉布是欧洲创业教育方面的著名学者，就职于英国的杜伦大学，在创业和创业教育方面颇有建树。他在创业教育方面的研究主要集中在创业者个体特质理论、创业文化理论以及创业型大学这三大方面。在创业个体特质方面，他认为创业者概念应界定为一系列的个人特质，而不是代表某一特定社会角色或承担某些任务的个体。他从文献和实证研究中总结出创业者的特质主要包括"很强的说服力""适度且不过激的冒险能力""高度的适应性""创造性""独立性或自主性""解决问题的能力""成就需要""想象力""掌控命运的信念"和"领导力"等[①]。这些特质从总体上来讲代表了各种创业能力。创业者是一些可以综合运用这些创业特质的个体。而作为个体所拥有的特质,人们可以将其运用于多个方面,而不仅仅局限于创业领域。吉布认为,这些特质并不是绝对的,但代表了描述个体的范畴。这表明在实践中,这些特质或能力是一种对环境的反映。同时,环境因素也可能是各种特质形成的原因。

吉布提出的另外一个重要观点是创业文化理论,即创业活动不是在真空环境中进行的,创业者的创业能力取决于大环境对创业文化的支持力度。吉布认为,文化是某个群体所持有的一系列价值观、信仰和态度,而这些反过来会促使群体成员就某一问题形成共同的理解、思考及感受。这种群体的范围可以是国际、国家、地区或少数族裔团体。因此,创业文化可以被宽泛地界定为:支持独立创业行为的一系列价值观、信仰及态度。吉布认为,在大量中小企业云集的地区,人们的创业倾向往往更高,文化规范也更为明显。如果不具备支持创业文化发展的环境,我们还可以在年轻人的成长期内通过教育培训、晋升和奖励体系激发其创业抱负及培养其创业能力。[②]

吉布在创业型大学方面也有一定的探索。他认为创建创业型高校不能单纯聚焦于一个或几个维度,单纯为学生提供创业教育课程以及进行其他孤立的努力是远远不够的。成为一个创业型高校需要多个领域的共同合作,这些领域包括:更广泛利益相关方的参与,在学校内部形成一个更强大的领导中心,促进科技园(孵化器、技术转移办公室等)的建立,学校更多地为学生和教师的个人发展创造条件,招聘吸收创业教育方面的新人才和代理人,建立更广泛的奖励制度,确保将创业概念融入到所有学院的课程中,鼓励广泛的跨学科活动等。吉布创业型大学的分析框架被欧盟委员会借鉴,在2008年欧洲高等教育创业情况调查中,欧盟委员会将创业型大学所涉及到的维度梳理为包含战略、学校基础设施、教与学、外展、发展以及资金等在内的六个维度。

---

① Gibb, A. Entrepreneurship and intrapreneurship – exploring the differences.[C]In: R. Donkels & A. Miettinen (Eds.), New findings and perspectives in entrepreneurship. Hant: Gower.1990.

② Gibb, A.The enterprise culture and education[J].International Small Business Journal,1993.11(3): 11-34.

二是阿兰·法约尔的主要观点和成就。法约尔就职于法国里昂商学院（EM LYON Business School），是欧洲创业和创业教育方面的领军人物。在 2007 年至 2010 年间，他曾主编《创业教育研究手册》(*Handbook of Research in Entrepreneurship Education*) 三卷本，对国际创业教育的发展起到十分重要的作用。与此同时，他也非常主张创业教育的"欧洲视角"，积极倡导欧洲学者从欧洲独特的地理、文化等环境出发，发出欧洲学者在创业和创业教育领域自己的声音。他倡导成立了"欧洲大学联盟"(European University Network) 并在其中发挥重要作用；作为主编，他已出版《欧洲创业研究》(*European Research In Entrepreneurship*) 系列丛书十余卷（详见表 1）。梳理他的著作和观点，对我们了解欧洲创业教育前沿以及欧洲创业教育的发展具有重要作用。

表 1　阿兰·法约尔"欧洲创业研究"系列丛书一览

序号	中文书名	英文书名	出版年份
1.	欧洲创业研究：成果和视角	*Entrepreneurship Research in Europe: Outcomes and Perspectives*	2005
2.	创业环境和教育间的动态	*The Dynamics between Entrepreneurship Environment and Education*	2008
3.	创业理论与实践	*The Theory and Practice of Entrepreneurship: Frontiers in European Entrepreneurship Research*	2010
4.	全球经济中的欧洲创业	*European Entrepreneurship in the Globalizing Economy*	2011
5.	概念和过程的演进	*Entrepreneurship Research in Europe: Evolving Concepts and Processes*	2011
6.	变化经济中的创业过程	*Entrepreneurial Processes in a Changing Economy: Frontiers in European Entrepreneurship Research*	2012
7.	创业的发展、形成和增长	*Developing, Shaping and Growing Entrepreneurship*	2015
8.	创业、人和机构：欧洲创业研究前沿	*Entrepreneurship, People and Organizations: Frontiers in European Entrepreneurship Research*	2014
9.	创业研究手册：我们已经知道和需要知道的	*Handbook of Research on Entrepreneurship: What We Know and What We Need to Know*	2015
10.	社会创业研究手册	*Handbook of Research on Social Entrepreneurship*	2012

续表

序号	中文书名	英文书名	出版年份
11.	创业教育研究手册 第一卷	Handbook of Research in Entrepreneurship, Education, volume 1	2007
12.	创业教育研究手册 第二卷	Handbook of Research in Entrepreneurship Education, volume 2	2007
13.	创业教育研究手册 第三卷	Handbook of Research in Entrepreneurship Education, volume 3	2010

三是其他欧洲学者。除了上述两位学者之外，还有其他很多具有代表性的欧洲学者，他们的学术观点以及学术动向，也为我们了解欧洲创业教育的发展提供了有益参考。首先是英国学者安迪·帕纳卢那（Andy Penaluna）的主要学术观点。帕纳卢那就职于英国威尔士圣三一大学（University of Wales，Trinity Saint David），是英国高等教育质量保证局负责创业教育的专家和机构主席。该机构先后发布两个英国创业教育的纲领性文件，分别是 2012 年发布的《创业指南：英国高等教育机构指南》[1] 和 2018 年《创业教育：英国高等教育机构指南》[2]。两份指南对我们了解英国创业教育的渊源、发展趋势以及实践特点都具有非常重要的作用。其次，芬兰学者克里斯汀娜·埃尔基莱（Kristiina Erkkilä）以及德国学者理查德·韦伯（Richard Weber）的主要著作和观点对我们了解欧盟创业教育的发展和实践也非常有帮助。芬兰学者埃尔基莱用社会地图学的方法，将美国、英国和芬兰三国的创业教育体系进行了比较研究，结果发现美国没有国家层面的创业教育管理系统，也没有颁布统一、国家层面的教育政策来开展项目和设置课程。欧洲创业更趋向于认为创业教育是一种终身性的学习活动。芬兰将开展创业教育看作是一种"国家行为"[3]。德国学者韦伯认

---

[1] Enterprise and entrepreneurship guidance.Guidance for UK higher education providers 2012[DB/OL].www.qaa.ac.uk/publications/information-and-guidance/publication?PubID=70,2019-03-05.

[2] Enterprise and Entrepreneurship Education.Guidance for UK Higher Education Providers 2018[DB/OL].http://www.qaa.ac.uk/publications/information-and-guidance/publication/?PubID=3222#.WyecxyC-nvY,2019-03-05

[3] 克里斯汀娜·埃尔基莱.创业教育：美国、英国和芬兰的论争［M］.常飒飒，等译.北京：商务印书馆，2017：164-165.

为创业教育成功与否，不应只看创办企业的数量，抑或是一味追求学生创业意识的提高。相反，韦伯认为创业教育应该使学生更好地认知自我，更加科学合理地选择职业生涯路径。在此过程中，学生个体创业意识可能会提高，也可能会降低，但是总体上趋于理性。在研究方法上，韦伯分别用准实验的方法、贝叶斯更新法以及计量经济学的相关研究方法对创业意识、学生对个人创业天赋的认识以及同伴效应进行了评价和测量[1]。韦伯的研究方法令人耳目一新，数据分析严密可信，对我们了解欧洲创业教育评价具有非常重要的文献价值。

除了欧洲学者之外，国际上也有学者对欧盟创业教育比较感兴趣，他们也常常从比较的视角开展研究。美国圣路易斯大学的卡茨（Jerome A. Katz）在2014年专门将美国高校以商学院为基础的创业教育模式与欧盟高校创业教育模式进行对比，研究二者在培养目标上的不同。

（二）国内相关研究的主要分布与述评

通过对国内主要学者的研究进行归纳和分析，我们可以发现其研究内容和成果主要集中在下列三个方面。

1. 对欧盟创业教育战略政策的关注

我国学者对欧盟创业教育的研究，主要集中在对欧盟创业教育战略政策的关注上。学者徐小洲、梅伟惠对欧盟高校创业教育政策进行分析后，首次提出"自下而上"的美国模式与"自上而下"的欧盟模式[2]。这是创业教育的"欧盟模式"首次进入我国学者的视野。随后，梅伟惠介绍了欧盟高校创业教育政策的出台背景，并总结了欧盟高校创业教育政策的五个特点，包括"在全欧盟范围内构建高校创业教育整体发展框架""强调创业精神对每位大学生都至关重要""将高校创业教育纳入欧洲教育一体化进程""将创业技能培养整合进欧洲终身学习框架"以及"充分发挥政府、高校、企业、社区的合力"等，此外，梅伟惠还从政府层面和高校层面归纳了欧盟高校创业教育政策的实施情况[3]。常媛媛着重分析了2013年欧盟发布的《2020创业行动计划》，认为该战略具有里程碑意义，蕴含了欧盟终身

---

[1] 理查德·韦伯.创业教育评价[M].常飒飒，等译.北京：商务印书馆，2017：281.
[2] 徐小洲，梅伟惠.高校创业教育的战略选择：美国模式与欧盟模式[J].高等教育研究，2010，31（6）：98-103.
[3] 梅伟惠.欧盟高校创业教育政策分析[J].教育发展研究，2010，(09)：77-81.

创业能力培养的发展走向，为欧盟成员国未来几年创业教育体系建设指明了方向①。王志强、黄兆信等围绕欧盟创业教育发展战略的演进、特征与关键领域进行了研究，对欧盟在创业教育中"超国家"作用的发挥进行了分析，认为未来欧盟将会把促进创业教育的政策重心放在构建创业教育的发展战略与政策机制、形成各成员国创业教育多元化的发展路径、增强欧洲大学对创业教育的重视等三大领域②。刘虹以欧盟创业教育为背景，以校内和校外创业教育政策为主线，分析了不同形式的创业教育课程，以及面向不同教育层次、教育群体的政策差别，总结出欧盟发展创业教育具有"持续性""全面性""针对性"和"系统性"等四个特点③。牟晓青、于志涛指出欧盟在发展中小学创业教育过程中资金支持计划分为直接支持计划和间接支持计划。④徐小洲等认为当前欧美国家创业教育的政策与实践具有"战略化""全球化""终身化"以及"全民化"等特点⑤。

在对战略政策关注的同时，学者们也注意到欧盟创业教育理念的广谱性，代表性的观点有：台湾学者蔡敦浩等对欧盟创业教育理念给予了高度评价，认为其"突破了近年来创业研究中的典范转移——放弃了实体观（Entity）的创业理论，走向开创的思维逻辑"⑥。创业能力是知识经济时代大学生应具备的关键能力之一，也是一种可迁移到学习、生活和工作等方面的能力。崔军围绕欧盟2016年6月发布的《创业能力框架》进行了详细介绍，着重介绍了创业能力的3类领域、15种具体创业能力、8个层次的创业能力学习进阶模型、60个创业能力观测点和442条创业能力学习结果指标⑦。

---

① 常媛媛.新时期欧盟创业教育发展策略［J］.复旦教育论坛，2014，12（06）：102-106.
② 王志强.一体与多元：欧盟创业教育的发展趋势及其启示［J］.教育研究，2014，（04）：145-151.黄兆信，张中秋，王志强，刘婵娟.欧盟创业教育发展战略的演进、特征与关键领域［J］.高等工程教育研究，2015，（01）：91-96.
③ 刘虹.欧盟创业教育政策和发展战略［J］.世界教育信息，2016，（21）：27-33.
④ 牟晓青，于志涛.欧盟中小学创业教育现状解析［J］.山东理工大学学报（社会科学版），2017，（01）：97-105.
⑤ 徐小洲，倪好，吴静超.创业教育国际发展趋势与我国创业教育观念转型［J］.中国高教研究，2017，（04）：92-97.
⑥ 蔡敦浩，林韶怡.创业教育的教学模式：典范差异与现状反思［J］.创业管理研究，2013.8（2）：1-18.
⑦ 崔军.欧盟创业能力框架：创业教育行动新指南［J］.比较教育研究，2017，（01）：45-51.

2. 对欧盟创业教育实施路径的关注

与此同时，我国学者也开始关注欧盟创业教育的实施路径，试图从实践层面上更加准确的把握欧盟创业教育的特点和经验。王志强、代以平针对欧盟范围内大学和产业部门合作创新机制的主要类型和路径选择进行了深入研究，梳理出"创建大学—产业部门"合作创新的治理结构，并认为积极推动大学与产业部门之间的人员流动，鼓励大学与产业部门进行更广泛的科研合作等，已成为欧盟大学与产业部门合作创新的主要内容和支柱，也是欧盟大学推动创业实践教育发展的主要战略举措[①]。常媛媛重点介绍了欧盟"最佳程序项目：中等教育迷你公司"的选拔标准和推广过程[②]。陈伟、李方星从创业教育的终身化问题入手，介绍了21世纪各国创业教育终身化的各系列举措，认为创业教育走向终身化有其必然的理论缘起和强烈的现实呼唤，并呼吁确立终身化的创业教育理念，从理论探究、实证研究和对外交流方面展开行动来推动创业教育的健康发展[③]。

3. 对欧盟成员国创业教育发展的关注

随着我国学界对欧盟整体创业教育战略与路径的关注日益深入，学者们也开始了从整体到局部的研究，关注欧盟某一成员国创业教育发展的研究日益增多，代表性研究有：牛长松梳理了英国政府自20世纪80年代以来相继制定并实施的一系列促进大学生创业教育的政策，如启动创业项目、建立管理机构、提供资金保障、开展教学研究以及服务大学生创业等[④]。沈雁系统分析了以丹麦创业教育政策发展与特点，包括建立实施机构、启动创业孵化器、出台投资方案、开展教学研究、完善网络体系、培养创业师资等[⑤]。王辉、周宜针对芬兰高校创业教育的质量保障进行了研究，分别从明确地位、开发课程、立法和财政保障以及师资队伍建设等方面介绍了具体

---

① 王志强，代以平.欧盟大学-产业部门合作创新机制的主要类型及路径选择[J].比较教育研究，2018，(02)：7-12.
② 常媛媛.基于实践的创业教育——欧盟"最佳程序项目：中等教育迷你公司"解析[J].上海教育科研，2014，(07)：9-13.
③ 陈伟，李方星.创业教育终身化的若干问题[J].继续教育研究，2017，(12)：19-21.
④ 牛长松.英国大学生创业教育政策探析[J].比较教育研究，2007(04)：79-83.
⑤ 沈雁.丹麦大学创业教育模式研究——以哥本哈根商学院为例[J].高等工程教育研究，2015，(03)：161-165.

措施①。段世飞以"一带一路"为宏观背景,聚焦西班牙的创业,运用文献研究法,通过分析西班牙创业的背景及现状,发现西班牙的创业文化相对缺乏、创业研发投资和创业融资渠道还相对较少以及创业教育发展程度还不高等发展特点,呼吁我国在吸取西班牙创业发展教训的基础上,加快全民创业文化建设、资金支持体系建设以及创业教育投入②。罗尧等围绕意大利大学创业教育课程这一研究对象,分别分析了2003—2004年度和2009—2010年度意大利几所高校的创业教育课程开设情况,总结出意大利大学创业教育课程具有"鲜明的创业教育课程目标""灵活的教学模式""完整的创业教育体系""有力的支撑——创业中心"以及"聚焦式与混合式相结合"等五个特点③。王文礼和黄晓波等针对波兰高校创业教育进行了述评和重点案例引借④。

综上所述,我们可以看出欧盟创业教育日益引起我国学界的重视,研究成果日益增多,研究内容也逐步加深。宏观政策、战略和发展路径的研究对我们了解欧盟创业教育十分有益。但是我们也需要意识到当前研究还存在以下薄弱环节:一是对于欧盟创业教育的宏观政策、战略和模式的介绍还停留在介绍和引介层面,缺少纵向的历史分期研究。二是我国学者在引介欧盟政策时对核心词汇的把握也不够准确。例如,围绕"Entrepreneurship Competence"一词的中文译法便不准确,我们认为结合国内的话语体系,译做"创业素养"更为贴切。三是针对欧盟创业教育发展模式的关注还主要停留在战略文本的研究,针对实施路径的研究还主要停留在某一种路径或载体的研究,缺乏全景扫描以及案例深入研究。

与此同时,在研究内容的拓展上,笔者认为还有很多空白之处:一是当前研究缺少对欧盟创业教育育人价值导向的专门研究,以及针对欧盟创业教

---

① 王辉,周谊.芬兰高校创业教育质量保障实践探析[J].职业教育研究,2017,(12):91-96.
② 段世飞."一带一路"背景下西班牙创业现状及启示[J].创新与创业教育,2017,8(04):127-130.
③ 罗尧,马立红,王莉方.信息化背景下意大利大学创业课程设置探析[J].继续教育,2014,28(08):74-76.
④ 王文礼.波兰高校创业教育述评[J].世界教育信息,2011,(08):39-43.黄晓波,柯政彦.波兰高校创业教育发展及对中国的启示——以克拉科夫经济大学为例[J].高教探索,2011,(04):66-69.

育可借鉴性问题进行的批判与反思。研究多从教育学、商科等视域出发，研究偏教育政策与教育治理的经验介绍，而从思想政治教育学科视域出发针对育人问题展开的研究尚不足。这是思想政治教育学科的终极关怀与优势所在；二是研究视野中尚没有专门针对东南欧地区创业教育的深入研究。该地区是我国"一带一路"战略沿线地区，对我国战略的实施具有启示意义；三是当前国内尚没有从核心素养发展视域中专门研究一国创业教育。四是研究学段主要停留在高校领域的创业教育，缺少针对欧盟创业教育大中小学一体化以及欧盟在非正式或非正规教育中开展创业教育的关注。

第三节　研究思路及研究方法

本研究的研究对象是"欧盟创业教育"，其中"欧盟"是一个范畴概念，涵盖欧盟组织及其成员国。随着欧盟东扩以及欧洲一体化战略的不断推进，东南欧申请入盟国家将欧盟作为"样板"和"标准"，来谋划和实施本国创业教育。因此，本研究的欧盟创业教育也将东南欧地区申请入盟国家考虑其中。

一、研究思路

本研究围绕欧盟创业教育的育人问题展开。在整个研究中贯穿"理论意识""问题意识"与"时代意识"，着重围绕欧盟创业教育的理论与实践、历史与现实、中国与欧盟的比较和欧盟创业教育的可借鉴性等维度展开，具体包括五个方面内容：一是欧盟创业教育的本体释义与理论阐释。主要针对欧盟创业教育的核心概念、基本观点以及理论线索进行澄明；二是欧盟创业教育的历史演进与最新动向。通过历史纵向梳理，对欧盟创业教育的历史发展、当前最新动向、深层发展动因进行深度分析；三是重点关注欧盟创业教育的发展特点，以期对欧盟创业教育进行全景扫描式分析，归纳基本特色与一般经验；四是深度纵向分析。分别选取三个特色案例，通过文本分析与访谈相结合的方式深度剖析欧盟创业教育的育人机制、行动领域与成效；五是可借鉴性分析。将中国创新创业教育与欧盟创业教育进行并置，通过对可借鉴性的共同基础、特色比较进行分析，得出可借鉴性分析的结论。从而完成本研究的初衷，即通过审视"他者"，分析可借鉴性，从而为新时代中国创新创业教育发展提供新思路。

根据上述思路，本研究设计了五个章节内容，论文的整体逻辑进路图如下：

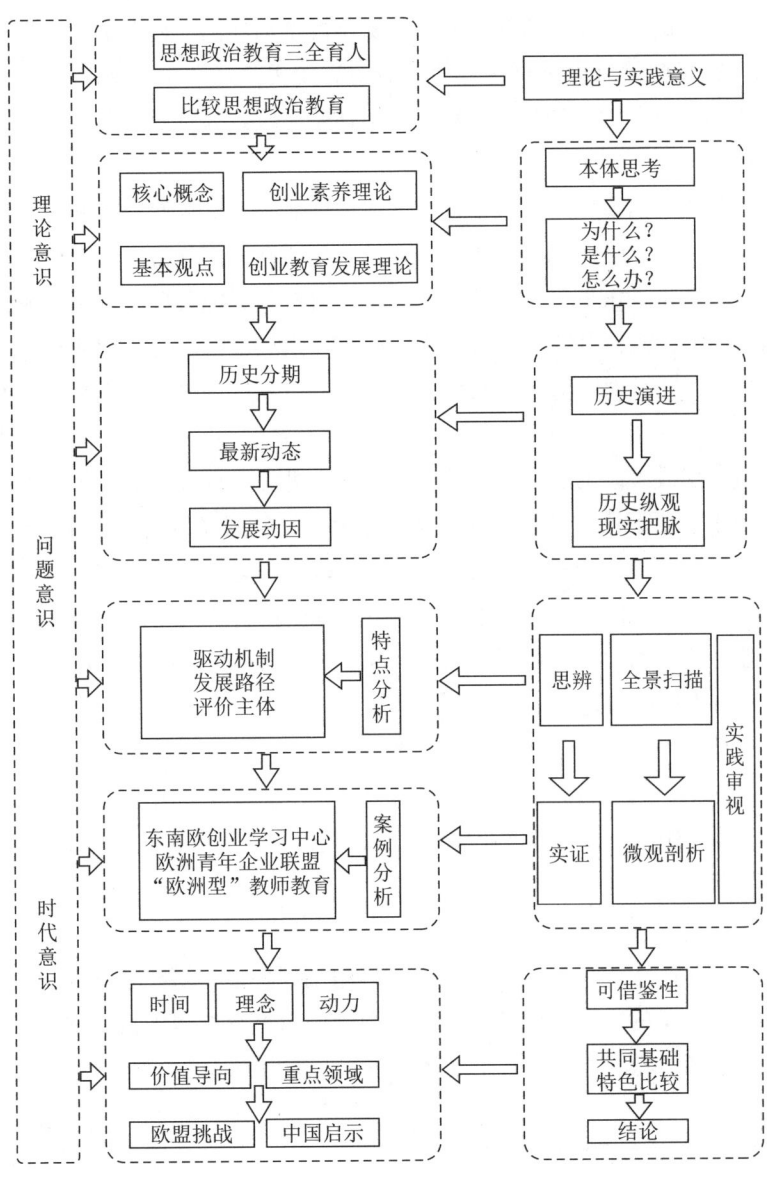

本研究逻辑进路图

二、研究方法

一是研究欧盟创业教育发展的背景时，重点使用文本分析法和历史分期法。综合运用"互文对话理论分析法""叙事分析法"和"符号学分析法"等具体的文本分析方法，对多样文本的话语序列、内在逻辑、文本结构和问题指向等维度进行深入梳理分析。使用"互文对话理论分析法"，打通不同国家和地区理论和实践的话语体系分歧，为本研究奠定扎实的文献基础。

二是研究典型国家（或学校）的典型做法时，重点使用案例研究法和访谈法。本研究运用探索性案例分析法、描述性案例分析法、解释性案例分析法和评价性案例分析法等具体方法，研究和提炼典型案例所体现的创业教育实践，概括出最佳实施路径，为我国创新创业教育提供参照。

另外，在针对欧盟创业教育实施路径的研究过程中，本研究采用了访谈法，对 Jade 联盟主席、英国、意大利、波兰、芬兰、西班牙、克罗地亚等欧盟国家或组织的数十位创业教育负责人进行了直接访谈。在直接访谈的过程中主要运用了非结构式访谈。采用非结构式访谈的优点是弹性大，能够充分调动被访谈者的积极性，并且可以对欧盟创业教育的实施了解得更加充分。与此同时，笔者也利用参加国际研讨会的机会，对两位来自澳大利亚、美国的学者进行了访谈，这部分访谈内容为准确把握欧盟创业教育在全球坐标中的定位提供了资料参考。

三是分析欧盟创业教育的可借鉴性时，重点使用比较研究法。运用单向多向比较、横向纵向比较、求同求异比较、定性定量比较和宏观微观比较等具体方法，分析欧盟创业教育对我国创新创业教育的可借鉴性。

三、创新之处

创业教育是当前世界范围内的一个热门话题和前沿领域，而以欧盟为主要推动力量的欧洲创业教育发展在国际创业教育领域中占有重要地位，并得到很多学者的关注。本研究试图在前人研究的基础上努力做到下列两点创新。

（一）研究立意与视角创新

首先，研究立意新。本研究关注的是当前创新创业教育的热点问题——育人问题，其对思想政治教育实践具有非常强的指导性。其次，研究视角新。本研究从思想政治教育学科视域出发，审视国外创业教育中的育人问题，本身具有开拓意义。创业以及创业教育的研究具有跨学科的特点，管理学关注创办企业实体，教育学关注教育规律，而思想政治教育更加关注"人"，关注创新创业教育中如何实现个体知识、技能与价值观的统一，关注人的全面发展。与此同时，思想政治教育学科赋予比较研究批判性和彻底性，本研究通过运用马克思主义哲学理论的分析视角，可以更加充分地分析出中国与欧盟创业教育的不同，使借鉴与启示更具有针对性。

（二）研究内容与方法创新

研究内容体系的创新之处主要体现在以下三个方面：一是对东南欧地区创业教育的关切。在我国实施"一带一路"战略的背景之下，东欧国家是"一带一路"建设非常重要的参与者。近年来，随着欧盟东扩，当前欧盟的影响力已经不仅仅存在于欧盟内部，对入盟进程中的国家同样有着深远的影响。因此论文的研究内容加入了对东南欧国家，特别是入盟进程中国家创业教育的考察。二是对"自下而上"由学生组织推动创业教育模式的分析。近年来我国学界对"自上而下"欧盟及成员国政府推动创业教育的研究较多，而对完全由学生推动创业教育的研究较少。因此，论文的研究内容中加入了此模式的案例分析。三是围绕可借鉴性的深入探讨。不同于宽泛的比较研究，本研究从马克思主义唯物史观的视角出发，从可借鉴性的基础、可借鉴性的特色比较以及可借鉴性的结论三个方面深入思考。重点对比了中国与欧盟创业教育价值导向以及重点发展领域的差异。本研究的启示与借鉴并不是泛泛而论，而是在对中国与欧盟创业教育异同的全面把握基础上，从培养社会主义接班人的立场上所进行的深入思考。

在研究方法上，本研究注重政策的梳理，翻译并整理了全套欧盟创业教育政策文件。与此同时，本研究并不仅仅是简单的文本研究，在分析欧盟创业教育实践经验以及对比中国、欧盟、美国等创业教育的异同时，本研究在文本研究的基础上重点选取了西班牙、英国、芬兰、美国、意大利、克罗地亚、波兰以及澳大利亚等国的专家学者进行了深入访谈。按照地域划分，共涉及欧洲学者8人，澳大利亚学者1人，美国学者1人。由于访谈的目的是对本研究的文本分析、案例分析提供线索以及观点验证，因此访谈采取半结构性访谈法。

第一章

基于核心素养发展的欧盟创业教育本体释义与理论线索

全面而准确把握欧盟创业教育实质的逻辑前提是本体论审视,需要了解欧盟创业教育的核心概念、基本观点与理论线索。在创业教育的发展历程中,长时间存在概念界定不清、所指不明以及中英文混淆等状况。因此首先通过核心概念释义,框定研究的概念工具。在此基础上,对欧盟创业教育的基本观点进行凝练与分析,最后提炼欧盟创业教育发展三十年所形成的理论。

第一节 核心概念释义

核心概念的框定与阐释是研究展开的逻辑起点。本研究的核心概念为"创业教育"与"核心素养"。对欧盟创业教育的整体性研究首先需要全面厘清上述两个概念的内涵。接下来重点从我国创业教育与创新创业教育的区别和联系,国际创业教育的语义和语用分析以及核心素养的界定三个方面进行分析和阐释。

一、创业教育的内涵与外延

"创业"一词一般对应英文"Entrepreneurship",而"企业家"或者"创业者"一般被称为"Entrepreneur"。但是当将创业与教育相联系时,分歧与论争便出现了。在我国,先后出现过"开创事业心教育""创业教育"以及"创新创业教育"的表述。无独有偶,国际上对创业教育的英文表述也存在争议，先后出现过"Entrepreneurship Education""Enterprise Education"以及"Entrepreneurial Education"。究其原因，表述的多样化源于学界对创业教育广义与狭义的关注点不同以及创业教育本身所具有的跨学科性。广义的创业教育是一种改变个体思想或思维，使之更具创业性、创新性以及主动性的教育。这种教育聚焦个体的创业思维、创业精神以及创业能力。我国早前提出的"开创事业心教育"、当前提出的"创新创业教育"以及欧盟提出的"基于核心素养发展的创业教育"均属于广义的创业教育。而狭义的创业教育指鼓励个人在商业环境中创办企业的教育。狭义的创业教育一般聚焦创办企业所需知识、创办企业的流程以及企业家所具备的特质等。

（一）我国创业教育与创新创业教育的区别和联系

笔者认为创业教育与创新创业教育尽管字面表述有所差异，但内涵上同宗同源，一脉相承，密不可分。具体到语境之中，当指涉国外时，"创业教育"使用的比较多；而特指我国之时，使用"创新创业教育"比较多。

作为一种新的教育理念与形式，"创业教育"的定义一直存在着争议，主要表现为"狭义"与"广义"之分。从字面上看"创业"二字常常使人不自觉联想到创办企业的行为，所蕴含的"实体性"限制了"教育"本身所蕴含的"开放性"和"广谱性"。而"创新创业教育"的提出有效化解了"创业教育"所带来的语义歧义，在"创业教育"前面加上"创新"二字，"创业"的"实体性"特征被淡化。2010年教育部《关于大力推进高等学校创新创业教育和大学生自主创业工作的意见》正式采用了创新创业教育的提法，并明确将创新创业教育定义为"适应经济社会和国家发展战略需要而产生的一种教学理念和模式"，与此同时创新创业教育也肩负着"促进高等教育科学发展，深化教育教学改革，提高人才培养质量"的战略重任。除了具有国家和社会意义之外，从学生个人而言，创新创业教育以"提升学生的社会责任感、创新精神、创业意识和创业能力"为核心，有利于学生个人的全面发展，可以保证高校人才培养质量，实现高校立德树人时代要求[①]。因此创新创业教育的提出既是国家需要，也是个体的需要。在

---

① 教育部.关于大力推进高等学校创新创业教育和大学生自主创业工作的意见[Z].教办[2010]3号.

此基础上,文件也明确创新创业教育"面向全体学生,结合专业教育,融入人才培养全过程的教育价值定位"。至此,在我国政府官方文件中,创新创业教育用以指代包含狭义的创业教育、广义的创业教育以及创新教育等一切强调创新性、主动性以及实践性的教育。

(二)国际创业教育英文表述的语义、语用考证

国际上创业教育的广义和狭义之辨,主要体现在学者们对"Entrepreneurship Education""Enterprise Education"以及"Entrepreneurial Education"这三个词的争论上,他们均可以翻译为创业教育。前两种表述学者们争论的时间最长,并各有缺点,第三个表述是近期所兴起的。下面从语义和语言两个视角进行阐述。

一是从语义视角的分析。"Enterprise""Entrepreneurship"以及"Entrepreneurial"均可以指创业。从词性分析,前两个词是名词,后者是形容词。从语义上区分,费尔克拉夫(Fairclough)从牛津词典的释义入手,认为"Enterprise"可指某种行为、某类素质以及企业或事业等。在研究了大量英国撒切尔时代的政治演讲后,他指出在政治文稿中"Enterprise"指公民的某种素质[1]。罗莎(Rosa)认为"Enterprise"所指的创业精神或素养对实现公民权利和个人潜能的发挥十分重要[2]。英国学者艾伦·吉布(Alan Gibb)则反对将该词与撒切尔时代的政治思想联系在一起,认为"Enterprise"一词在教育中的内涵和外延十分广泛,如果一味与政治意识形态联系在一起,则不利于创业教育的发展以及评估[3]。

"Entrepreneurship"一词是由"Entrepreneur"(企业家)一词所派生而来。"Entrepreneur"最早出自法语。18世纪法国经济学家理查德·坎蒂隆(Richard Cantillon)将其定义为从事在某个价格购买商品,在将来某个未知的价格出售商品,承担风险的人。而他们所从事的活动则被称为"Entrepreneurship"(创业)。随着时代的发展,学者们赋予该词很多

---

[1] Fairclough, N..What might we mean by 'Enterprise Discourse'?[A].R.Keat,N.Abercrombie, Enterprise Culture[C].London: Routledge,1991.38-50.

[2] Rosa..Entrepreneurial Training in the UK: Past Confusion and Future Promise[C].Scottish Enterprise Foundation, 1992:81-92.

[3] Gibb, A.A..The Enterprise Culture and Education - Understanding Enterprise Education and its Links with Small Business, Entrepreneurship and Wider Educational Goals[J].International Small Business Journal,1993, 11(3): 11-34.

新的含义，例如萨伊（Jean Baptiste Say）将生产要素的整合加入其中，而熊彼特（Schumpeter）将创新的概念与其相联系[1]。史蒂文森（Stevenson）和萨尔曼（Sahlman）认为"Entrepreneurship"是一个动态过程，指一种无视现有资源掌握情况对机会的难以遏制的追逐[2]。德鲁克（Drucker）认为"Entrepreneurship"是一种行为，而不只是一种性格特质。这种行为中需要蕴含新价值的创造[3]。肯特（Kent）试图从更广义的语境中来阐释"Entrepreneurship"，认为"Entrepreneurship"不应该仅仅局限于创办企业，还应该包含可以导致社会产出的一切活动。"Entrepreneurship"还可以存在于现有企业或者非商业组织当中[4]。

"Entrepreneurial"是形容词，字面意思可以直译为"创业的"或者"与创业有关的"，这个词语的产生是伴随着创业型大学、创业学习、创业型教师和创业型学校等概念的流行。人们希望把创业者身上所具有的"开创性""创新型"以及"主动性"等特质作为一种可培养和习得的性质，赋予个体和组织发展的各个方面。甚至有学者认为"教育"一词也过多强调了"正规教育"或者"学校教育"，限制了"创业"的终身化发展，提倡使用创业学习（Entrepreneurial Learning），来代替"创业教育"[5]。

二是语用视角的分析。除了语义方面的差别外，国际上很多学者也尝试从语用的角度，对二者进行区分。其中比较有代表性的是从能力视角以及教育视角来辨析二者的不同。当指创业能力时，"Entreprise"所包含的能力更广泛。达科尔珀尔（Dacre Pool）和休厄尔（Sewell）提出了CareerEDGE模型[6]，通过CareerEDGE模型来表示就业能力获得的过程及其组成要素，认为就业能力由生涯发展和学习；资历（工作和生活）；专

---

[1] Stevenson,H.H.and Sahlman,W.A.Entrepreneurship A Process, Not a Person[R]. Working Paper, Cambridge, MA：Harvard Business School.1987.1-7.

[2] 同上。

[3] Drucker, Peter Ferdinand. Innovation and entrepreneurship[M].Harper Collins. 2006.1-17.

[4] Kent, C.A..Entrepreneurship Education: Current Developments, Future Directions[M]Quorum Books,US. 1990.53-69.

[5] European Commission. Taking the future into their own handsYouth work and entrepreneurial learning.[EB/OL].https://publications.europa.eu/en/publication-detail/-/publication/8f5910d8-6b64-11e7-b2f2-01aa75ed71a1/language-en/format-PDF/source-86338678，2017-07-17.

[6] CareerEDGE 模型分别为下列英文单词的首字母缩写：Experience:Work & Life;Degree Subject :Knowledge、Understanding & Skills;Generic Skills;Emotional Intelligence。

业知识、理解能力、技能；一般技能；情商五种能力要素发展而来。在 CareerEDGE 模型中，他们认为"Enterprise Skill"属于五个核心因素中的"一般技能"之一，是就业能力的重要组成部分。而"Entrepreneurship"是指创业者所具备的能力，与"Enterprise Skill"有很大差别。"Enterprise Skill"作为就业能力中的一种是可以面向所有学生进行教育和培养的，无论是将来学生想在企业里就业还是自己创业都需要。而"Entrepreneurship"特指那些想要创业的学生才需要的技能，包含单干、敢于冒风险、激烈竞争等词义。这些能力并不适合所有学生，也不是所有就业的学生都需要。在现实中，有时恰恰是这种能力阻碍了毕业生或者求职者得到工作。因为有些企业雇主并不希望员工身上拥有创业者的某些特质。他们并不希望毕业生们拿他们的生意和利润冒险。

从教育的视角出发，使用偏好也有不同。比较有代表性的是英国学者艾伦·吉布"Enterprise Education"的理论。他认为创业教育应该包含三个范畴，即"为了创业的教育"（Education for Enterprise）、"经由创业的教育"（Education through Enterprise）和"关于创业的教育"（Education about Enterprise）。这三个范畴所包含的教育内容各有侧重，从而构成了"Enterprise Education"的理论。"为了创业的教育"是指一切教育活动的目的都为了使个人最终能够创建自己的企业或事业。在这个范畴中强调个人的自我雇佣作为职业生涯的选择。"经由创业的教育"是指一切教育活动都是为了发展个人的创业素养。在这个范畴中，教育者可以在教育环境中模拟建立和运营微型的企业。"关于创业的教育"是指一切普及与创业或中小企业有关知识的教育。在这个范畴中，知识的教授方式一般是描述性的事实陈述，一般包含相关实习经历[1]。艾伦·吉布关于"Enterprise Education"三个范畴的建构得到了很多学者的认同和发展。卡尼（Kearney）认为"Enterprise Education"所指的创业教育有广义和狭义之分，狭义的创业教育是指鼓励在商业环境中创办企业的教育，而广义的创业教育着眼于个人和社会的发展，是指培养年轻人创业思维的教育。狭义的创业教育由于受众的限制，很难吸引更多的师生参与其中，受益面比较小。因此，广义的

---

[1] Gibb, A.A..The Enterprise Culture and Education - Understanding Enterprise Education and its Links with Small Business, Entrepreneurship and Wider Educational Goals [J].International Small Business Journal.1993, 11(3): 11-34.

创业教育是创业教育发展的主流趋势。

与此同时"Entrepreneurship Education"所代表的创业教育理论也不断得到发展。越来越多的学者开始认为企业家应该像画家、音乐家、医生那样,尽管有一些先天因素,但同样可以被后天教授,并且在教育内容、教育目的和教学方法上与"Enterprise Education"有相似之处。学者平洛特(Pimlott)认为"Entrepreneurship Education"的目的是发展企业家和中小企业经营者[1],这与艾伦·吉布创业教育三个范畴理论中"经由创业的教育"相似。在教学方法上"Entrepreneurship Education"所指的创业教育强调体验式学习、与企业家互动,"做中学",教师在教学中充当"帮助者"等,这也与"Enterprise education"中的教学方法相似。然而也有学者认为二者是不同的。学者布里奇(Bridge)等认为在创业教育中"Enterprise"所代表的创业是最为广义的,包含"Entrepreneurship"所代表的创业。"Entrepreneurship Education"核心是教授机会识别,资源整合和商业创造等。"Enterprise Education"的核心是发展个人的事业心、开拓能力以及自立精神[2]。

综合语义和语用两方面的分析,我们不难看出"Enterprise"一词在英国更具有一些历史渊源,时间可以追溯到1979年保守党执政时期,常常与撒切尔夫人鼓励民众开办企业,少依赖国家的政治思想联系在一起。由此该词所表示的创业教育,并不特指创办实体,有公民个人不依赖他人,自立自强,发挥自身潜能的意味。"Entrepreneurship"一词不具有某国的政治色彩,相较于前者在国际上的使用更普遍。但是一提到该词,人们不可避免地想到其商业属性。"Entrepreneurial"综合了前两者的优点,指向创业和创业者所具有的性质。研究者需要根据其自身的研究目的不同,而有选择的使用自己的术语。在本研究中,笔者所指的创业教育是一种指向改变思维方式以及能力的创业教育,因此我们使用"Entrepreneurial Education"作为英文创业教育的表述。

---

[1] Breen, P.J..Enterprise, entrepreneurship and small business: where are the boundaries [J]. Entrepreneurship and Small Business. 2004, 1(1/2):21-32.

[2] Bridge,S. O'Neill,K.and Cromie,S..Understanding Enterprise, Entrepreneurship and Small Business [M]. Hampshire UK: Macmillan Business, 1998:77-98.

二、核心素养的内涵与外延

核心素养是本研究的一个核心概念，是分析欧盟创业教育育人的关键桥梁和主要分析工具。核心素养对应的英文词语是"Key Competences"。从本质上说，关注核心素养，就是关注"教育要培养什么样的人"这一根本问题。下面就国内和国外两个方面对核心素养的内涵进行归纳和分析，并给出本研究的界定。

（一）核心素养的中国表达

"素养"一词在汉语中的使用颇有历史。较早可见于《汉书·李寻传》："马不伏历，不可以趋道；士不素养，不可以重国"。之后宋朝陆游的《上殿札子》中"气不素养，临事惶遽"以及元朝刘祁《归潜志》卷七："士气不可不素养。"均是古人对素养的运用，大体可以理解为一种修养和能力。在最新版的《现代汉语词典》中，将素养定义为"平日的修养"①，可理解为在生活中所显现出的品格与涵养。

进入21世纪，受到国际教育领域改革浪潮的影响，我国学界对"素养"有了进一步的深化与发展，将其与英文的"Competences"或者"Compentency"进行对应，从而引入国际上最新的研究成果。比较有代表性的观点有：一是素养是知识、技能和价值观的统整与融合。"素养"涉及内在品质和外部行为，与其他表示能力的英文词语如"Skill"和"Ability"相比，更具包含性。可以理解为"素养"（Competence）＝技能（Skill）＋知识（knowledge）＋态度（Attitude）/性向（Aptitude）②。素养是知识、技能、态度的超越和统整，是一整套可以被观察、教授、习得和测量的行为。或者说，素养是完成某一情境工作任务所必需的一系列行为模式，这些行为与绩效表现密切相关。任何行为，都不是单一维度的知识、技能、态度所能支撑的，需要三者统合。素养＝（知识＋技能）^{态度}，亦即 C=(K+S)^A。态度是用乘方来连接知识与技能的。当态度为正值时，知识与技能皆会产生乘数效应或者放大效应；若态度为负值时，知识与技能皆会

---

① 中国社会科学院语言研究所词典编辑室.现代汉语词典[M].北京：商务印书馆，2016：1248.

② 裴新宁，刘新阳.为21世纪重建教育——欧盟"核心素养"框架的确立[J].全球教育展望，2013，42（12）：89-102.

产生缩小效应甚至出现负面效果①。二是素养对应的主体是人。林崇德教授从"素养"和"素质"的区别入手，认为"素质"对应的主体是"教育"，是相对于应试教育而提出的，主要指人在先天的生理基础上，通过后天环境影响和教育训练所获得的内在的、相对稳定的、长期发挥作用的身心特征及其基本品质结构。"素养"是指在教育过程中逐渐形成的知识、能力、态度等方面的综合表现，其对应的主体是"人"或"学生"，是相对于教育教学中的学科本位提出的，强调学生素养发展的跨学科性和整合性。②。

综合上述观点，我们不难看出"素养"指向的是人，是描述一个人"知识、技能与价值观"的集成概念。一个人的素养可以有很多，到底哪些素养居于符合国家需要以及时代发展的关键或核心地位呢？这就引出了"核心素养"的概念。在素养的基础上去理解核心素养比较容易。林崇德教授团队在借鉴国外同时又立足我国实际的基础上，将"核心素养"定义为"学生在接受相应学段的教育过程中，逐步形成的适应个人终身发展和社会发展需要的必备品格与关键能力。它是关于学生知识、技能、情感、态度、价值观等多方面要求的结合体"③。与此同时，林崇德教授团队强调了"核心素养"的"过程性""终身开放性"。"过程性"是关注培养过程中学生的体悟，而非结果导向；"终身开放性"是指"核心素养"的培养需要贯穿于个人终身学习的全过程。

2014年3月，教育部发布了《关于全面深化课程改革落实立德树人根本任务的意见》，将研究制定学生发展核心素养体系放在了统领课改的关键环节，这也是首次在国家的重要文件中使用"核心素养"这一概念。我国于2016年9月由林崇德教授团队尝试发布了《中国学生发展核心素养》，其中以培养"全面发展的人"为核心，分为文化基础、自主发展、社会参与三个方面，综合表现为人文底蕴、科学精神、学会学习、健康生活、责任担当以及实践创新六大素养。2016版《中国学生发展核心素养》的发布引起了学界对核心素养的广泛讨论④。尽管当前对其中的提法学界还未达成

---

① 褚宏启.核心素养的国际视野与中国立场——21世纪中国的国民素质提升与教育目标转型［J］.教育研究，2016，37（11）：8-18.
② 林崇德.21世纪学生发展核心素养研究［M］.北京：北京师范大学出版社，2016：2.
③ 同上.
④ 《上海教育》编辑部.《中国学生发展核心素养》总体框架正式发布［J］.上海教育，2016（27）：8-9.

广泛统一，但其无疑是我国教育领域针对中国学生"全面发展"所作出的一次勇敢尝试。

当前，学界对核心素养的研究还在深化，尽管对中国学生核心素养的遴选和框架的制定还有争议，但是在很多方面学者们也形成了共识：一是从功能上，核心素养是连接宏观党的教育方针政策与具体教育实践的中介环节。2018年，习近平在全国教育大会上发表重要讲话指出"坚持中国特色社会主义教育发展道路，培养德智体美劳全面发展的社会主义建设者和接班人"[1]，这是当前我国党的教育方针。党的教育方针的确立引领着核心素养内容及框架的价值方向，核心素养内容中需要明确体现出党的教育方针意涵。二是在内容上，核心素养是知识、技能和价值观的统一，三个维度缺一不可。通过强化核心素养概念，可以超越我国传统教育中狭义的能力观，转变过去能力观中重知识和技能，而轻态度和价值观的倾向。另外核心素养具有可迁移性，绝不是仅指某一学科的知识、技能或者价值观，核心素养的内容对各个学科均有指导意义，对核心素养的落实需要各个学科的参与。差别只存在于有的学科更偏重于某一种核心素养的落地。三是从时间跨度上，核心素养具有终身发展性。核心素养的培养需要依赖各个教育学段以及多种教育形式来进行，其中不仅包括传统的学校教育，而且学校外的非正式或非正规教育也需要参与其中。

（二）核心素养的国际视角

正如前文所述，"核心素养"这个词的流行，与国际上关于"Key Competences"的几次大的教育改革项目有直接的关系。上述教育改革的兴起也并不是偶然，伴随着全球教育由知识本位向能力本位的转向。从20世纪90年代开始，联合国教科文组织、经济合作与发展组织、欧盟等国际组织，以及美国、法国及日本等多个国家均以"核心素养"为核心发布了相关的研究报告或者教育政策。立场不同，决定了核心素养的概念以及主要内容有所差别。下面简要介绍三种当下比较流行的核心素养的概念解读。

较早提出"核心素养"并以专题报告的方式进行研究的是经济合作与发展组织（OECD，下简称"经合组织"）。经合组织先是在1997年启动了

---

[1] 习近平在全国教育大会上强调：坚持中国特色社会主义教育发展道路　培养德智体美劳全面发展的社会主义建设者和接班人[N].人民日报，2018-09-10（001）.

"素养的界定与遴选：理论和概念基础"项目（我国学界简称为 DeSeCo），之后在 2003 年出版最终研究报告《核心素养促进成功的生活和健全的社会》（*Key Competencies for a Successful Life and a Well Functioning Society*）时，正式使用了"核心素养"的提法[1]。经合组织将"核心素养"划分为"互动地使用工具、在社会异质群体中互动和自主行动"三个类别。三个类别下各自定义了三个核心素养。其中"互动地使用工具"细分为了"互动地使用语言、符号与文本"、"互动地使用知识与信息"以及"互动地使用技术"；"在社会异质群体中互动"细分为了"与他人建立良好的关系"、"团队合作"以及"管理与解决冲突"；"自主行动"细分为了"在复杂的大环境中行动"、"形成并执行个人计划或生活规则"以及"保护及维护权利、利益、限制与需求"[2]。

欧盟组织于 2002 年开始重视核心素养的问题，将核心素养的问题放置于终身学习的视域下进行阐释，并且 2006 年欧盟正式出台《欧洲终身学习核心素养建议框架 2006》（*Recommendation of the European Parliament and the Council of 18 December 2006 on Key Competences for Lifelong Learning 2006*，下文简称"2006 框架"）[3]。2018 年 5 月 22 日，欧盟又出台《欧洲终身学习核心素养建议框架 2018》（*Council Recommendation of 22 May 2018 on Key Competences for Lifelong Learning*，简称"2018 框架"）[4]。需要注意的是，欧盟的官方文件中对核心素养的理解也是不断变化和发展的。在早期的欧盟文献中，素养对应"Competency"和"Competences"两个英文单词，并且两者区别使用。"Competency"是指个体行为特征，包含动机和个体特质。"Competence"更偏重指可以测量的行为及表现。用欧盟所提出的"知识""技能"和"态度"框架进行分析的话，知识和技能是

---

[1] 褚宏启.核心素养的概念与本质[J].华东师范大学学报（教育科学版），2016，34（01）：1-3.

[2] 师曼，刘晟，刘霞，周平艳，陈有义，刘坚，魏锐.21世纪核心素养的框架及要素研究[J].华东师范大学学报（教育科学版），2016，34（03）：29-37+115.

[3] European Council. Recommendation of the European Parliament and the Council of 18 December 2006 on key competences for lifelong learning[EB/OL].https://eur-lex.europa.eu/legal-content/EN/TXT/PDF/?uri=CELEX:32006H0962&from=EN，2018-07-28.

[4] European Council. Council Recommendation of 22 May 2018 on Key Competences for Lifelong Learning[EB/OL].http://data.consilium.europa.eu/doc/document/ST-9009-2018-INIT/EN/pdf，2018-07-28.

"Competence"和"Competency"所共有的。"态度"传统意义上应该属于"Competency"的范畴。随着欧盟对核心素养评估与测量的政策日益增多,"Competence"的使用越来越频繁。与此同时,随着教育领域的变革与发展,研究者意识到"态度"或者"价值观"与行为常常是相伴而生的,应是"素养"含义应有之义。因此,2006年欧盟在"2006框架"中采用"Competences"一词,并将其定义为"知识"、"技能"和"态度"三个维度。2018年欧盟在修订2006版核心素养框架之时,核心素养的定义以及表述仍然保持不变。我们可以看出,欧盟越来越趋向于使用"Competences"来指素养,并且也趋向于将"Competence"和"Competency"做同义词处理。

美国于20世纪末也开始关注核心素养。与其他组织或者国家所不同的是,美国关注的重点是"技能",即"努力探寻那些可以让学生在21世纪获得成功的技能,建立21世纪技能框架体系",将其划分为"学习与创新技能""信息、媒体与技术技能"以及"生活与职业技能"三个方面[1]。

与此同时,学者们也针对亚洲地区以及俄罗斯的核心素养框架进行了解读。亚洲国家(地区)分别选取了新加坡、中国香港和中国大陆,认为"凸显核心价值观"是这三个地区的特点。在针对俄罗斯发布的核心素养框架的研究中,认为"重视公民日常生活和文化休闲质量"是其一大特色[2]。

综合以上国内研究视角对核心素养的内涵解释,笔者认为"核心素养"是一个非常综合的概念,内涵十分丰富,值得不同的学科去关注。教育学科从个体建构的视角出发,对核心素养进行了开拓性的探索,所得出的研究结论十分具有启发意义,笔者十分赞同。与此同时,笔者认为核心素养的理解还需要站在马克思主义实践观的立场上去思考。马克思主义哲学认为"全部社会生活在本质上是实践的"[3],"以一定的方式进行生产活动的一定的个人,发生一定的社会关系和政治关系"[4],"社会结构和国家总是从一

---

[1] 师曼,刘晟,刘霞,周平艳,陈有义,刘坚,魏锐.21世纪核心素养的框架及要素研究[J].华东师范大学学报(教育科学版),2016,34(03):29-37+115.
[2] 师曼,刘晟,刘霞,周平艳,陈有义,刘坚,魏锐.21世纪核心素养的框架及要素研究[J].华东师范大学学报(教育科学版),2016,34(03):29-37+115.
[3] 《马克思恩格斯选集》:第1卷[M],北京:人民出版社,2012:135.
[4] 同[3]:158.

定的个人的生活过程中产生的"①,"意识在任何时候都只能是被意识到了的存在,而人们的存在就是他们的现实生活过程"②。上述这些论点,都是马克思主义实践观的直接表述。马克思主义实践观可以具体表述为个人与社会的关系判断,即社会历史是现实个人实践活动所创造的,与此同时个人的实践活动也离不开一定的社会条件③。

具体到本研究中,核心素养的整体性把握应该从马克思主义实践观的立场出发,从个人和社会两个方面辩证统一地进行审视。核心素养的终极目标是实现个人的全面发展,我们需要认识到个人的全面发展需要符合社会需要,与社会主导意识形态相统一的全面发展;社会的主导意识形态也需要具体到现实的个人,影响到受教育个体的思想,才能促进社会进步,生产力发展。那么在本研究中,核心素养便是一个连接社会主导价值以及个人全面发展的媒介。也就是说,核心素养培养不能仅从个体作为受教育主体的主观建构进行思考,也不能仅从国家或社会的需要进行分析,而需要从马克思主义实践观的立场进行出发,从个体与社会的辩证统一的视角去分析。核心素养既是个人知识、技能与价值观的统一,是个人在社会安身立命的保障,同时也具有时代性、民族性与政治性等意识形态性。时代性是指核心素养需要根植于所处时代,体现国家时代发展的主题。民族性是指核心素养需要根植于本国家的文化历史土壤之中。政治性是指核心素养的发展需要体现国民对国家的认同。核心素养是连接国家(地区)教育的国家意志与个体的全面发展的中介与桥梁。

第二节 欧盟基于核心素养发展的创业教育观

欧盟创业教育观是指欧盟组织官方文件中对创业行为以及创业教育的一系列表述。这些表述内在逻辑相关,随着时代的变迁与时俱进,代表了欧盟创业教育的基本观点。

---

① 马克思恩格斯选集:第1卷[M].北京:人民出版社,2012:158.
② 同上。
③ 王秀阁.论思想政治教育研究取向的问题——马克思主义实践观视角[J].马克思主义研究,2015(05):129-134.

一、创业是一种"将创意付诸实践"的过程

台湾学者蔡敦浩曾对欧盟创业教育定义给予了高度评价,认为其"突破了近年来创业研究中的典范转移——放弃了实体观(entity)的创业理论,走向开创的思维逻辑"[1]。上述评价便是基于欧盟将创业看作是一种"将创意付诸实践"的过程做出的。欧盟"将创意付诸实践"创业观的普及得益于欧盟 2006 年发布的《欧洲终身学习核心素养建议框架》。在该文件中,欧盟将"主动性和创业"素养定义为"个体将创意付诸实践"的能力。

"将创意付诸实践"(Turn Idea into Action)是以一种过程视角来解读创业行为的勇敢尝试,体现了"开放性""动态性"以及"转化性"。"开放性"主要体现在欧盟所指的创业不局限于商业领域,而存在于各行各业之中。只要行为中包含了将创意付诸实践的过程,那么这些行为就都可以视为创业。"动态性"是指欧盟将创业看作是一个过程。这个过程中包含非常多的环节与要素,例如有的欧洲学者将其定义为"构思""机会识别""机会形成"和"机会利用",也有学者将这一过程分解为"动机和创意""组织""形成和建立""行动"以及"结束和关闭"等[2]。尽管划分依据有所不同,但是欧盟主张的"将创意付诸实践"的过程性得到了欧洲学界的普遍认同。"转化性"主要是指欧盟认为个体可以通过创业实现全面发展以及社会融入。创业是个体实现全面发展的有效途径,通过"将创意付诸实践",个体会自觉地将"知识、技能与价值观"统一到个体实现公民参与、获得自我满足感的过程中,并最终实现个体的全面发展。

二、创业教育的核心是发展"创业素养"

基于"将创意付诸实践"的创业观,欧盟提倡创业教育的核心是发展"创业素养"[3]。在欧盟创业教育系列文件和报告中"Entrepreneurship

---

[1] 蔡敦浩,林韶怡.创业教育的教学模式:典范差异与现状反思[J].创业管理研究,2013.8(2):1-18.

[2] Chell, E. & Athayde, R. The identification and measurement of innovative characteristics of young people. Development of the Youth Innovation Skills Measurement Tool[R]. NESTA. 2009.

[3] European Council. Recommendation of the European Parliament and the Council of 18 December 2006 on key competences for lifelong learning[EB/OL].https://eur-lex.europa.eu/legal-content/EN/TXT/PDF/?uri=CELEX:32006H0962&from=EN.2018-07-28.

Competence"（创业素养）是一个高频词和核心词，我国有学者将其译为"创业能力"[①]。笔者认为译为"创业素养"更为适合，主要有两个原因：一是"Key Competence"译为"核心素养"在我国教育领域已经基本达成共识。"素养"一词比"能力"所涵盖的内容更加丰富，不仅包括知识、技能等传统的"能力"范畴，还包含"价值观""态度"等情感和价值判断范畴。二是英文里面对应"能力"的词语特别多，例如"skill""ability"等，而如果将"Competence"译作"能力"容易使能力泛化。

值得注意的是，欧盟关于"创业素养"的表述也是一个与时俱进的过程。2006 年，欧盟在官方文件中对"创业素养"的表述为"Entrepreneurship"一词之前，加上了另外一个词组"Sense of Initiative"，汉语对应为"主动性"。为什么会再加一个词语来表述这一素养呢？笔者认为与 2006 年所处的时代有关。当时，创业教育尚处于起步阶段，关于创业以及创业教育的认识在整个欧盟还没有达成一致，创业作为一种素养的提法还比较新，因此在其后加了"主动性"的描述。随着时代的发展，"Entrepreneurship"一词的内涵以及外延不断丰富，早已经超越了"实体论"。经济合作与发展组织于 2008 年在其报告中将"创业"定义为"与创业性活动相关的现象"[②]。而将"创业性活动"定义为"通过识别或使用新的产品，开发新的市场等活动，最终创造价值的人类行动"。该定义将"创业"定义为一种与创业性活动相关的"现象"。创业性活动则被放在了包含商业、自然界、社会和文化在内的更宽泛的环境中，强调了"价值创造""创造"以及"识别机会"等特征。无独有偶，丹麦创业基金（the Danish Foundation for Entrepreneurship）在 2012 年将"Entrepreneurship"定义为"抓住机会和创意，并将其转化为价值。价值可以是金融、文化或社会等多个领域"[③]。另外，随着创业类型的不断发展，以及"内创业""社会创业""环境创业""数字创业"和"包容创业"等概念的相继产生，

---

① 崔军.欧盟创业能力框架：创业教育行动新指南［J］.比较教育研究，2017，（01）：45-51.

② Ahmad N., & Hoffman, A. A Framework for Addressing and Measuring Entrepreneurship[R]. Paris :Entrepreneurship Indicators Steering Group, OECD,2007.

③ FFE-YE. Impact of Entrepreneurship Education in Denmark－2011. In L. Vestergaard, K. Moberg & C. Jørgensen (Eds.). Odense: The Danish Foundation for Entrepreneurship－Young Enterprise[C].2012.

"Entrepreneurship"不论是从语义上抑或是语用上，都超越了商业领域，越来越走向广谱。2016年，欧盟正式提出了"创业素养框架"（EntreComp: The Entrepreneurship Competence Framework，简称 EntreComp），全面深化了作为核心素养之一的创业素养的理论。基于此，欧盟在 2018 年修订"欧洲终身学习核心素养建议框架"时，直接使用"Entrepreneurship Competence"代替了原来的"Sense of Initiative and Entrepreneurship"两个词的表述，不仅体现了欧盟政策的连续性，更加是一种与时俱进的表现。

欧盟所提出的创业核心素养概念具有丰富的内涵和外延，我们可以将其概括为下面三个方面：

一是创业核心素养是欧洲公民八大核心素养之一。将创业素养视作欧洲公民八大核心素养之一是欧盟对创业核心素养地位的界定[①]。"欧洲公民"（European Citizen）是欧盟意识形态建设的一个关键术语，是欧盟在政治合法性建设过程中的关键一步。欧盟通过提出"欧洲终身学习核心素养建议框架"，来对欧盟各成员国的教育进行价值引导。因此，八大核心素养是欧盟基于当前欧洲所面临的突出矛盾与挑战，以及未来时代发展需要所提出的人力资源解决方案，也是欧盟主导的意识形态之一。而创业素养可以位列其中，充分说明欧盟对其的重视。

二是创业素养具有可迁移性。可迁移性是指它适用于不同情景下的个人和群体（包括组织或机构）。作为一种核心素养，欧盟创业素养包含知识、技能和态度三个维度：在知识维度上，创业不仅需要了解将创意转化为行动的背景，还需要掌握项目规划和管理的方法（包括过程和资源）。与此同时，个体也需要遵守道德原则，并且意识到自身的优势与劣势。在技能维度上，创业技能培养要在培养个体创造力的基础之上，培养想象力、战略思维和解决问题的能力，并需要不断培养在创造和创新的过程中批判和反思的能力，包括以个人或团队协作的方式工作，调动资源的能力等。此外，能够做出相关财务决策，与他人进行有效沟通和协商以及应对不确定性、模糊性和风险的能力也至关重要。在态度维度上，创业态度主要指创业者的主动性、实现目标过程中的前瞻性、勇气和毅力。它包括激励并

---

① European Council. Recommendation of the European Parliament and the Council of 18 December 2006 on key competences for lifelong learning[EB/OL].https://eur-lex.europa.eu/legal-content/EN/TXT/PDF/?uri=CELEX:32006H0962&from=EN.2018-07-28.

重视他人想法，关爱他人并承担在整个过程中伦理方面的责任。一般而言，在初级教育阶段，创业素养教育更加侧重于"技能"和"态度"的培养；在高级教育阶段，创业素养教育更加注重"知识"和"技能"的教授。

三是创业要素相互关联、聚集呈现。创业素养是一个集合概念，包含众多创业要素。这些创业要素相互关联，聚集呈现。条件不同，所需要的具体素养和能力有所不同。例如当发展创意时，"想象力和创造力"尤为关键；当涉及机会识别和运用时，"自我效能"非常关键；涉及到创新时，"能量""冒险倾向"以及"领导力"都十分重要。2014年，在针对"教育与培训2020"的专项调研中，欧盟曾尝试将创业素养主要分为金融基本素养、创造力、风险和机会三大类，认为这三大类是各种创业教育项目的高频词。除此之外，伦理、环境问题、社会问题等领域涉及到的素养和能力，也日益成为创业素养的关键内容。

第三节 欧盟创业素养理论

2016年，欧盟正式发布了《创业素养框架》(EntreComp: The Entrepreneurship Competence Framewok)[①]。该文件将欧盟的创业素养理论以"创业素养框架"的形式详细阐述，其中包含概念模型、发展模型以及学习结果表述三个主要部分。

一、创业素养概念模型

建立创业素养概念模型主要是为了解决创业素养到底包含哪些内容的问题。该模型围绕"将创意付诸实践"这一核心，将创业的过程划分为"创意和机会""资源"和"付诸行动"三大领域。而创业素养便是"将创意付诸实践"过程中涵盖三大领域的一切知识、技能和态度的总和。在此基础上，三大领域继续细分，每个领域各自细分为五种具体素养，共计15种。15种具体素养相互关联，并没有边缘与核心之分。欧盟通过一个饼状图（详见本书第41页图1.1），将创业素养概念模型进行了简明扼要的表述。

---

① European Commission Joint Research Centre. EntreComp: The Entrepreneurship Competence Framework[EB/OL].http://ec.europa.eu/jrc/entrecomp,2017-12-13.

(一)创意和机会

创意和机会领域具体包含五种素养,分别为"发现机会""创造力""愿景""创意评估"和"伦理道德和可持续发展"。这五种具体素养完整地涵盖了个体在产生创业想法的初始阶段,所需要掌握的一切与创意或者机会相关的知识、技能和态度的总和。"发现机会"主要是指识别有价值的机会。个体通过对社会、文化和经济形势的洞悉来发现并把握机会是一种"发现机会"的形式;识别市场需求和挑战也是"发现机会"的表现形式;建立新联系,整合零散的背景信息并创造机会和创造价值也是"发现机会"。"创造力"是指发展有创造性和有意义的创意。在创业的初始阶段,仅仅拥有发现机会的能力是不够的,还需要发展有创造性的想法。创造性的想法可以具体表现为想出新的点子,给出新的解决方案,使用新的实验方法或者对既有知识的一种再创造等。"愿景"是指朝着理想的方向制定战略计划,可以具体解读为对未来的展望并且根据未来的预设指导现阶段的行动。"创意评估"是指个体在创业初期所作出的价值判断,这种判断既包含对创意本身是否具有价值的判断,也包含在社会、文化和经济等宏观背景之下,对创意有无价值的判断。"伦理道德和可持续发展"是个体在创业初期对整个创业行为以及行为所产生的影响的价值判断。我们发现,除了传统的与创业相关的个体伦理道德之外,欧盟还强调了"可持续发展"的理念。这体现出欧盟在创业教育中十分强调"社会责任感"。

(二)资源

对资源的有效获取和整合历来是创业教育中强调的重要方面。欧盟也不例外,将"资源领域"作为三大领域之一进行强调。在资源领域中,欧盟划分出"自我意识和自我效能感""动机和坚韧""资源调动""财经素养"以及"动员他人"五种具体素养。这五种素养都是个人在创业的过程中决定其是否可以成功的重要"资源"。"自我意识和自我效能感"是指个体对自我的定位和觉知,常常包括个体对自己需求和目标的思考、对自我优劣势的评估以及在出现困难和不确定因素之时对自己的信心。"动机和坚韧"更加强调将想法付诸行动的决心以及面对逆境和失败的承受能力。"资源调动"是指汇聚有效资源,并且善于管理资源。对于资源的理解是十分宽泛的,既包含物质的资源,也包含非物质资源。"财经素养"是指掌握财务与经济方面的专业知识,具体包含估算成本以及合理安排财务收支等。

"动员他人"是指吸引和鼓励他人的加入。在"动员他人"的过程中常常涉及与他人的有效沟通以及吸引和鼓励利益相关者等。

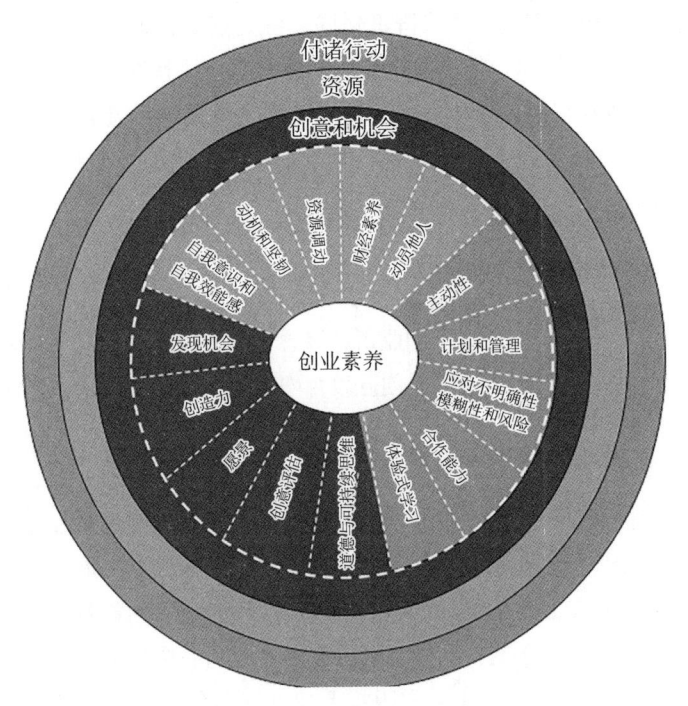

图 1.1 创业素养概念模型[①]

(三)付诸行动领域

付诸行动是创业的最后一个环节,也是其中的一个关键环节。在这个过程中,欧盟同样划分出五种具体素养,分别为"主动性""计划和管理""应对不确定性、模糊性和风险""合作能力"以及"体验式学习"。"主动性"是指大胆尝试、努力进取,常常涉及主动迎接挑战、开启创造价值活动以及能够按照计划独立实施等。"计划和管理"是指确定优先次序,组织安排和跟进,具体包括短、中、长期目标的制定,优先次序的明确以及积极适应突发变化。"应对不确定性、模糊性和风险"是指对外部不

---

① European Commission.EntreComp:The Entrepreneurship Competence Framework[EB/OL]. https://ec.europa.eu/jrc/en/publication/eur-scientific-and-technical-research-reports/entrecomp-entrepreneurship-competence-framework,2018-04-02.

确定环境的应对，常常出现在下列三种情况之中：一是当决策的后果不确定、现有信息模糊残缺或会有意想不到的风险时，个体仍要做出决定；二是个体如何在价值创造过程中降低风险；三是能够快速应对突如其来的变化，反应迅速敏捷。"合作能力"是指组建团队、协作互助并建立工作关系网络，常常涉及与他人合作共进、建立工作关系网络以及解决冲突并积极地面对竞争。"体验式学习"是指个体将每个创造价值的项目当作学习的机会，善于向他人学习并反思自己的实践。

二、创业素养发展模型

创业素养概念模型厘清了创业素养概念上的边界，通过对三个领域、15种具体素养的具体阐述，使欧盟创业教育中创业素养的概念进一步深化，解决了创业素养"是什么"的问题。欧盟并没有止步于此，在此基础上提出了创业素养发展模型，通过八个层级和442个学习结果的设计，进一步解决了创业素养如何从理论走向实践的问题。创业素养发展模型的核心是在创业教育的过程中个体的创业素养是朝着两个向度不断发展的：一是个体自主性和责任感的发展；二是价值创造的不断发展。个体与环境的关系也是不断变化的，初始阶段需要外部支持，而高级阶段则会成为一个变革的中心。

在创业素养发展模型中，欧盟将上述过程划分为初级、中级、高级和专家级四个级别，每个级别又依次分为两个子级别（详见下页表1.1）。欧盟对四个级别的描述可以总结为：初级阶段价值的创造是通过外部支持来实现的；中级阶段价值的创造是通过不断增长的自主性来实现的；高级阶段个体形成了责任感；专家级阶段个体创造的价值对某一特定领域有非常大的影响。我们可以看出欧盟四个等级的划分只是一个描述性和模糊的划分，四个级别并没有严格的界限。此外，欧盟强调创业素养发展模型并不是针对任何特定背景开发的，适用于所有正规、非正规以及非正式的学习环境。

具体而言，欧盟又将每个级别的创业素养发展细分为了两级，共计八级。创业素养发展模型中的八个层级对应八种创业素养水平，分别可以用关键词的方式进行概括。一级所对应的关键词是"发现"，着眼于发掘自我素质、潜力、兴趣和愿望。与此同时，这一等级也着重于识别不同类型的问题和需求，并且发展个体技能和态度。二级所对应的关键词是"探索"，重点探索解决问题的不同方法，关注多样性以及发展社会技能和态度。三级对应的关键词是"体验",着眼于批判性思维,体验价值创造。例如,通过一些实践体验来获得创业经历。四级对应的关键词是"挑战",着重于在"现实生活"中将创意付诸实践,并为此负责。五级对应的关键词是"提高",关注将创意转换为行动的能力,在创造价值方面承担更多的责任,并发展有关创业的知识。六级对应的关键词是"加强",重点强调与他人的合作,用已有知识来创造价值,应对日益复杂的挑战。七级对应的关键词是"扩大",强调应对复杂挑战、不确定性以及多变环境的能力。八级对应的关键词是"革新",着眼于通过创新来应对由新知识带来的新挑战,改变固有方式,实现卓越。

表 1.1 创业素养发展模型 ①

初级		中级		高级		专家级	
依靠他人的支持		培养自主性		承担责任		驱动转型、创新与成长	
在直接监管之下	减少了他人的支持,增加了自主性,有同伴合作	独立自主,有同伴合作	承担并分担部分责任	接受一定的指导,与他人合作	在决策和与他人合作方面承担责任	因在特定领域促成复杂的发展状况而承担责任	对特定领域的发展做出实质性贡献
发现	探索	体验	挑战	提高	加强	扩大	革新
一级	二级	三级	四级	五级	六级	七级	八级

创业素养发展模型衡量创业素养的水平递进。例如,第八级中的第一个学习结果为:我能发现并迅速利用机会。虽然"发现并利用机会"是学习者在较低级别中就开始形成的能力,但是八级则强调要"快",强调及时利用机会,带来高速增长、突破性创新或彻底的革新。

三、基于学习结果的创业素养框架

在概念框架以及发展模型的基础上,欧盟最终提出了创业素养框架。该框架将创业素养发展模型的八个层级与创业概念模型的十五种具体素养进行了综合匹配,开发出 442 个学习结果(详见附录 1)。学习结果的主语是"我",泛指一切创业教育或创业学习的学习者,包含学生、求职者、

---

① European Commission.EntreComp:The Entrepreneurship Competence Framework[EB/OL]. https://ec.europa.eu/jrc/en/publication/eur-scientific-and-technical-research-reports/entrecomp-entrepreneurship-competence-framework,2018-04-02.

雇员、创业者和市民等。

学习结果一般用于教育评估以及课程开发中，常常以学习者在学习结束后对知识的了解以及能够实践的行为的自我陈述形式表示。由于创业学习涉及价值的创造，学习过程发生之前该价值并不存在，也不能预见，因而创业学习很难被简化为预先规定的、固定的陈述形式。但是从实践以及可操作性角度出发，学习结果陈述至关重要。它不但可以在正式教育和培训部门的课程设计上发挥作用，还可以在一个非正式的学习环境以及现有组织内部创业的学习项目中发挥作用。创业学习结果不应被视为直接转化成实际学习活动的规范性陈述，它们是开发适应具体学习环境的具体学习结果的基础，也是开发成绩衡量指标的基础。虽然绝大多数的学习结果都是以第一人称"我"来描述的，这并不意味着它们只指个体能力。与之相反，创业学习和行为的主体也可以是一个团队或者机构，例如项目团队、非盈利组织、公司、公共机构或社会运动。

第四节 欧盟创业教育的发展理论

欧盟创业教育的发展理论是指欧盟力求解决成员国对创业教育认识不同以及各自创业教育发展水平不一，而提出的一系列关于创业教育如何协调发展、创业教育如何对地区经济乃至全球经济发生影响以及如何充分调动创业教育利益相关者积极性的一系列理论及观点。

一、欧盟创业教育的干预逻辑

2010年，欧盟发布《在创业教育中迈向更强的合作与一致》研究报告。在该报告中，欧盟首次提出了创业教育的"干预逻辑"以及"发展模型"等概念，用来促进欧洲各国推进创业教育过程中的合作与协同问题。在2015年，欧盟系统总结创业教育实施几十年来的成果以及影响时，将之前的"干预逻辑"进而发展为"变革理论"。

欧盟"干预逻辑"可以分为"实施""产出""结果""中介影响"以及"全球影响"五个逻辑层次（详见下页图1.2）。创业教育的"实施"阶段，主要包括将创业素养融入教育和培训以及教授商业管理知识和技能两个主要方面。前者代表创业教育融入各个专业、各类教育，而后者具体指创业教育在商学院或者特定学科的发展。"产出"阶段包含个体核心素养的发展以及具体商业管理技巧的发展。"结果"是"产出"的具体表现形式，也包含两个层次，一个是狭义视角，即提高个体的企业管理技巧；一个是广义视角，即增强个体的自信心和自我激励，培养出更具适应性、创造力和冒险精神的个体。在此基础上，创业教育进一步产生了"中介影响"，也可以称作"间接影响"，即培养了更具积极公民意识的个体、更富有创造力和适应性的劳动力以及更具潜力的创业者。最后，欧洲发展创业教育会在全球范围内产生积极影响，即提高社会凝聚力，产生更有生产力和创新性的商业以及提高中小企业的创业率和就业机会。

全球影响	提高社会凝聚力　更有生产力和创新性的商业　提高中小企业的创业率和存活率以及就业机会
中介影响	更加积极的公民意识　更富有创造力和适应性的劳动力　更具潜力的创业者
结果	增强自信心和自我激励　更具适应性和创造力的个体　对冒险有更积极的态度　提高企业管理技巧
产出	创新创业素养的发展　　　　　　　　　　　具体商业管理技巧的发展
实施	将核心素养发展融入教育和培训　　　　　　教授商业管理知识和技能

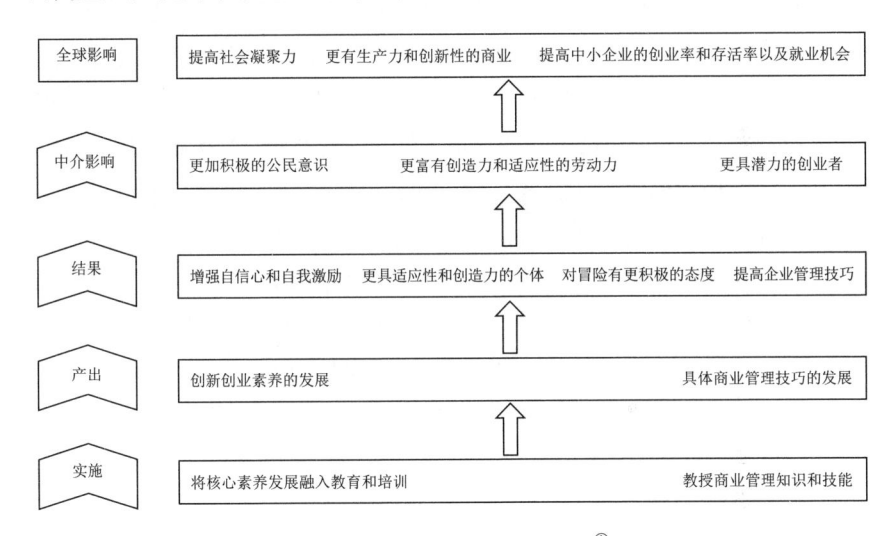

图1.2　创业教育的干预逻辑[①]

欧盟创业教育的干预逻辑形成于2009年至2010年，当时欧盟创业教育正处于强势发展期，因此欧盟的重点是如何最大程度上统一欧盟及成员国思想，如何能够得到他们的响应，因此并没有对创业教育内容进行深化，仍然将发展商业管理技能作为实施的一个重要方面。2015年，欧盟系统总结创业教育实施以来对欧洲的影响时，将2010年提出的"干预逻辑"进行了深化，形成了"变革理论"。

---

① McCoshan A, et al. Towards Greater Cooperation and Coherence in Entrepreneurship Education [EB/OL].https://ec.europa.eu/docsroom/documents/9269/attachments/1/translations/en/renditions/pdf, 2018-09-04.

二、欧盟创业教育的变革理论

2015年，欧盟在评估和测量创业教育的主要影响时，强调并使用了"变革理论"（详见下图1.3）。该理论是指创业教育对个人、机构以及经济和社会三个层面产生变革。创业教育对个人的影响主要是指在知识、技能与态度方面施加影响，最终导致行为的改变；对机构的影响主要是通过改变机构的文化最终改变机构的特点；个体与机构的变化，最终会刺激社会和经济变化，也就是对宏观环境产生影响。

为了具体衡量"变革"的影响，欧盟进一步将"变革"分为"输入""直接结果""中间结果"和"全球影响"这四个层面。其中"输入"层面包括"课程和学习结果""创新教学方法""全校性的课程大纲""创业教师培训""学校员工创业培训""利益相关方参与""领导力发展""资源"和"战略发展"。"直接结果"主要是"创业学习结果""增加学识""增加参与度""提高兴趣或改变态度""参与项目（商业和青年）""更多年轻人参与到其他活动""创业意识或参与青年企业""减少辍学人数"以及"增强员工创业动机"。"中间结果"主要分为"增强生涯机遇意识""增强就业能力""创业型雇员""更高收入""自我雇佣或创业能力""新创企业比例高""社会创业""社会和非商业项目""提高机构声誉"以及"增强学术或创业优秀案例"。"全球影响"主要包括"可持续性""提高社会凝聚力"和"促进社会融合"。

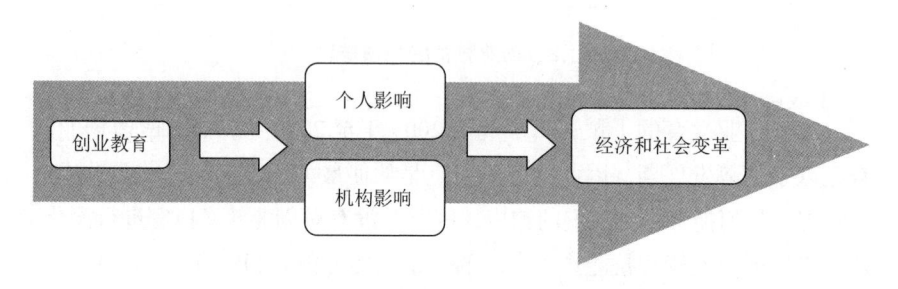

图1.3 创业教育的变革理论[①]

---

① European Commission.Entrepreneurship education: a road to success A compilation of evidence on the impact of entrepreneurship education strategies and measures[EB/OL].https://publications.europa.eu/en/publication-detail/-/publication/c6590fd6-3e54-4989-bbe0-21d9785dff54,2015-03-04.

不难看出，欧盟在"变革理论"中，将之前的"干预逻辑"分为了"个人"和"机构"两个视角，并且将之前的五个层面的逻辑演进细分为了若干衡量指标。"变革理论"是对欧盟创业教育干预逻辑的进一步深化。

三、欧洲创业教育生态系统发展模型

欧洲创业教育生态系统发展模型是欧盟针对欧洲创业教育发展不均衡而提出的另外一个十分重要的模型。该模型将创业教育作为一个生态系统，强调每一个部分都需要发展。

（一）模型的目的和原理

该模型的目的主要有两个：一是提供一个概念框架，用来设定创业教育的优先次序；二是识别利益相关者在各自领域可以落到实处的"基础部分"。欧盟创业教育各国存在高度"不均衡景象"。一些地区创业教育处于领先地位，还有一些地区很少有或者根本没有创业教育。欧盟提出创业教育发展模型，就是致力于涵盖所有成员国，使所有成员国的创业教育均能有所发展，最终达到每个学生都可以接触到创业教育的目的。该模型预设了两个转变，一是从最初的将创业教育等同于经营企业转变为视创业教育为培养具有创业精神和创业能力的个体的教育；二是视创业教育为在义务教育阶段的后期（高中）最常用的选修课程转变为视创业教育为各级教育阶段课程大纲中的重要部分。

（二）模型的主要内容

模型首先给出了创业教育生态系统的概念，并且指出生态系统内部包括国家战略，区域和地方当局，师资，学校，商业、私人协会和组织等若干要素。在此基础上，将创业教育生态系统的发展分为四个主要阶段，分别是"战略制定前期""战略初始发展期""战略执行和巩固以及实践发展期"和"主流化"。这四个阶段的划分，主要依据的是政府干预的程度。需要强调的是，欧盟成员国众多，所处位置各不相同。有些成员国位于"战略制定前期"，而有些成员国已经发展到了"战略初始发展期"。而从某个阶段到达另一个阶段的速度也是可变的，速率由成员国自己决定，取决于自身的起点、发展的难易程度以及政府的决心等多个因素。另外，任一成员国创业教育生态系统内部的不同组成部分也可能是参差不齐的。与此同时，欧盟也强调了模型最后阶段的"开放性"。

"战略制定前期"主要是指各国创业教育的起点。这个阶段的特点可以通过创业教育生态系统中的要素进行具体描述:"国家战略和框架"要素中一般没有单独且正式的战略。创业教育主要包含在其他的政策文件中。几乎没有高校的跨部门合作,也没有平台可以促进利益相关者对话。在"学校"方面,创业教育多为临时性活动,更加趋向于"附加"到主流课程的形式,并且对其认识更多停留在从事商业活动。教育阶段主要是高中教育或者职业教育,教授科目为特定的一些科目。学校没有正式的学习结果评价,一般通过非正式的奖项来奖励个人。"师资"方面,创业教育非常依赖教师的热情。创业教育往往在学校核心的工作量之外,以课外活动的方式开展。教师培训非常有限,基本没有在职培训。"区域和当地政府"方面没有或仅有很少的参与。"商业、私人协会和组织"方面依赖个人能动性以及父母的社会关系,很多参与都是临时性质。

"战略初始发展期"一般为创业教育发展两年左右。"国家战略和框架"方面是指国家一般会颁布相关战略,在创业教育目标、核心素养培养方面达成了一致,并明确了核心参与者的作用和责任,同时努力建立关键部门之间的合作机制、利益相关者的交流平台,有发展创业教育的相关愿景,并提高教师的认识程度。"学校"方面是指在战略中明确学校的作用。创业教育不再停留在单一学科,而是作为一种核心素养融入到教学大纲中。创业教育也不仅仅停留在高中阶段,而是需要在小学也开展,并且以形成学校群的方式进行合作。"师资"方面是指在战略中明确师资的重要作用,在教师培训中融入优秀实践案例。"区域和当地政府"方面是指在战略中明确区域和当地政府的作用,并发展学校群以及教育和商业的伙伴合作关系。"商业、私人协会和组织"方面是指需要明确商业、私人协会和组织的关键作用,在政策发展和学校创业教育的传授中,有越来越多的商业、私人协会和社会组织参与其中。

"战略执行和巩固以及实践发展期"一般为创业教育发展两年至五年期。"国家战略和框架"方面细化了学习结果、目标以及指标等,与此同时,也发展了恰当的认证标准和学习结果评价方法。各级系统中均融入了不同利益相关者的合作机制,并且有多元化的资金支持方式。国家层面提供良好的支持系统,教学材料丰富,教学手段多元化,相关研究也不断发展。"学校"方面创业教育在每个学校都开展,并且融入学校整体教学理念之中。学校通过试点的方式，建立和商界的合作，还包括小学、中学、大学在内的不同阶段的学校在创业教育方面进行合作。"师资"方面可以很好的利用区域和地方的支持系统，宣传创业教育中优秀实践案例，使越来越多的教师参与到创业教育中，为感兴趣的教师提供创业教育方面职前教育和职后专业发展。"区域和当地政府"在学校集群发展、教育界与企业关系方面发挥着越来越重要的作用。"商业、私人协会和组织"方面致力于在经济与学校之间建立起长期的可持续发展关系。

"主流化"一般为创业教育发展五年以上。"国家战略和框架"方面能够达到创业教育学习结果评价的日常化，为每位教师和每个学校提供支持系统，将创业教育融入教师教育的初始阶段，并不断实施和完善有效教学方法，丰富资金资助体系。"学校"方面，每个学生在每个教育阶段都可以获得高质量的创业教育。不同阶段的创业教育之间都有合作，同时发展了可以被评估的学习结果。"师资"方面，在教师职前教育和职后专业发展阶段均融入创业教育。所有教师都将创业教育作为自己教学大纲的一部分。"区域和当地政府"方面，地方政府全面参与组织创业教育，将伙伴合作关系的建立尽量纳入政府的考核之中。"商业、私人协会和组织"全面参与并支持学校的创业教育，发展伙伴合作关系。

第二章

基于核心素养发展的欧盟创业教育历史演进与最新动向

"政治上层建筑对经济基础具有保护和巩固作用，观念上层建筑对社会提供观念基础与思想保障"①。这是马克思主义唯物史观的基本观点之一。一般而言，在现实社会中，政权为了维护自身的合法性，就会利用和发挥观念等上层建筑的作用，增强社会成员的认同与凝聚力。当前，基于核心素养发展的欧盟创业教育是其塑造"欧洲公民"意识形态的重要组成部分，与欧盟大力推进的欧洲一体化进程密不可分。因此对欧盟创业教育现实样态的全面把握，需要从历史和现实的视角出发，将其发展和演进看作一个动态且连续的过程。本章将从欧盟创业教育的历史分期、欧盟核心素养发展的最新动向以及修订动因三个方面，对欧盟创业教育展开纵向分析。

第一节 欧盟创业教育的历史分期

20世纪中后期，世界经济方式发生巨大转变，即从"管理型经济"向"创业型经济"转变，从"大型企业"向"中小型企业"转变。在此背景下，欧盟以及欧洲各国开始陆续认识到创业对促进就业和提升欧洲竞争力的重要性。21世纪初，欧盟两个重要的经济战略"里斯本战略"（Lisbon Strategy）（2000-2010）和"欧洲2020战略"（European 2020）（2010-2020）的出台，以及欧盟追求"智能增长、可持续增长以及包容性增长"的

---

① 王秀阁.论思想政治教育研究取向的问题——马克思主义实践观视角［J］.马克思主义研究，2015（05）：129-134.

理念，为欧盟创业教育的蓬勃发展提供了有利的经济环境。也是在"里斯本战略"周期中，欧盟完成了创业教育由经济领域向教育领域的转向。根据欧盟创业教育政策的发布数量、发布部门以及欧盟创业教育主要内容和重点的不同，我们将欧盟创业教育分为四个重要阶段，下面就每个阶段的主要特点进行详细分析。

一、欧盟创业教育的"自由发展期"（2000 年以前）

创业的发展在欧洲有非常悠久的历史。我们所说的"创业者"，对应的英文单词"Entrepreneur"一词，便出自法语。法国经济学家坎蒂隆和萨伊，以及美籍奥国经济学家熊彼特，均对创业的学术发展起到过关键作用。但是欧洲，特别是欧盟组织对创业的认识和重视比较晚，始于 20 世纪末。

1995 年，欧盟委员会向欧洲理事会提交了有关中小企业政策及措施的调查报告。自此，鼓励创业和支持青年创业者开始被欧盟提上日程[①]。欧洲单一市场（The Single Market）的理念和统一货币欧元（Euro）的提出，又进一步为欧洲创业的发展提供了良好契机。然而就创业文化和经济大环境而言，此时欧洲的环境对创业并不十分有利，具体表现在三个方面：一是欧洲社会对创业者缺乏认可和鼓励，创业并不被认为是一个好的职业。例如，破产在欧洲社会的影响就十分恶劣。在美国，破产法律法规允许失败的创业者在较短时间内重新开始，失败会被认为是学习过程的一部分，而在欧洲破产者想再重新创建一个企业或者项目会面临很大的融资困难，会被扣上"失败者"的帽子。二是整个教育体系培养的是合格的"雇员"，而非"创业者"。创业所需要的机会识别、风险承担、创业精神等相关课程十分匮乏。创业师资也十分紧缺，教师教育中并没有针对创业的相关内容。三是创业缺乏有利的经济环境。这个时期欧洲在税收、行政管理和金融系统等方面对创业行为的支持都十分有限。

认识到这一问题的严重性之后，欧盟开始着手改变现状。1997 年，欧盟委员会设立由创业者、共同事物管理者和学者共同组成的商业环境简化组织（Business Environment Simplification Task Force，简称 BEST TASK

---

① European Commission. Fostering Entrepreneurship in Europe: Priorities for the Future [EB/OL]. http://aei.pitt.edu/5102/1/5102.pdf,2018-08-30.

Force）负责向欧盟委员会提交有利于商业环境优化的分析报告。该组织提出的一项建议便是"通过教育来推动创业精神的形成"[①]。

1998年，欧盟委员会向欧洲理事会提交了题为《在欧洲发展创业：未来的重点》(Fostering Entrepreneurship in Europe: Priorities for the Future)的报告。报告提出"为形成创业型社会而开展教育"[②]的理念，指出欧洲未来需要制定双重的战略来发展创业：一是要鼓励创业文化的形成。鼓励创业型文化的形成主要是指在教育和文化系统中进行改革，鼓励个人成为创业者，并为其提供相应的技能培训。二是要改善商业环境。改善商业环境包括简化管理环境、打击逾期付款、帮助实现商业转化、提供金融支持、构建有利于创业的税收体系以及拓展科技创新途径等。在报告中，欧盟委员会对欧盟和各成员国政府需要重点开展的重点行动措施进行了规划，并且建议欧洲理事会和欧洲议会采取全方位措施来发展创业。

1999年，欧盟提出《促进创业和竞争力的行动方案》(Action Plan to Promote Entrepreneurship and Competitiveness)[③]，从教育、培训、融资途径、研发创新、提高支持服务可视度、优化公共管理和提高雇佣条件等七个方面对创业进行了更加具体的规划。其中在教育方面，欧盟提出将在2000年设立"欧洲青年创业者奖"，并为学生创业实践提供经费支持；成员国政府需要在本国教育体系中融入个体创业精神的培养，并为校企合作创造条件。在创业培训方面，欧盟将设置商业教育联系网络（BENE），为创业培训机构搭建平台，确保中小企业能够广泛地参加到创业培训中；成员国需要发展更加切实的创业课程，为中小企业员工参与培训创造条件，并为培训提供奖学金。

可以看出，20世纪后期，特别是最后的十年里，欧盟经济领域首先认识到创业的重要性。这一时期，创业教育和培训均在商业政策中被提及。创业教育的理念以及发展模式并不明朗。与此同时，这一时期欧盟官方文献中也几乎没有直接用"创业教育"的表述，"中小企业"以及"中小企业

[①] Rodríguez I D.Copie II baseline study on enterprise education [EB/OL].https://www.cop-ie.eu/sites/default/files/TG_Education_baseline_study_ent_educ%20Sept_2009.pdf,2018-08-30.

[②] European Commission. Fostering Entrepreneurship in Europe: Priorities for the Future [EB/OL]. http://aei.pitt.edu/5102/1/5102.pdf,2018-08-30.

[③] European Commission. Action Plan to Promote Entrepreneurship and Competitiveness [R]. Luxembourg: Office for Official Publications of the European Communities, 1999.

培训"是这一时期政策文件的高频词。

二、欧盟创业教育的"探索发展期"（2000—2006）

进入 21 世纪，欧盟推动创业教育的步伐开始加快。2000 年欧盟提出"里斯本战略"，将创业和创业教育正式纳入政治议程。该战略提出，"欧盟要变为世界上最有竞争力和活力的知识经济体，实现经济的持续增长，拥有更多更好的就业机会和增强社会凝聚力"。[1]在这一总体目标下，欧盟致力于为"创业"创造良好环境。同年，欧洲创业培训论坛在法国苏菲亚科学园召开，论坛围绕创业教育和培训展开了专题讨论。这是欧洲围绕创业教育举行的首次论坛，论坛达成了如下共识：一是创业教育对创业性思维方式的形成至关重要；二是创业教育实施战略应该在小学、中学、职业教育、大学等各教育阶段实施；三是创业素养作为一种核心素养应该贯穿于学生终身学习的全过程[2]。值得一提的是，在这一年，欧盟正式颁布了《小企业宪章》(*Charter for Small Enterprises*)。宪章中明确指出"促进创业的教育和培训"是十大关键领域之一。

2001 年，继"里斯本战略"后，各成员国教育部部长在《教育和培训体系更具体的未来目标》(*The Concrete Future Objectives of Education and Training Systems*）中首次就 2010 年教育和培训体系目标达成一致。"发展创业"居于重要位置，"教育与培训应使学生意识到创业价值，勇于承担风险，更具开创精神。与此同时，也应提供创业的成功典范"，"发展创业精神对个体、经济和社会都意义重大"[3]。同年，欧盟企业总司发起了关于"创业教育和培训"的最佳实践项目（2001—2005）[4]。项目旨在认识和对比欧洲各国的创业教育措施，推动创业教育从小学到大学阶段的发展。2001 年欧盟 15 国和挪威政府又联合组成了专家组，负责对整个实践项目的评

---

[1] European Commission. Lisbon Strategy[EB/OL].http://www.consilium.europa.eu/ueDocs/cms_Data/docs/pressData/en/ec/00100-r1.en0.htm, 2000-03-23.

[2] Rodríguez I D.Copie II baseline study on enterprise education[EB/OL].https://www.cop-ie.eu/sites/default/files/TG_Education_baseline_study_ent_educ%20Sept_2009.pdf,2018-08-30.

[3] European Commission. The concrete future objectives of education and training systems[EB/OL].http://aei.pitt.edu/42877/1/com2001_0059.pdf, 2018-08-30.

[4] Rodríguez I D.Copie II baseline study on enterprise education[EB/OL].https://www.cop-ie.eu/sites/default/files/TG_Education_baseline_study_ent_educ%20Sept_2009.pdf,2018-08-30.

估。此后,2004年欧盟企业总司发起了在小学和中学阶段提高学生创业观念和技能的项目,该项目是"创业教育和培训"最佳项目的后续项目。

2002年,欧盟通过开放式协调法①制定了为期10年的教育规划《教育和培训2010》(Education &Training 2010),该规划是"里斯本战略"的配套文件。在此项文件中,欧盟两次提及"创业技能",将"创业技能"作为终身学习的八大核心素养之一,强调了其对个人实现、社会包容、积极公民权与就业的重大意义②。

2003年,欧盟发布《欧洲创业绿皮书》(Green Paper Entrepreneurship in Europe),这是欧盟在2000年后第一个专门、全面分析创业的政策文件,另外,该文件也是第一个专门强调创业教育重要性的文件。该文件的核心观点如下:一是教育和培训应该致力于鼓励学生创业,使其形成正确的思维方式,像创业者那样敏锐地把握职业生涯中的机会和技能;二是应该在早期就注重与创业相关的个人能力培养;三是大学阶段的创业培训不应该只针对MBA学生,也应该面向其他专业学生;四是大多数成员国,均已不同程度地在教育体系中推动开展创业教育;五是创业培训需作为学校课程的一部分,让创业者走入课堂,采取学徒制,使学生有机会和经验丰富的创业者一起交流③。《欧洲创业绿皮书》将更多的利益相关者纳入其中,围绕"如何产生更多的创业者"和"如何使更多的公司成长"两大方面共列出十个任务清单。在此文件颁布之后,欧洲议会敦促欧盟委员会尽快拿出行动计划④。

2004年,欧盟发布内部通讯《欧洲创业日程》(Action Plan:The

---

① 开放式协调法(open method of coordination,简称OMC)是欧盟政策制定与实施中的基本原则之一。欧盟通常通过该原则设置共同目标,给予每个国家决定自己如何达到这些目标的自由。该原则被用于经济政策、就业政策、社会问题、养老问题以及一些其他领域。

② European Commission. "Education & Training 2010" the Success of the Lisbon Strategy hinges on Urgent Reforms[EB/OL].http://ec.europa.eu/transparency/regdoc/rep/1/2003/EN/1-2003-685-EN-F1-1.Pdf, 2018-08-30.

③ European Commission. Green Paper Entrepreneurship in Europe[EB/OL].http://ec.europa.eu/transparency/regdoc/rep/1/2003/EN/1-2003-685-EN-F1-1.Pdf, 2018-09-03.

④ "行动计划"(Action Program)主要是以资金资助为杠杆,是欧盟教育政策的重要实施方式。由于欧盟教育政策在实际的执行过程中并不具有通常意义上的政策强制性,而只是按照"辅助性"原则提供一种政策建议和参考,因此为了弥补这种执行力方面的先天不足,欧共体于1971年以"行动计划"的方式,通过采取积极手段来保证政策能够在超国家层面的顺利实施。

European Agenda for Entrepreneurship）。其中，欧盟明确了五个战略政策领域：一是加速形成创业性思维；二是鼓励更多的人成为创业者；三是促进创业者的成长和竞争；四是改善金融流动；五是创造更加有利于中小企业发展的政策和管理框架。在"加速形成创业性思维"方面，欧盟重点强调了创业教育的重要性。与此同时，欧盟也面临着"协调"和"聚焦"方面的双重挑战：一方面欧盟需要通过"协调"和"聚焦"来创造协同效应和产生真正的进步，而另一方面由于创业者可能来自大学的衍生企业，也可能来自家族式的中小企业，因此欧盟的政策需要考虑到不同创业者的需求，并且考虑到不同国家和地区创业文化和商业环境的优劣势。

2005年3月，欧洲理事会通过《欧洲青年协定》（*European Youth Pact*），促进青年创业是该协定的一个重要组成部分。

之所以将21世纪头五年称作欧盟创业教育的"探索发展期"有以下两个衡量标准：一是这一时期欧盟开始重视创业。关于创业的举措开始增多，每一年都有创业相关政策及项目产生，但是，涉及文件和政策主要是经济领域，专门与创业教育相关的文件还不多。二是欧盟创业教育处在刚有雏形，不断探索的过程中。这一时期的文件开始提及创业素养的概念，也主张创业教育与培训要面向全体，但是并没有针对各个教育阶段创业教育开展情况的专门调研和报告。创业素养的概念也只是在创业领域的文件中被提及，尚没有正式进入教育领域。

三、欧盟创业教育的"强势推动期"（2006—2013）

2006年是欧洲创业教育发展具有里程碑式意义的一年，欧盟正式将"主动性和创业"写入《欧洲终身学习核心素养建议框架》，作为欧洲公民终身学习的八大核心素养之一。2006年前，欧盟曾经多次指出欧洲公民终身学习过程需要融入创业素养，但是正式明确八种核心素养以及明确"主动性和创业"是其中之一尚属首次。自此，欧盟创业教育在教育领域的发展态势越发强劲。

随后，欧盟正式发布了《欧洲创业教育奥斯陆议程》（*The Oslo Agenda for Entrepreneurship Education in Europe*，简称《奥斯陆议程》）。这个议程源于2006年欧盟委员会联合挪威政府在奥斯陆举办的主题为"欧洲的创业教育：通过教育和学习培养创业心智"的研讨会。本次会议规模空前，与会代表分别来自与创业教育相关的各个领域。他们围绕小学教育中的创业、中学教育中的创业、高等教育中的创业、基于项目的微型公司和学生活动、如何进行优质有效的评估、在政策与实践间搭建桥梁等六个主要议题进行了专题研讨。《奥斯陆议程》明确了欧盟、成员国政府、教育当局、地区/地方政府、学校/大学、商业企业等不同利益相关方在创业教育政策发展、教育资源的提供和优化、师资配备、学校和高等教育中的创业实践活动等四方面的角色和定位[①]。

2008年,《欧洲小企业法案》(Small Business Act for Europe, 简称 SBA)的出台进一步从客观上推动了创业教育的发展。尽管没有直接提出创业教育,但是该法案中明确提出创业学习是衡量地区中小企业发展指标的一项重要标准。该法案的第一条便指出着重发展"终身创业学习体系",强调创业学习是竞争力和竞争型经济的必要条件,可以促进创新和全球竞争力[②]。

《奥斯陆议程》最大的贡献在于明确了欧盟创业教育的发展体系,即包括中小学阶段教育、职业教育以及高等教育等在内的各教育阶段[③]。此后数年,欧盟按照此次会议精神,针对各个教育阶段创业教育的发展情况进行了专门的评估与报告:在职业教育阶段,2009年针对职业教育中的创业素养培养形成了《职业教育和培训中的创业》(Final Report of the Expert Group Entrepreneurship in Vocational Education)研究报告;在中小学教育阶段,2012年发布研究报告《欧洲学校创业教育》(Entrepreneurship Education at School in Europe);在高等教育阶段,欧盟2008年先后针对欧洲31个国家(27个欧盟成员国和4个非成员国)高等教育中的创业教育开展调查,形成调研报告。针对在高等教育中开展创业教育,欧盟发布了《高等教育中的创业课程,特别是非商业研究》(Final Report of the Expert

---

① European Commission. Entrepreneurship Education in Europe: Fostering Entrepreneurial Mindsets through Education and Learning Final Proceedings[EB/OL].https://ec.europa.eu/docsroom/documents/17642/attachments/1/translations/en/renditions/pdf, 2018-09-03.

② European Commission. "Think Small First" A "Small Business Act" for Europe 2008[EB/OL]. http://eur-lex.europa.eu/legal-content/EN/TXT/PDF/?uri=CELEX:52008DC0394&from=EN, 2018-04-13.

③ European Commission. The Oslo Agenda for Entrepreneurship Education in Europe[EB/OL]. https://ec.europa.eu/docsroom/documents/8968/attachments/1/translations/en/renditions/pdf,2018-06-14.

Group: *Entrepreneurship in Higher Education, Especially within Non-business Studies*）报告。2012 年，欧盟对高等教育中的创业教育项目进行了评估，发布了《高等教育中创业项目效果和影响的评估报告》[*Study: Effects and Impact of Entrepreneurship Programmes in Higher Education*（2012）]。

在针对各个教育阶段创业教育的发展情况进行专门的评估与报告的同时，欧盟也意识到了将创业教育融入各教育阶段需要大量的创业教育师资。然而，欧盟在成员国内部进行的调研显示当前欧洲创业教师教育仍然滞后于创业教育发展，主要体现在下面三个方面[①]：一是政策层面对创业教师教育关注不够。成员国内只有荷兰、波兰和罗马尼亚等少数国家将其上升到了国家政策层面。二是现行的教师职前教育鲜少涉及创业内容。成员国除了奥地利及波兰等少数国家将创业意识培养作为教师教育的必备环节写入了课程大纲，更多国家采取的模式只是将创业作为一门选修课供学生选择。高等院校对毕业生从事创业教师工作的鼓励措施十分缺乏。三是教师持续专业发展环节对创业的重视不够。创业意识启蒙并没有成为教师持续专业发展的必备环节，相反仅由一些机构为在职教师提供创业相关培训课程，这些课程时间短、效果差，并且缺乏考评机制的保证。在此背景下，为了解决创业教育实施过程中的师资问题，欧盟于 2011 年先后在布达佩斯和伊斯坦布尔召开两次专题研讨会。参会人员来自欧盟所有成员国和地区，参会人员非常广泛，涵盖了创业教育相关的政府官员、学者和学校教师。会议采取"创新营"的形式，围绕创业教师教育面临的五个重要挑战进行讨论：一是如何通过教师教育来培养创业教师；二是如何通过职业的持续发展鼓励在职教师参与到创业教育中来；三是创业教师如何成为学生学习中的引导者；四是如何为创业教师发展提供相应的支持；五是如何利用学校以及社区的资源为教师创业教育提供更多的机会。欧盟委员会最终形成了创业教师教育的报告《创业教育：使教师成为成功的关键》，明确指出创业教师是创业教育能否走向成功的关键[②]。

---

① European Commission. Entrepreneurship Education: Enabling Teachers as a Critical Success Factor[EB/OL].http://ec.europa.eu/DocsRoom/documents/9272/attachments/1/translations/en/renditions/pdf, 2018-07-04.

② European Commission. Entrepreneurship Education: Enabling Teachers as a Critical Success Factor[EB/OL].https://ec.europa.eu/docsroom/documents/9272/attachments/1/translations/en/renditions/pdf, 2018-09-04.

在明确了创业教师的重要性，制定出欧盟创业教师教育的实施框架之后，欧盟还在成员国中积极总结和推广创业教师教育的典型案例。2012年欧盟先后于5月和7月在爱尔兰的都柏林和斯洛文尼亚的布尔多两次召开创业教师教育专题研讨会，进行实践环节典型案例的梳理和推广。来自30个国家和地区的170多位代表参加了会议，专门针对创业教师教育中的核心环节——教师职前教育和持续专业发展进行了实践方面的经验分享[①]，并于2013年6月发布了《创业教育：教育者指导手册》。该书收录了欧盟成员国在开展创业教师教育过程中涌现的38个优秀典型案例，详细介绍了每个案例的实施方、教育对象、参与方、特色内容、成功的前提及案例所产生的影响，非常便于成员国间相互学习和推广。《创业教育：使教师成为成功的关键》(Enabling Teachers as A Critical Success Factor)和《创业教育：教育者指导手册》(Entrepreneurship Education – A Guide for Educators)的发布，标志着欧盟对创业教师教育的重视已经从政策和理论层面上升到了实践层面的经验总结和案例推广。

在欧盟创业教育在欧洲各级各类教育中"强势推动"的同时，欧盟也不断开始发现自身创业教育发展的先天不足，主要体现在下列两个方面：一是核心概念文字表述不尽相同。由于欧盟成员国众多、语言众多、创业教育对应的文字表述差异性很大。例如，在佛兰芒语中，创业教育是指"使个人在家庭和社会中提升价值"；而在马耳他语中，则是强调"生活中的技能"；在奥地利国家官方表述中，创业教育的"终极目标是为公民创造一个可持续发展和动态有活力的社会"；在芬兰，创业教育则是"为个体日常教育、工作、社会活动以及休闲活动等提供支持"[②]。截至目前，超过半数的欧盟成员国家采用欧盟的推荐定义。三分之一的国家采用他们自己国家的创业教育定义。而约10个国家，甚至没有统一的创业教育定义[③]。二是发展呈现"碎片化"。欧盟成员国创业教育发展呈现"碎片化"，突出

---

① Newsletter2-4May2012,Dublin[EB/OL].http://ec.europa.eu/enterprise/policies/sme/promoting-entrepreneurship/files/education/brdo_newsletter_final_en.pdf,2016-03-04

② European Commission/EACEA/Eurydice, 2016. Entrepreneurship Education at School in Europe[R].Eurydice Report. Luxembourg: Publications Office of the European Union, 2016:19.

③ Mc Coshan A, *et al*. Towards Greater Cooperation and Coherence in Entrepreneurship Education[EB/OL].https://ec.europa.eu/docsroom/documents/9269/attachments/1/translations/en/renditions/pdf, 2018-09-04.

反映在：一方面各个国家战略的制定和实施进程是截然不同的，只有少数国家制定了战略；另一方面很多教育实践往往是临时性的，数量和质量变化极大，而所开设课程的成果与否，很大程度上依赖于个别教师和学校的积极性①。2009年，欧盟委员会企业和工业总司与教育和文化总司分别召集四个高层反思工作小组，将教育和经济发展部门聚集在一起，讨论与创业教育有关的政策措施和实践项目。随后在2010年，欧盟发表《在创业教育中迈向更强的合作与一致》（*Towards Greater Cooperation and Coherence in Entrepreneurship Education*）研究报告。该报告强调了以下能够促进创业教育战略成功的三个方面：一是从聚焦商业领域向创业素养发展领域的转变；第二，在决策者和利益相关方之间建立共同愿景；第三，承认并支持教师、学校和商界的重要作用。该报告最终提出了创业教育的发展模型。

2013年1月9日，欧盟发布了创业领域的重要纲领性文件《创业2020行动计划》（*Entrepreneurship Education 2020 Action Plan*）。该文件是继《创业绿皮书》以及《欧洲终身学习核心素养建议框架2006》之后，又一个对欧洲创业教育发展产生深远影响的纲领性文件。与前两个文件截然不同的是，《创业2020行动计划》产生在欧洲全面爆发经济危机之后，受到经济危机的影响，创业在欧洲的总体发展并不尽如人意，主要体现在以下三个方面：一是各项调研数据显示欧盟内国家创业的比例和质量下降。调研显示，2004年后，27个欧盟成员国中有23个国家倾向于自主创业的受访者的比例有所下降，由45%下降到37%。②二是创业者生存环境不理想。创业者很难获得信贷支持和市场渠道，业务很难转让，创业失败后担心惩罚性制裁以及繁杂的行政程序。对中小型企业的支持措施仍然不平衡。③三是鼓励创业的文化尚未形成。欧洲并没有承认创业者的劳动并为其宣传和庆祝的文化。④基于以上认识，欧盟认为欧洲需要一个彻底、深远的文化变革，要让"小公司优先"的原则成为欧洲政策和国家政策的试金石。

---

① McCoshan A, *et al*. Towards Greater Cooperation and Coherence in Entrepreneurship Education[EB/OL].https://ec.europa.eu/docsroom/documents/9269/attachments/1/translations/en/renditions/pdf, 2018-09-04.

② European Commission.Entrepreneurship 2020 Action Plan[EB/OL].http://eur-lex.europa.eu/legal-content/EN/TXT/PDF/?uri=CELEX:52012DC0795&from=EN, 2017-12-13.

③ 同上。

④ 同上。

为此，欧盟提出了未来将要进行直接干预的三个方面：一是开展创业教育和培训，从而促进经济增长和企业创建；二是清除现有的结构障碍，为创业者提供支持；三是使欧洲的创业文化动态化，培养新一代的创业者。

在此基础上，欧盟明确未来欧洲创业的主要行动领域将包含以下三大支柱领域，分别为"发展创业教育和培训""创建良好的商业环境"以及"行动榜样和特定群体"。同时，欧盟将创业精神作为重新振兴欧洲的关键，将创业教育放在培养创业精神的三大行动计划之首。在"发展创业教育和培训"方面重点提出了两点内容：一是提高创业学习的普及度和质量，二是着重在高等教育中发展创业教育。《创业2020行动计划》从欧盟和成员国两个层面指出了未来欧洲创业教育发展的政策走向。欧盟未来主要从下列六个方面进行政策支持：一是开发一个全欧洲的创业学习计划；二是加强成员国间的合作；三是与经济合作与发展组织合作，建立一个用来鼓励创业学校和职业教育培训机构的发展指导框架；四是促进非正规或非正式学习中的创业教育被承认和认可；五是宣传创业型大学指导框架，促进大学间的交流；六是认可大学驱动创业的成功机制。成员国主要从下列四个方面进行未来的行动干预：一是确保创业核心素养在2015年底之前融入初级教育、中等教育、职业教育、高等教育和成人教育的课程当中；二是在义务教育结束之前，为年轻人提供机会，使其获得至少一次实际的创业经历，例如运营一个小公司，负责一个公司的创业项目或社会项目等；三是利用结构基金，提高年轻人参与创业教育与培训的比例；四是开发国家创业学习模块。

随着《创业2020行动计划》的出台，欧盟强势推动创业教育达到了顶峰。创业被看做欧洲经济重振的良药，开展创业教育和培训被视为未来欧洲促进创业的首要方面。我们需要看到，尽管在这一时期欧洲出现50年以来最严重的失业现象，失业人口多达2500万，经济振兴成为了摆在欧洲各国面前的头等大事，但是经济危机的爆发并没有阻断欧盟创业教育发展的步伐，反而从客观上促进了创业教育的发展，使欧盟更加坚定地发展创业教育。致力于将创业教育融入各级各类教育全过程成为这一时期的核心。将这一时期称为欧盟创业教育的"强势推动期"主要基于三个依据：一是欧盟出台的创业教育政策文件数量多。这一时期欧盟出台的各类政策及报告加在一起近十余项。二是欧盟推动创业教育在各个教育领域均有涉猎。

欧盟针对中小学、职业教育、高等教育以及教师教育等领域的创业教育发展都有调研以及相应的措施，覆盖面十分广泛。三是这一时期欧盟创业教育的理论开始趋于完整。基于核心素养发展的创业教育理论开始从理论走向实践。

四、欧盟创业教育的"纵深发展期"（2013年至今）

《创业2020行动计划》颁布之后，欧盟并没有停止对创业教育的探索。2013年，欧盟企业和工业总司委托专业咨询公司，对欧洲创业教育近二十年发展的影响进行了实证研究，共搜集了23个国家的91个案例，主要从个体、教育机构以及国家（地区）三个方面对创业教育的影响进行评估，并于2015年发布《创业教育：成功之路》的总结报告，通过详实的数据和案例证明欧洲创业教育实施近二十年来，对个人、教育机构以及经济和社会各方面产生了积极的影响。

2014年，欧盟发布《欧洲理事会关于创业教育和培训的结论》，再次重申创业教育的重要性。在文件中，欧盟再次强调了创业教育和培训对于《欧洲2020战略》的战略意义，并且从欧盟、成员国、高等教育机构以及中小学和职业教育等方面，给出了具体的方向。

2016年，结合欧盟《欧洲新技能日程》的正式出台，欧盟委员会将创业能力作为一项可迁移的横向技能进行了具体细化，出台了涵盖三大能力领域、15种具体素养、8个能力进阶模型、442个学习结果的《创业素养框架》[1]，该文件成为这一时期欧洲创业教育发展的重要指导文件。《创业素养框架》的出台，加快了欧洲创业教育由"碎片化"走向"全覆盖""终身化"和"指标化"，标志着欧盟"素养取向"的创业教育正式走向纵深。

进入2018年，欧盟将《欧洲终身学习核心素养建议框架2006》进行了重新修订，颁布了新的《核心素养框架2018》，新框架将2006版本中的"主动性与创业"，正式改为了"创业素养"，明确指出具体内容参照2016年出台的《创业素养框架》。在教育的视野中，欧盟再次确定了以创业素养培养为主旨的创业教育的重要地位以及未来发展方向。

---

[1] European Commission Joint Research Centre. EntreComp: The Entrepreneurship Competence Framework[EB/OL].http://ec.europa.eu/jrc/entrecomp,2017-12-13.

之所以将这一时期称为"纵深发展期",基于以下两方面原因:一是欧盟创业教育的理论已经日趋成熟。《欧洲新技能日程》《创业素养框架》以及《终身核心素养框架2018》相互支持,先后提出创业素养的发展模型以及评估指标,加快了欧洲创业教育由"碎片化"走向"全覆盖""终身化"和"指标化",有利于在整个欧洲提供一个创业教育的标准参照。上述理论在世界范围的创业教育领域都属于首创,极大地丰富了欧盟创业教育的理论。二是欧盟创业教育的参与部门比较多元。2015年,欧盟内部组织结构进行了调整,原来与创业教育息息相关的"企业和工业总司"与"内部市场总司"进行了合并,成立了"内部市场、工业、创业和中小企业总司"。由于创业教育既涉及到商业领域也涉及到教育领域,因此欧盟层面政策所涉及的领域分别为"教育、青年、体育和文化总司""内部市场、工业、创业和中小企业总司公司""就业社会事务和包容总司"以及"欧盟科学中心"。可以看出这一时期欧盟的创业教育政策不再局限于经济领域,已经形成了多部门参与、协同推进的局面。

第二节 欧盟核心素养发展的最新动向

由于2006年,创业素养被纳入到欧洲核心素养框架之中,因此,我们需要科学把握局部与整体的关系,适时地将其还原于整体之中,从整体上把握当前欧盟核心素养框架发展的整体动向,从而更加科学而全面地把握欧盟育人的整体思路。欧盟核心素养框架共有两个版本,分别是"2006框架"[①]和"2018框架"[②]。而"2018框架"可以看作是"2006框架"的升级版,不仅体现了欧盟在核心素养发展方面政策及观点的历史传承,而且也体现出欧盟针对时代变迁的回应以及对当前欧洲经济、社会以及教育等热点问题的思考。欧盟对"2018框架"的定位是对"2006框架"的"修订",这就意味着新框架是在老框架基础上进行的升级。新框架保留了老框架的主

---

① European Council. Recommendation of the European Parliament and the Council of 18 December 2006 on key competences for lifelong learning[EB/OL].https://eur-lex.europa.eu/legal-content/EN/TXT/PDF/?uri=CELEX:32006H0962&from=EN, 2018-07-28.

② European Council. Council Recommendation of 22 May 2018 on Key Competences for Lifelong Learning[EB/OL].http://data.consilium.europa.eu/doc/document/ST-9009-2018-INIT/EN/pdf, 2018-07-28.

体架构，主要体现在以下两个方面：一是核心概念一致。"2018框架"中关于核心素养的定义，传承了老版的精髓，即从"知识""技能"和"态度"三个维度来对核心素养进行定义。新版中"知识"被表述为"由已知事实、数字、概念、思想、理论组成，并能支撑我们对某一领域或学科的认知"。"技能"被表述为"执行流程并使用现有知识取得成果的能力"。"态度"指"对想法、人或现状采取行动或做出反应的倾向和思维方式"[①]。二是核心素养数量一致。新版核心素养数量仍沿用老版，确定了八种欧洲公民需要掌握的核心素养。尽管新旧两版存在一定相似性，但是通过语篇分析，我们发现两者还是存在较大不同，主要体现为核心素养发展的四个新动向。

一、新动向一：更新内容表述

"2018框架"中，尽管欧盟建议的核心素养仍然是八项，但素养名称的表述以及内容描述均有多处变化（详见表2.1）。除了"数字素养"与"文化认识和表达"沿用了老版表述之外，其余六项均不同程度被更新。

表2.1 "2006框架"和"2018框架"的核心素养表述

序号	2006框架	2018框架
1.	母语沟通交流	读写素养
2.	外语沟通交流	多语素养
3.	数学素养和科学技术基本素养	数学素养和科学、技术、工程素养
4.	数字素养	数字素养
5.	学会学习	个人、社会和学会学习素养
6.	社会和公民素养	公民素养
7.	主动性和创业	创新创业素养
8.	文化认识和表达	文化认识和表达素养

---

① European Council. Council Recommendation of 22 May 2018 on Key Competences for Lifelong Learning[EB/OL].http://data.consilium.europa.eu/doc/document/ST-9009-2018-INIT/EN/pdf.2018-12-28.

一是"读写素养"替代"母语沟通交流"。"读写素养"是指"运用视觉、声音或音频和数字材料，跨学科地识别、理解、表达、创造和解读口语或书面概念、情感、事实和观点的能力。"①欧盟并不强调读写素养在某种语言中的发展，明确指出该素养可以在母语、学校语言以及官方语言中被发展。2006版中并没有单独提出"读写素养"，而是将其蕴含在了"母语沟通交流"素养之中进行阐述，仅通过注释的方式解释"母语"与"官方语言"或存在不一致情况，并指出"在实践中，该素养如何实践由成员国自己决定"②。在新版中，"读写素养"的提出，巧妙规避了因"母语"一词可能带来的误读，避免强调"母语"而忽视其他非母语的情况发生。修改后的表述，强调在语言中发展读写能力，而非语言性质的区分。将读写素养放在八大核心素养的第一项，表明欧盟对该素养的重视，并将其视作其他素养发展的基础。

二是"多语素养"替代"外语沟通交流"。"多语素养"是指"恰当并有效地运用不同语言进行交流的能力"。它与"读写素养"类似，"以在合理的社会范畴和文化背景下通过口头或书面形式（包含听说读写等过程）理解、表达和解释相关概念、想法、感受、事实和观点来满足个体需要的能力为基础"。③"多语素养"的关注点是语言能力，强调在多语言社会和工作环境中语言作为交流工具的重要性。"多语"替代"外语"，强调了当前欧盟一体化背景下，语言多样性的重要性。作为欧洲公民，掌握一门外语是不够的，常常需要同时掌握多国语言。与此同时，随着欧洲公民流动性增强，"外语"与"非外语"的区别也日益缩小和模糊，"多语素养"更符合时代发展。

三是"数学素养和科学、技术、工程素养"替代"数学素养和科学技术基本素养"。从表述上，我们可以看出欧盟并没有做大幅改动，仅

---

① European Council. Council Recommendation of 22 May 2018 on Key Competences for Lifelong Learning[EB/OL].http://data.consilium.europa.eu/doc/document/ST-9009-2018-INIT/EN/pdf.2018-12-28.

② European Council. Recommendation of the European Parliament and the Council of 18 December 2006 on key competences for lifelong learning[EB/OL].https://eur-lex.europa.eu/legal-content/EN/TXT/PDF/?uri=CELEX:32006H0962&from=EN.2018-01-28.

③ European Council. Council Recommendation of 22 May 2018 on Key Competences for Lifelong Learning[EB/OL].http://data.consilium.europa.eu/doc/document/ST-9009-2018-INIT/EN/pdf.2018-12-28.

将"数学素养和科学技术基本素养"改为"数学素养和科学、技术、工程素养"。新的表述更加接近国际"科学、技术、工程、数学"（Science，Technology，Engineering and Mathematics，简称 STEM）的惯常叫法。

四是"个人、社会和学会学习素养"替代"学会学习"。"个人、社会和学会学习素养"是对 2006 版"学会学习"的扩充。"学会学习"聚焦在通过学习策略以及对学习和生涯的管理来实现个人发展。然而个人的发展除了需要具备"学会学习"素养之外，还涉及诸如个人自我认知以及个人与社会互动等其他要素，而这些在老版框架中有所忽略。因此，新版采用"个人、社会和学会学习素养"来代替之前的"学会学习"素养，覆盖了个人发展、学习策略以及社会三个层面。个人主要是指自我认知以及身心健康。社会主要是指人际互动以及与他人合作等能力。学会学习的主要关注点是终身学习策略以及生涯管理技能。

五是"公民素养"替代"社会和公民素养"。"公民素养"是指个体能够成为有责任的公民并充分地参与到社会生活中，同时也包含公民个体对社会、经济、政治以及全球发展理念的理解。在 2006 版中，"社会和公民素养"是放在一起表述的，体现了欧盟认为社会素养和公民素养是密不可分的。但是在实践层面，社会素养与个人发展密不可分。因此新版框架中将社会素养与个体素养和学会学习进行了合并。而当前随着欧盟东扩战略的实施，欧盟新成员与老成员之间意识形态差距增大，大量难民的涌入等，均使欧盟看到"公民素养"对解决欧洲社会问题的重要性，因此"公民素养"在新版中被单独提出。需要指出的是新版对"公民素养"的表述相较老版也略有不同，用"Citizenship"代替了"Civic"。前者蕴含了"公民"的概念，与欧盟当前推行的"欧洲公民"的概念相呼应。

六是"创业素养"替代"主动性和创业"。"创业素养"是指"对机会和创意采取行动并将其转化为对他人有益的价值的能力"[1]。新版与旧版相比，表述中去掉了"主动性"，增加了"价值产生"。这一改动也反映了欧盟当前在创业教育领域的最新成果和发展趋势，可以概括为两个方面：一是创业教育突破"实体"走向"开放"已经成为共识。早先创业教

---

[1] European Council. Council Recommendation of 22 May 2018 on Key Competences for Lifelong Learning[EB/OL].http://data.consilium.europa.eu/doc/document/ST-9009-2018-INIT/EN/pdf. 2018-12-28.

育的定位，有狭义和广义之分。狭义的创业教育指教学生创办企业，而广义的创业教育指教学生更具创新性和主动性。2006年尚处于欧盟创业教育发展的早期阶段，"创业素养"的内涵和外延比较模糊，如若单独提出，难免被人误解为"创办企业"的素养。或许当时是为了避免歧义，在"创业"一词之前加了"主动性"来指一类素养。但是随着时代的发展，特别是"内创业""公益创业""绿色创业"等概念的兴起，"创业"一词的内涵越来越丰富，早已经超越初期的"实体论"，逐步转向了"开放"，即越来越关注创新和价值创造。而"主动性"早已蕴含在"创业素养"之中，更像是其中所强调的一项横向技能，因此没有必要再被单独列出。二是回应了欧盟创业教育的前沿成果。欧盟于2016年出台的《创业素养框架》①，将创业素养以学习结果的形式进行了细化和指标化，成为这一时期欧盟创业教育发展的一个里程碑式指导文件。而新版"创业素养"的表述，与2016年"创业素养框架"的表述相一致，体现了欧盟政策的连续性。

二、新动向二：强调支持体系

欧盟在新版框架中更加强调核心素养发展的"落地"，即如何将核心素养框架进一步融入到实践中去。在所有影响"落地"的因素中，明确指出"学习方法和环境的多样性""对教育工作者的支持"以及"素养发展评价与评估"是核心素养框架发展的重要支持因素②。

在"学习方法和环境多样性"方面，欧盟结合当前欧洲环境特征，重点强调了积极的学习环境以及多样化的学习方法对核心素养的促进作用，具体包含下列九个要点：一是强调各教育阶段跨学科学习以及伙伴合作的重要性。二是系统地将学术学习与个人发展相结合。通过早期个人素养、社会素养和学习素养的良好发展，可以为个人全面发展打下坚实基础。三是强调学习过程中多种学习方法的应用。探究性方法、项目式方法、混合

---

① European Commission Joint Research Centre. EntreComp: The Entrepreneurship Competence Framework[EB/OL].http://ec.europa.eu/jrc/entrecomp.2018-07-28.
② European Council. Council Recommendation of 22 May 2018 on Key Competences for Lifelong Learning[EB/OL].http://data.consilium.europa.eu/doc/document/ST-9009-2018-INIT/EN/pdf.2018-12-28.

式方法、艺术和游戏式方法都可以激发学生学习动机，提高参与度。与此同时，在STEM领域经常被使用的实验方法、实习和科学研究方法也可以促进素养发展。四是鼓励学习者、教育工作者和教育提供方使用数字技术。五是提高获得创业体验的机会，确保学生在小学或中学期间至少获得一次创业体验的机会。六是通过国际合作，提高教育人员和学习者的流动性。七是给予弱势群体包括同辈辅导、职业指导以及语言、学术、情感或物质等方面的充分支持。八是强调终身学习过程中各级教育、培训以及学习环境之间的合作。九是强调正规学习、非正规学习以及非正式学习中教育与当地社区其他参与方的合作。

"对教育工作者的支持"主要强调核心素养发展过程中教师的重要性，具体包含下列四个方面内容：一是在教师教育中融入核心素养发展理念。教师教育通常包括职前教育以及职后专业发展两个环节。通过在这两个环节中融入核心素养发展的理念，可以提升教师对素养本位教学方法的重视程度，从而最终使核心素养教育落地。二是通过人员交流和同辈学习，促进教育工作者开发符合当地环境的素养本位教学方法。三是在实践创新、参与科研以及新技术运用方面为教育工作者提供支持。四是在专家指导、教学工具和教学资料开发方面为教育工作者提供支持。

"素养发展评价与评估"是指开发适用于素养发展的评价与评估方式和手段，具体包含下列四个方面内容：一是通过恰当运用诊断性、形成性以及总结性的评价和评估方式，将核心素养的描述转化为学习结果。二是数字技术的有效运用可以帮助记录学习者包含创业性学习在内的多维度进步。三是开发和运用不同的方法来评估非正规和非正式学习环境中核心素养的发展。这些评估方式应该是开放的，应该强调支持低技能个体进一步学习。四是非正式和非正规学习中学习结果的检验应与欧盟现有学习工具相结合。

三、新动向三：纵深化发展态势

从"2006框架"到"2018框架"，历时12年，欧盟核心素养发展趋向纵深化。纵深化主要体现在以下两大方面：一是欧盟搭建起全方位、立体化的政策环境。二是核心素养更具可操作性。

一是欧盟搭建起全方位、立体化的政策环境。2015年至2017年间，欧盟先后在多个政策以及战略文本中提及"核心素养"和"终身学习"（详见表2.2）。例如欧盟在2015年《实施欧洲教育和培训合作战略框架》（ET2020）报告中明确指出"通过重点关注就业能力、创新、积极公民权和幸福感等学习结果，促进终身学习中知识、技能和素养的高质量发展"[1]，在2017年《通过教育和文化强化欧洲认同》通讯中呼吁"确保教育和培训系统可以帮助学习者获取当今世界必须的知识、技能和素养"[2]等。多项政策和战略交相呼应，显示出欧盟强调各级各类教育从"知识本位"向"素养本位"变革的强烈信号，也从宏观政策环境上，为核心素养发展创造了条件。

表2.2 欧盟核心素养相关政策

序号	年份	政策名称或措施	与核心素养相关的内容或观点
1.	2012	非正式和非正规学习的生效（on the validation of non-formal and informal learning）	到2018年确保在非正式和非正规学习中做出相应措施，使个人知识、技能和素养得到更好发展[3]
2.	2015	实施欧洲教育和培训合作战略框架（ET2020）	通过重点关注就业能力、创新、积极公民参与和幸福感等领域，促进终身学习中知识、技能和素养的高质量发展
3.	2016	欧洲新技能议程（A New Skills Agenda For Europe）	努力发展对核心素养共同的和最新的理解，支持课程和培训中引入核心素养，并为更好的发展和评估提供支持[4]

---

[1] European Commission. Draft 2015 Joint Report of the Council and the Commission on the implementation of the Strategic framework for European cooperation in education and training (ET2020) New priorities for European cooperation in education and training.[EB/OL]. https://publications.europa.eu/en/publication-detail/-/publication/30a57da5-4c98-11e5-9f5a-01aa75ed71a1/language-en/format-PDF/source-73797558.2018-07-28.

[2] European Commission. Strengthening European Identity through Education and Culture[EB/OL].http://eur-lex.europa.eu/legal-content/EN/TXT/PDF/?uri=CELEX:52017DC0673&from=EN.2017.2018-07-28.

[3] European Council. Council Recommendation of 20 December 2012 on the Validation of non-formal and informal learning[EB/OL].http://eur-lex.europa.eu/LexUriServ/LexUriServ.do?uri=OJ:C:2012:398:0001:0005:EN:PDF.2012.2018-07-28.

[4] European Commission. Commission Communication on a New Skills Agenda for Europe[EB/OL].https://ec.europa.eu/transparency/regdoc/rep/1/2016/EN/1-2016-381-EN-F1-1.PDF.2016.2018-07-28.

续表

序号	年份	政策名称或措施	与核心素养相关的内容或观点
4.	2016	促进教育和提升教育现代化（Improving and modernizing education）	强调素养发展的必要性①
5.	2017	学校发展和卓越教学（School development and excellent teaching for a great start in life）	强调素养发展的必要性②
6.	2017	欧盟高等教育日程更新（a Renewed EU Agenda for Higher Education）	解决技能的不衔接，促进技能发展③

二是核心素养更具可操作性。经过数年发展，在单个核心素养发展方面，欧盟趋向于按照水平的高低将核心素养进行分级，在此基础上以学习结果的形式最终呈现。学习结果可以作为个体核心素养发展的评价指标，可操作性更强。与此同时，欧盟强调开发出的学习结果可以应用于正规教育、非正规教育以及非正式教育之中，这样核心素养真正从实践操作层面走向"终身化"。例如"数字素养框架"和"创业素养框架"的开发便是典型代表。2016年，欧盟相继研制出了《数字素养框架》和《创业素养框架》。《数字素养框架》涵盖五大领域、21种能力以及8个熟练层级。《创业素养框架》将"创业素养"划分为三大素养领域、15种具体能力、8个熟练层级共计442个学习结果。新版核心素养框架中，均体现了上述两个素养最新的发展成果。可以预见，欧盟将继续沿着增强核心素养可操作性的道路继续前进，围绕其他核心素养，不断开发出层级分明、能力领域清晰、学习结果简单明了的核心素养框架体系。

---

① European Commission. Improving and modernizing education[EB/OL].http://eur-lex.europa.eu/legal-content/EN/TXT/PDF/?uri=CELEX:52016DC0941&from=EN.2016.2018-07-28.

② European Commission. Commission Communication on School development and excellent teaching for a great start in life[EB/OL].https://ec.europa.eu/education/sites/education/files/school-com-2017-248_en.pdf.2017.2018-07-28.

③ European Commission. Commission Communication on a Renewed EU Agenda for Higher Education [EB/OL].https://ec.europa.eu/education/sites/education/files/he-com-2017-247_en.pdf.2018-07-28.

四、新动向四：由"教育的欧洲维度"向"欧洲教育领域"的嬗变

"2018 框架"明确提到"欧洲教育领域"（European Education Area）的概念。"欧洲教育领域"的提法与"2006 框架"中提出的"教育的欧洲维度"（European dimension in education）明显不同。从字面上看，"欧洲教育领域"英语表述中首字母均是大写，说明欧盟将其作为一个有特殊意义的专有名词。"教育的欧洲维度"出自《欧洲联盟条例》（The Treaty on European Union）以及《欧洲联盟运行条约》（The Treaty on the Functioning of the European Union），是欧盟在教育领域中行动的主要定位，即欧盟在教育中致力于发展"教育的欧洲维度"①。因此"教育的欧洲维度"被广泛应用于欧盟在教育领域的一系列政策之中，"2006 框架"便是具体体现。"教育的欧洲维度"泛指欧盟在教育领域所发挥的作用，并不特指某项具体措施，因此首字母一般不大写。

"欧洲教育领域"是在 2017 年 11 月瑞典哥德堡欧洲领导人会议中被首次提出的②。欧盟官方网站中的表述是"在符合所有成员国共同利益的条件下，充分利用教育与文化的潜力，使其作为引擎，更好地创造就业机会、拉动经济增长和促进社会公平，最终在多样性中体现欧洲认同"③。"欧洲教育领域"有下列三个具体目标：一是促进教育和培训中跨境流动和合作；二是努力帮助学习者克服在欧洲其他国家学习、培训和工作中的困难，从而真正实现"学习者自由的流动"，拓宽真正的欧洲学习空间。三是支持成员国提高本国教育和培训体系中的全纳性、终身性和创新性④。除

---

① European Union. Consolidated Versions of the Treaty on European Union and the Treaty on the Functioning of the European Union[EB/OL].https://eur-lex.europa.eu/legal-content/EN/TXT/HTML/?uri=OJ:C:2016:202:FULL&from=EN#d1e4373-47-1.2018-12-21.

② European Council.Council Recommendation of 22 May 2018 on promoting common values, inclusive education, and the European dimension of teaching[EB/OL].https://publications.europa.eu/en/publication-detail/-/publication/03bd9ecb-6a26-11e8-9483-01aa75ed71a1/language-en/format-PDF/source-84421207.2019-01-08.

③ European Commisson.European Education Area[EB/OL].https://ec.europa.eu/education/education-in-the-eu/european-education-area_en. 2019-01-08.

④ European Commission. Building a stronger Europe: the role of youth, education and culture policies.[EB/OL].https://eur-lex.europa.eu/legal-content/EN/TXT/?uri=CELEX:52018DC0268.2019-01-08.

此之外，欧盟还向成员国描绘了"欧洲教育领域 2025"的愿景，即"领土界线将不会成为限制学习和研究的因素；欧洲公民在另外一个国家学习、工作会成为常态，除母语之外掌握其他语言也会成为普遍现象；个体会在欧洲文化遗产以及多样性中获得对自身欧洲公民身份更强烈的认可"。

我们可以看出"欧洲教育领域"是欧盟对"教育的欧洲维度"的深化和拓展。欧盟对"教育的欧洲维度"并没有具体的概念阐述，含义比较模糊。而"欧洲教育领域"强调促进教育流动并支持成员国教育和培训的现代化，具有明确发展内容和目标。"教育的欧洲维度"向"欧洲教育领域"的嬗变，意味着欧盟比以往更加重视教育的重要性。我们也可以从其一系列的行动中看出端倪。2017 年"欧洲教育领域"提出之后，欧盟相继推出了一系列政策和措施来推动"欧洲教育领域"的深化和实施，政策和工具的密集程度在教育领域可谓空前。2018 年 1 月，欧盟推出第一个一揽子计划措施，着重从终身学习核心素养、数字技能以及共同价值观与全纳教育三个方面入手，先后发布了多项政策和行动计划，其中"2018 框架"便是其中的一项重要政策措施。紧随其后，欧盟于同年又发布了第二个一揽子计划措施，着重关注文凭的互认、语言学习以及早期儿童教育与护理。在此基础之上，"欧洲学生卡""欧洲大学"项目以及"伊拉斯谟斯"项目等欧盟之前主推项目也被统筹入"欧洲教育领域"之中。

第三节　欧盟核心素养修订动因分析

2018 年欧盟核心素养框架的修订并不是偶然为之，是欧盟在进行了一系列调查和政策咨询后，结合当前欧洲外部环境以及内部压力所作出的理性选择。表面上看，这次修订是因为"2006 框架"与当前欧盟成员国社会及经济发展不相适应，欧盟与时俱进的理性选择。但是笔者认为本次修改还有其深层次的原因，即欧盟试图在教育领域深化"欧洲认同"，从而增强欧盟的存在合法性。

一、表层原因："2006 框架"需与时俱进

2017 年，欧盟在《欧洲的未来白皮书》(*White Paper on the Future of*

Europe）中强调 "孩子们接受今天的学校教育，而明天将工作在前所未有的岗位上"，面对着知识经济时代技术的飞速发展以及职业选择的不确定性增加，"在技能上大力投入，并重新审视教育体系和终身学习体系"[①] 被欧盟看作是今后教育发展的重点。而当前欧洲公民并没有在技能上显示出良好表现。例如国际学生评估项目（PISA）数据显示，欧盟近五分之一的小学生在阅读、数学或科学方面表现不够熟练。只有 4.9% 到 27.7% 的成年人在读写能力上比较擅长，只有 8.1% 到 31.7% 的成年人在数字能力上擅长，高达 44% 的欧盟人口在数字技术上的能力比较低。[②] 上述因素均促使欧盟重新审视 "2006 框架"。

2017 年 2 月至 5 月欧盟发起了针对 "2006 框架" 的网上公开咨询。受访者普遍反映 "2006 框架" 需要与时俱进。当问及 "当前框架的主要缺点" 时，选择最多的是 "未随着时间的推移而发展"，"不够详细" 以及 "在我所处环境中使用困难" 依次排在后两位（详见下页图 2.1）。尽管如此，本次咨询的结果显示受访者对 "2006 框架" 主体给予了肯定，无须对框架结构大幅修改，仅需要部分升级即可[③]。公众争论的焦点集中在 "母语沟通""外语沟通""学会学习""数字素养" 以及 "主动性和创业" 上。当前，随着劳动力在欧洲国家间普遍流动，欧洲各国移民日益增多，公众认为母语和外语间的区别已不明显，因此 "2006 框架" 中有关 "母语" 和 "外语" 的表述已不合时宜。另外，"学会学习" 日益表现为一种横向可迁移能力，没有必要被单独列出，而 "数字素养" 和 "主动性和创业" 均需吸收当前各领域中的最新发展成果[④]。

---

① European Commission. White Paper on the Future of Europe[EB/OL].https://ec.europa.eu/commission/white-paper-future-europe-reflections-and-scenarios-eu27_en.2017.2018-07-28.

② European Commission. Proposal for a Council Recommendation on Key Competences for lifelong learning 2018[EB/OL].https://publications.europa.eu/en/publication-detail/-/publication/b377781c-4e19-11e8-be1d-01aa75ed71a1/language-en/format-PDF/source-85181803.2018-12-13.

③ European Commission. Support of the stakeholder consultation in the context of the Key Competences review[EB/OL].https://publications.europa.eu/en/publication-detail/-/publication/96e12ad1-8b9b-11e7-b5c6-01aa75ed71a1/language-en.2018-07-28.

④ 同上。

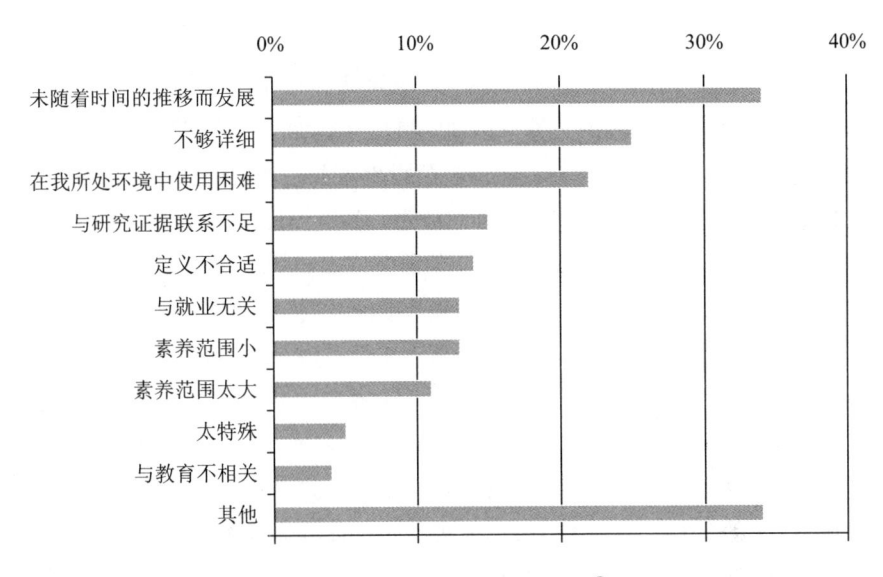

图 2.1　当前框架的主要缺点 [1]

二、深层原因：借助教育干预，深化"欧洲认同"

欧盟在经济领域一直拥有非常强的干预能力，而在教育领域的干预能力比较有限。根据《欧洲联盟条例》以及《欧洲联盟运行条约》的规定"欧盟应该通过鼓励成员国间的合作，为优质教育发展做出贡献。在必要的情况下，可以支持和补充成员国的教育行动，但是需要充分尊重成员国教学内容、教育体系以及文化和语言的多元性"[2]。简言之，欧盟在教育领域并没有太多实质行动力，只是成员国行动的"支持和补充"，干预能力十分有限。尽管随着欧洲一体化的加深，欧盟在教育领域的干预"越来越多、越来越频繁"[3]，但是欧盟在成员国教育上的干预行为始终也没有获得更大

---

[1] European Commission. Support of the stakeholder consultation in the context of Key Competences review[EB/OL].https://publications.europa.eu/en/publication-detail/-/publication/96e12ad1-8b9b-11e7-b5c6-01aa75ed71a1/language-en.2018-07-28.

[2] European Union. Consolidated Versions of the Treaty on European Union and the Treaty on the Functioning of the European Union[EB/OL].https://eur-lex.europa.eu/legal-content/EN/TXT/HTML/?uri=OJ:C:2016:202:FULL&from=EN#d1e4373-47-1.2018-12-21.

[3] 陈时见，冉源懋.欧盟教育政策的历史变迁与发展趋势［M］.北京：高等教育出版社，2016：190.

的合法性。

然而，随着诸如难民危机、恐怖袭击频发、人口老龄化严重、成员国国内民族主义势力普遍抬头等一系列问题的接踵而至，欧盟遭受前所未有的信任危机。2016年6月，英国通过公投单方面宣布"脱欧"，更是信任危机的一个集中爆发。当前"仅有三分之一的欧洲民众信任欧盟，而十年前可以达到二分之一"①。2017年，正值欧盟成立60周年之际，欧洲各国政要开始深刻反思并寻求应对良策以加强"欧洲认同"，加强"欧洲认同"被看作是解决欧盟"信任危机"，增强其合法性的有效手段。2017年，欧盟开始频频在教育领域强调"欧洲认同"，先是在当年发布的《通过教育和文化强化欧洲认同》中强调"教育和文化是强化欧洲认同最有效的方式"，紧接着，又在2018年发布的《欧洲议会关于促进共同价值观、全纳教育和教学的欧洲维度的建议》(*Council Recommendation on Promoting Common Values, Inclusive Education and the European Dimension of Teaching*)中再次强调通过在教育领域强调共同价值观、全纳教育以及欧洲维度的教学，强化"欧洲认同"。尽管"欧洲认同"并不是一个新概念——早在1973年的《哥本哈根宣言》中，欧盟就专门就"欧洲认同"问题进行过专门阐述，欧盟也有很多的官方文件来强调"欧洲认同"，但是如此高调和密集的在教育领域发布文件，凸显"欧洲认同"并不多见。尽管欧盟在文件中也强调教育领域的主体力量是成员国，但是欧盟不断强调"欧洲教育领域"的共同愿景，密集的颁布一系列具体的政策工具，也反映了其在教育领域中一改往日"温和"的态度，行动更加积极，态度更加坚决。"2018框架"作为"欧洲教育领域"提出后的首批一揽子政策工具，无疑是欧盟在教育领域增强"欧洲认同"重要手段。该框架通过在"读写素养""多语素养""公民素养""文化认识和表达素养"等多个素养中强调欧洲共同价值观、欧洲的文化与历史、欧盟的发展历程、欧盟的作用等内容，呼吁欧盟各成员国在本国教育体系中融入"欧洲认同"，从而最大限度地保证欧盟在欧洲民众心中的"合法性"。

---

① European Commission. White Paper on the Future of Europe[EB/OL].https://ec.europa.eu/commission/white-paper-future-europe-reflections-and-scenarios-eu27_en.2017.2018-07-28.

第三章

基于核心素养发展的欧盟创业教育特点分析

特点分析是基于对研究对象全景扫描式审视之后的理性提炼,重在思辨与基本经验的把握。欧盟创业教育发展近三十年,在运行机制上形成了欧盟组织与成员国并行的两级战略驱动机制;在发展路径上,形成了创业教育融入终身学习的终身化发展路径;在评价领域,呈现出评价主体多元化的特征。本章将围绕上述特点展开论述。

第一节 欧盟创业教育的两级战略驱动机制

欧盟创业教育的驱动力量主要源自欧盟委员会以及成员国政府的战略拉动。这种"自上而下"的战略驱动是当前欧盟创业教育发展的主要模式。欧盟认为虽然"自下而上"发展创业教育是最理想情况,但是在创业教育的传播和质量方面只有政府才能够带来阶段性变化和教育体制中范式的转变。[①]

一、多样化的战略形式和共同的战略目标

"自上而下"的驱动主要手段便是战略发布。战略一般是指由地区、国家、当地教育或者其他权力部门提出的正式政策性文件,通常包括政策预

---

① McCoshan A, et al. Towards Greater Cooperation and Coherence in Entrepreneurship Education[EB/OL].https://ec.europa.eu/docsroom/documents/9269/attachments/1/translations/en/renditions/pdf, 2010-03-17.

期的愿景、特定目标、为达到目标所采取的步骤和行动、权力机构和利益相关方的认定、要遵守的程序以及所分配的预算等要素。按照战略驱动的辐射面和发布方的不同，战略一般可以分为欧盟层面的战略和国家层面的战略，而欧盟层面的战略也可以称作"超国家层面"的战略。由于欧盟非主权国家的特点，欧盟通常会组织专家组或者智库针对某一问题发布研究报告，因此战略除了传统意义上的政策或者行动计划之外，还包含欧盟官方授权发布的针对某一问题的研究报告。

战略按照类型进行划分，可以分为专门战略和综合战略。其中，专门战略是指政府联合多个部门专门针对创业教育而实施和发布的政策。综合战略是指将创业教育融入其他领域之中，并非专门针对创业教育的战略类型。综合战略主要分为教育相关的综合战略（例如教育与培训、青年或者终身学习战略）和教育之外的综合战略（经济相关综合战略和创新相关综合战略）。一般而言，欧盟层面发布的多为创业教育方面的专门战略，而成员国在专门战略和综合战略方面各有侧重。

在战略目标的制定上，欧盟和成员国战略目标通常包含四种类型，分别为促进公民社会参与，有利于社会发展，提升创建企业质量以及促进个体就业能力[1]。其中，促进个体就业能力最为常见，几乎所有与创业教育相关的战略文本都在强调这一目标。这与欧盟面临经济危机，经济增长缓慢，失业率高有关。创业教育正好可以通过提升个体就业能力，促进就业率的增长。此外，在教育相关综合战略文本中，促进公民社会参与是最常见的表述；在经济相关综合战略文本中，"创建企业"是高频词[2]。

在战略内容的体现上，课程、学习结果、创业实践经验、生涯指导、教师教育、教学方法以及学校网络和交流是欧盟和各国政府强调的重点。通常涵盖上述内容越多，说明战略辐射面越大，影响力越大。在欧盟2016年的调研中，有四个欧洲国家（地区）完全覆盖了上述七项内容，并且有相应的行动。其中，爱沙尼亚、威尔士以及黑山共和国是三个颁布创业教育专门战略的国家（地区），丹麦是将创业教育蕴含在创新战略之中的

---

[1] European Commission/EACEA/Eurydice. Entrepreneurship Education at School in Europe. Eurydice Report[R].Luxembourg: Publications Office of the European Union, 2016: 48.

[2] 同[1]: 49.

国家[1]。

二、欧盟"超国家层面"创业教育战略驱动

"超国家层面"战略主要是指欧盟层面包含欧盟委员会、欧盟理事会、欧盟法院等在内的全部欧盟职能部门所发布或者委托调研并发布的战略，这些政策从酝酿、萌发、形成、输出、反馈到执行，经历协商和对话等过程，一步步得到肯定并逐渐形成体系。2015年，欧盟内部组织结构进行了调整，原来与创业教育息息相关的"企业和工业总司"与"内部市场总司"进行了合并，成立了"内部市场、工业、创业和中小企业总司"。由于创业教育既涉及到商业领域也涉及到教育领域，因此当前欧盟层面的创业教育政策主要来自于"教育、青年、体育和文化总司""内部市场、工业、创业和中小企业总司""就业社会事务和包容总司"以及"欧盟科学中心"等四个部门。其中"教育、青年、体育和文化总司"顾名思义，主要协调教育和与青年相关的领域；"内部市场、工农业、创业和中小企业总司"主要聚焦欧盟内部统一市场以及商业领域；"就业社会事务和包容总司"主要协调就业等民生领域。欧盟致力于形成多部门参与，协同推进的局面。

（一）完备的战略体系

从政策的主要领域来看，欧盟的创业教育政策体系完备，既涵盖对创业教育本身角色、定位与重要性的厘清，也包含对创业教育中各个主要因素，如师资、课程等的探讨。通过对欧盟创业教育的发展历程的追溯，笔者共整理了欧盟层面主要发布的25项战略文本，并对其核心内容进行了提炼，按照年份进行排列（详见下页图3.1）。我们可以发现，欧盟针对创业教育的战略除了两项教育相关的综合战略外，专门战略多达23项。这表明，欧盟层面主要通过专门战略来驱动创业教育在整个欧洲的发展。

从资金资助方式来看，欧盟层面一般可以分为直接资助和间接资助两种方式。例如"伊拉斯谟斯项目"就是欧盟直接资助的项目，欧洲国家一般通过终身学习项目参与到"伊拉斯谟斯项目"之中。例如丹麦和波兰都是通过参与"达芬奇计划"和"夸美纽斯计划"来获得欧盟资金的直接

---

[1] European Commission/EACEA/Eurydice. Entrepreneurship Education at School in Europe. Eurydice Report[R]. Luxembourg: Publications Office of the European Union, 2016：46.

投资，继而发展其创业教育。欧盟间接资助的项目通常会由地方政权和欧盟机构共同管理，资金的来源主要为"欧洲社会基金"（European Social Fund，简称 ESF），它是"欧洲结构和投资基金"（the European Structural and Investment Funds，简称 ESIF）中的一部分[①]。欧洲社会基金是欧盟的主要工具，用来支持就业，帮助欧洲公民找到更好的工作以及确保其拥有平等的工作机会。欧盟委员会和成员国通过伙伴合作的方式，确定基金的重点以及资源如何分配。资助周期一般遵循欧盟财政预算周期"多年财务框架"（the Multi-annual Financial Framework，简称 MFF）原则进行，通常为期七年。例如，2007 年至 2013 年是一个资助周期，2014 年至 2020 年是下一个资助周期。

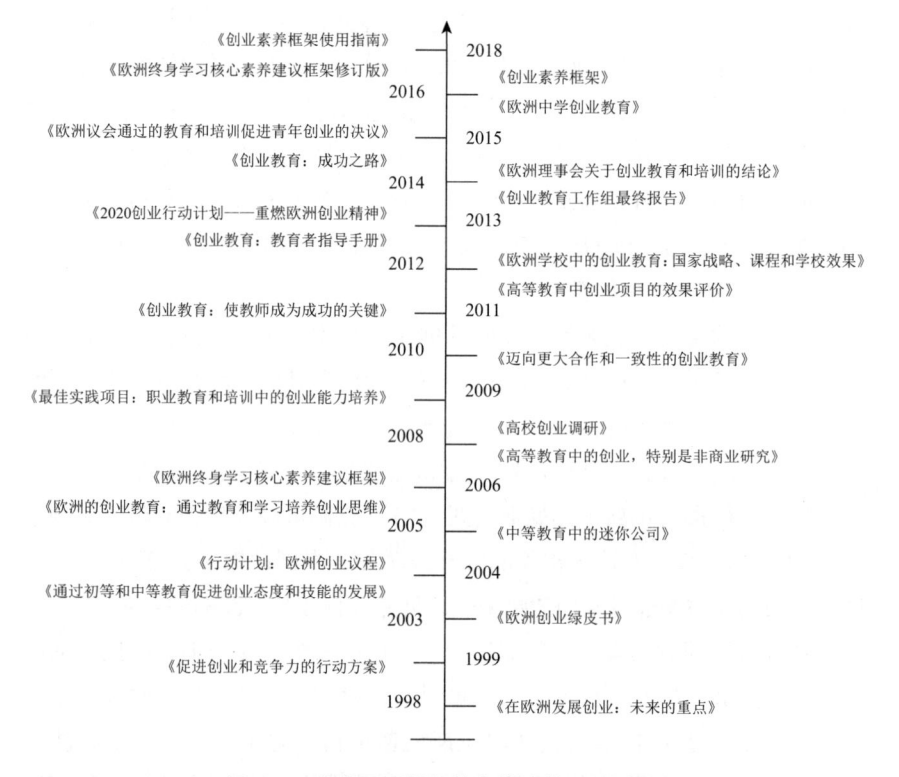

年份	左侧文件	右侧文件
2018	《创业素养框架使用指南》《欧洲终身学习核心素养建议框架修订版》	《创业素养框架》
2016		《欧洲中学创业教育》
2015	《欧洲议会通过的教育和培训促进青年创业的决议》《创业教育：成功之路》	《欧洲理事会关于创业教育和培训的结论》《创业教育工作组最终报告》
2014		
2013	《2020创业行动计划——重燃欧洲创业精神》《创业教育：教育者指导手册》	《欧洲学校中的创业教育：国家战略、课程和学校效果》《高等教育中创业项目的效果评价》
2012		
2011	《创业教育：使教师成为成功的关键》	《迈向更大合作和一致性的创业教育》
2010		
2009	《最佳实践项目：职业教育和培训中的创业能力培养》	《高校创业调研》《高等教育中的创业，特别是非商业研究》
2008		
2006	《欧洲终身学习核心素养建议框架》《欧洲的创业教育：通过教育和学习培养创业思维》	《中等教育中的迷你公司》
2005		
2004	《行动计划：欧洲创业议程》《通过初等和中等教育促进创业态度和技能的发展》	《欧洲创业绿皮书》
2003		
1999	《促进创业和竞争力的行动方案》	
1998		《在欧洲发展创业：未来的重点》

图 3.1　欧盟层面创业教育战略体系演进图

---

① European Commission. European Structural and Investment Funds[EB/OL].http://ec.europa.eu/contracts_grants/funds_en.htm, 2018-06-14.

（二）明确的职责划分

由于欧盟层面战略所涉及利益相关方较多，因此主体职责明晰是保证实践效果的前提。在创业教育的实施过程中，欧盟通常都会在立项之初便书面约定好每一方的职责。例如，欧盟在创业教师教育的实施过程中，就明确指出欧盟委员会需要发挥的六个方面的作用：

一是提高对创业教师教育价值和重要性的认识。创业教育作为一个有效载体和工具，能够提升青年人的创业素养，这是他们未来能够幸福生活的重要条件。因此欧盟应该通过一些地方和国家范围内的交流与公共活动来提高公众对于创业教育的认识。欧盟需要在不同的目标群体间建立沟通和联系（详见图 3.2）。最内圈是教师教育者和教师教育培训学校。他们的创业意识对于促进创业教师教育极其重要。第二圈是整个教学共同体。他们可以使教师重视其在创业教育中的作用、教学目标、教学方法并且支持持续性的专业发展。第三圈是支持教师作为引导者的所有参与方。他们对于创业教师引导者作用的发挥都起到了支持作用。第四圈也是最外圈，即普通大众。除此之外，欧盟还充分利用"欧洲中小企业周"（The European SME Week）的机会来提升创业教师教育的认知程度。

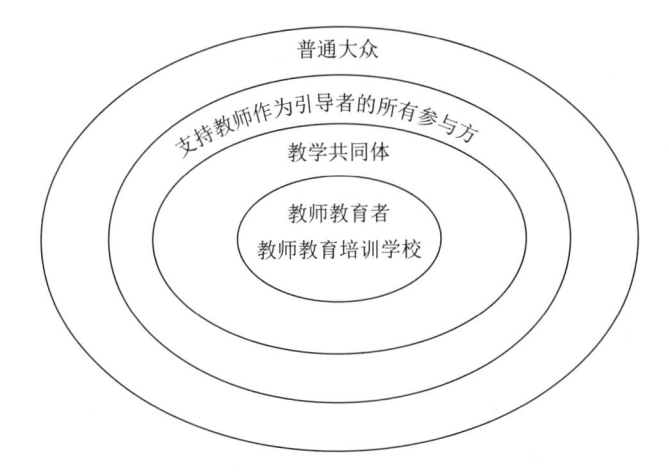

图 3.2 欧洲范围内的参与方[①]

---

① European Commission. Entrepreneurship Education: Enabling Teachers as a Critical SuccessFactor[EB/OL].http://ec.europa.eu/DocsRoom/documents/9272/attachments/1/translations/en/renditions/pdf,2018-9-26.

二是鼓励国家和地方政策和框架的实施。欧盟内部教育和文化总司与企业和工业总司间一直开展着良好的对话。欧盟鼓励各个成员国政府的部门间也开展良好的对话合作，鼓励各个成员国发展本国的创业教师教育战略。欧盟可以制定标准，绘制整个欧盟推广创业教师教育的蓝图，并建立观察部门来监察创业教师教育的发展。

三是收集和传播优秀的实践、经验和知识。分享好的知识、经验和实践案例可以促进创业教师教育的发展。欧盟在这个方面有着义不容辞的责任。欧盟内拥有一批实践者、研究者和政策制定者，他们在创业教师教育中有着丰富的经验，并且可以及时反馈实施过程中的各种信息。欧盟应该搭建平台帮助他们推动创业教师教育。同时，伊斯坦布尔会议呼吁应该有更多系统方法来发掘创业教师教育和创业教师发展中好的实践经验。欧盟应该在这方面进行探索发现并宣传和推广优秀的实践案例。

四是促进实践者和专家发展伙伴合作。欧盟应该搭建平台、构建机制，促进实践者和专家发展伙伴合作。这将有利于创业教师教育质量的提高，并且增加欧洲创业教师教育实践者的流动性。提高流动性并建立伙伴合作将会促进地区利益的可持续发展。这些合作将会促进教学方法的提高和创新，并促进优秀的实践经验向新教师传播。

五是搭建欧盟层面的平台。收集、传播好的实践经验和提升专业领域人才间的合作都需要欧盟搭建平台。根据性质、内容、区域进行多样化的平台设计，核心都应该是促进欧盟范围内各参与方的对话和合作，传播思想和分享经验。搭建平台同时也会促进研究、政策和实践三个领域间的对话。欧洲的创业教师教育平台建设主要着眼于以下领域：分享最佳的实践经验和提高创业教师教育的可见度与公众的认知程度；帮助制定、实施国际间的合作项目和措施；在成员国间进行具体的政策建议。因此，这些平台的受益者或者说参与者将会是教师、教师教育者、专家、商会、公会、企业家及创业教育相关的政策制定者。平台不应该仅仅局限于面对面研讨会的形式，欧洲各国基于网络的资源也应该被欧盟广泛利用。

六是鼓励创业教师教育特别是该领域教学方法方面的研究，并进行推广。对大多数国家而言，创业教育是一个新兴领域，这个领域的教师教育更是大家关注的焦点。在布达佩斯和伊斯坦布尔研讨会上，代表们高度评价了现有的丰富教学资源，同时也强调了需要进一步挖掘和丰富现有的知识，改进教学方法。因此，需要呼吁更多的研究来关注教学方法和教学工具的改进。欧盟委员会应该通过现有的研究支持机制或者创造新的机制来更好地支持创业教师教育方面的研究。

表 3.1 欧盟创业教师教育的多元主体参与[①]

	欧盟	成员国政府	教育部门	区域/地方政府	学校	中间机构	商业企业家	教师教育培训机构
A）教师职前教育								
A1 面向全体学生的创业教育								
确保创业教育模块是所有准教师的必修课程		√	√	√				√
A2 课程内容和教法								
运用相同的实践方法（主动学习、实践经历）	√	√	√	√	√	√	√	√
确保学校的教育与学生教师在当地学校实习间的接续		√	√	√				
创建与当地社区（商业、地方政府和第三产业）的联系，使教师可以为学生提供真正的任务		√	√	√				
为教师提供在企业实习的机会，并且允许教师在企业模拟成为企业家	√	√	√	√	√	√	√	√
A3 评价								
发展并实施可以评估将创业核心能力转换为技能和态度的方法	√	√	√	√				√
A4 选拔新手教师								
选拔新手教师时将创业相关技能和经历作为一项有力的条件，并帮助新手教师在今后的教学中发展这些技能和经历		√						√
A5 合作								
与商业、社会企业和非盈利机构建立持续的、系统的联系						√	√	√

---

① European Commission.Entrepreneurship Education: Enabling Teachers as a Critical Success Factor[EB/OL]. http://ec.europa.eu/DocsRoom/documents/9272/attachments/1/translations/en/renditions/pdf/,2018-9-26.

(三)详尽的任务清单

在以书面形式明确各方职责的同时,以任务清单的形式进行形象化说明,也是欧盟在动员多元主体参与时经常使用的方式。例如,为了确保创业教师教育参与主体都能够对自己的责任有个比较清晰的认识,将教师教育各个环节落到实处,欧盟专门起草了《布达佩斯议程:确保教师胜任创业教育》(*The Budapest Agenda*:*Enabling Teachers for Entrepreneurship Education*,以下简称"《布达佩斯议程》")。《布达佩斯议程》将创业教师职前教育、国家支持、教师持续专业发展和地方学校支持这四个创业教师教育的主要环节分别进行了凝练和细化。在细化后的每个要点中,分别指出了需要哪些参与方的参与和配合(详见上页表3.1)。表中标有"√"的参与方,表明在这个环节中需要他们的参与。以教师职前教育为例,《布达佩斯议程》中指出在此阶段主要有"面向全体学生的创业教育""课程内容和教法""评价""选拔新手教师"和"合作"五个要点。在"面向全体学生的创业教育"这个要点中需要成员国政府、教育部门、区域/地方政府和教师教育培训机构这四个主体的参与。《布达佩斯议程》具有非常强的可操作性,已成为欧盟各国开展创业教师教育的标准。

三、成员国"国家层面"创业教育战略驱动

"国家层面"创业教育战略主要是指成员国政府职能部门所颁布的针对本国或者某一地区的创业教育战略,同样包含专门战略和综合战略。根据欧盟内部调研,2014至2015年间,被调研的38个欧洲国家(地区)中有29个国家(地区)拥有专门战略或综合战略。其中,11个国家(地区)拥有专门战略,18个国家(地区)拥有综合战略,9个国家(地区)没有相关国家战略(详见下页表3.2)[①]。

(一)专门战略

欧盟的统计数据显示,2003年英国(北爱尔兰地区和苏格兰地区)颁布创业教育专门战略,成为欧盟最早颁布创业教育专门战略的国家(地区),颁布时间与《欧洲创业绿皮书》的发布时间吻合。2007至2009年,发布专门战略的欧洲国家数量激增,从2007年的8个国家(地区)迅速上

---

① 调研数据不仅包括欧盟组织内的国家,还包括未加入欧盟组织的欧洲国家。

升到2009年的12个国家（地区）[①]。另外，多个国家出台两个以上创业教育专门战略，例如比利时和英国（威尔士）、黑山和挪威。

表3.2　2014至2015年欧洲国家（地区）创业教育战略类型[②]

战略类型	国家（地区）	数量
专门战略	比利时（法语区）、比利时（德语区）、比利时（佛兰德语区）、爱沙尼亚、芬兰、瑞典、英国（威尔士）、波黑、黑山、马其顿、挪威	11
综合战略	希腊、拉脱维亚、土耳其、保加利亚、匈牙利、奥地利、波兰、斯洛文尼亚、斯洛伐克、塞尔维亚、捷克、丹麦、法国、北爱尔兰、苏格兰、西班牙、立陶宛、罗马尼亚	18
没有战略	克罗地亚、意大利、塞浦路斯、卢森堡、荷兰、马耳他、葡萄牙、英国（英格兰）、冰岛	9

从横向上来看，以2014至2015年为例，共有11个国家（地区）发布专门战略。从区域上看，这11个国家（地区）集中在两个地区，分别为北欧地区以及西巴尔干地区。北欧国家包括芬兰、瑞士和挪威。这三个国家都具有专门的创业教育战略，专门创业教育在北欧国家的盛行导致了北欧国家在创新上的独特优势。北欧国家的创新程度在欧洲乃至世界上处于领先地位，根据欧洲创新指数（the European Innovation Scorecard）2017年的排名，瑞典排名第一，芬兰排名第三[③]，这两个国家2017年度全球创新排名分别为第二和第八，挪威为第十九[④]。西巴尔干地区的申请入盟国家中，波黑、黑山共和国和马其顿共和国也有专门战略。由于西巴尔干地区加入欧盟的意愿十分强烈，其中《欧洲中小企业法案》中又明确强调了创

[①] 在2015年的调研中，由于创新创业教育实施的范围不同，将比利时划分为三个地区，分别为比利时（德语区）、比利时（弗兰德语区）和比利时（法语区）；将英国也划分为三个地区，分别为英国（威尔士）、英国（苏格兰）和英国（北爱尔兰）。

[②] European Commission/EACEA/Eurydice. Entrepreneurship Education at School in Europe. Eurydice Report[R]. Luxembourg: Publications Office of the European Union, 2016：48.

[③] European Commission. European Innovation Scorecard[EB/OL].[2018-06-13]. http://ec.europa.eu/growth/industry/innovation/facts-figures/scoreboards/index_en.htm.

[④] The Global Innovation Index. Global Innovation Index 2017 Report[EB/OL].[2018-06-14]. https://www.globalinnovationindex.org/.

业教育的重要作用，因此在这一地区，发展创业教育除了经济的考虑外，政治因素起了决定性作用，这一地区创业教育战略驱动力强于其他欧洲地区。

（二）综合战略方面

2014 至 2015 年，欧盟的调研数据显示有 18 个国家（地区）有创业教育综合战略。其中，10 个国家的创业教育战略蕴含在教育类综合战略之中。希腊、拉脱维亚和土耳其等 3 个国家（地区）主要是在教育战略中体现创业教育；保加利亚、匈牙利、奥地利和波兰等 4 个国家（地区）主要是在终身学习战略中体现创业教育；斯洛文尼亚、斯洛伐克和塞尔维亚等 3 个国家（地区）主要是在青年战略中体现创业教育。其余 8 个国家（地区）的创业教育战略与教育之外的综合战略有关。捷克、丹麦、法国、北爱尔兰和苏格兰等 5 个国家（地区）的创业教育蕴含在创新战略之中；西班牙、立陶宛和罗马尼亚等 3 个国家（地区）蕴含在经济战略之中。

（三）战略资金方式

成员国国家层面一般按照预算方式分为单独预算和总预算两种类型。将创业教育战略列入单独预算资助的国家主要有丹麦、法国、奥地利和瑞典，将其列入国家总预算的国家主要有比利时、保加利亚、捷克、爱沙尼亚、西班牙、拉脱维亚、罗马尼亚、斯洛文尼亚、斯洛伐克、英联邦、黑山共和国、马其顿和塞尔维亚[①]。欧盟内部统计数据显示："丹麦创业基金会"（the Danish Foundation for Entrepreneurship）每年都会获得来自丹麦高等教育和科学部以及丹麦商业和增长部约为 2000 万至 2500 万克朗的资助。法国将创业教育融入创新战略之中，2014 至 2019 年，法国政府以及其他基金共为创业教育提供 2000 万欧元的资金资助预算。瑞典实施创业教育战略的预算是 3350 万克朗，其中中小学阶段和职业教育阶段共使用 2950 万克朗，高等教育阶段使用 400 万克朗[②]。

---

① European Commission/EACEA/Eurydice. Entrepreneurship Education at School in Europe. Eurydice Report[R]. Luxembourg: Publications Office of the European Union, 2016：59.

② 同①：58.

第二节 欧盟创业教育的终身化发展路径

基于核心素养发展理念的欧盟创业教育，提倡将创业教育融入各级各类教育全过程，即着眼终身学习的全过程来发展创业教育。因此，理解终身学习的概念以及发展路径，是理解和阐释欧盟创业教育发展路径的前提。

终身学习起源于终身教育的思想。终身教育是致力于建立正规教育和非正规教育相联系、学校教育和社会教育相结合的包括从幼儿教育到高等教育在内的一种终身教育体系。进入21世纪以后，随着人们越来越认同终身教育的理念，终身教育的概念逐步被终身学习所取代，"因为后者无论是在行为主体的主动与被动关系上，还是从教育或学习内容的范围上都是对前者的超越和拓展"[①]。联合国教科文组织在2011年发布的国际教育标准分类（UNESCO ISCED Levels of Education，简称 ISCED）中，将教育划分为正规教育和非正规教育两种类型。其中，"正规教育指通过公共组织和被认可私人团体所进行的制度化、有目的、有计划的教育，他们的总和构成一个国家的正规教育系统"[②]。因此，正规教育课程一般为相关国家教育当局或正规机构所认可的，个人首次进入劳务市场之前所受到的教育，通常包括全日制教育、职业教育、特殊教育和部分成人教育。"非正规教育指通过教育提供者进行的制度化、有目的、有计划的教育"[③]。非正规教育并不是非正式的、顺带的或无约束的学习，它和正规教育一样，也是有目的的、有计划的、制度化的教育形式，区别只是特指个人在一生学习的过程中除了正规教育之外所进行的教育形式，是对正规教育的补充、替代或者完善。

与联合国所提出的概念相类似，欧盟于2012年，也在其官方文件中对"正规学习""非正规学习"以及"非正式学习"进行了概念澄清和统一。

---

① 陈时见，冉源懋.欧盟教育政策的历史变迁与发展趋势［M］.北京：高等教育出版社，2016：11.
② The UNESCO Institute for Statistics (UIS).International Standard Classification of Education (ISCED) 2011[DB/OL].https://www.voced.edu.au/content/ngv%3A54992, 2019-03-01.
③ 同上。

按照欧盟的官方定义，正规学习是指学习环境组织和结构完备、有利于学习，以获得某种资质（一般以文凭或者证书的形式）为目的的学习，包含普通教育体系、初级职业教育体系以及高等教育体系。非正规学习是指通过提供某种形式的学习支持（例如师生关系）进行的有计划的学习（按照学习目标、学习时间），包括一些有利于工作技能提升的项目以及成人教育等[1]。最常见的非正规学习案例是公司内部培训，公司通过这些培训去更新和提高他们员工的技能，例如信息与计算机技术、结构化在线学习（例如利用开放教育资源）；也包括公民社会组织为其成员、目标群体或公众开设的课程。非正式学习是指因进行与工作、家庭和休闲相关的日常活动而产生的学习。在目标、时间或学习支持方面，非正式学习未形成组织和结构。从学习者的角度来看，这可能是无意识的。通过非正式学习获得学习结果的例子有很多，一般通过生活和工作经验来获得，例如在工作中获得的项目管理技能或信息与计算机技术；在另一个国家停留期间获得的语言和跨文化技能；在工作之外获得的信息与计算机技术；通过志愿服务、文化活动、体育、青年工作和家庭活动（例如照顾一个孩子）获得的技巧等。

因此，综合联合国以及欧盟的划分方法，我们将欧盟创业教育的发展路径分为创业教育融入正规学习以及创业教育融入非正规学习两大类[2]。

一、欧盟创业教育融入正规学习

正规学习包括早期儿童教育、初等教育、中等教育、高等教育以及职业教育等全日制教育阶段的学习。国际上比较通用的是按照联合国教科文组织国际教育标准分类 ISCED 进行划分。ISCED 至今共经历过三个版本，分别是 1976 年版、1997 年版以及 2011 年版。先后共有教科文组织、经济合作及发展组织、欧共体统计办公室以及法国、荷兰等来自全世界的国家（组织）专家参与 ISCED 的制定。由于欧盟成员国众多，教育体制也存在很大的不同，为便于比较和分析，欧盟内部在做教育统计时常常使用

---

[1] European Council. Council Recommendation of 20 December 2012 on the validation of non-formal and informal learning [R].Official Journal of the European Union,2012.

[2] 由于在正规学习以及非正规学习的过程中，都伴有不同程度的非正式学习，为避免歧义，本研究将欧盟创业教育融入非正式学习的阐述并入非正规学习的分类中。

ISCED 分类法。笼统地说，ISCED 0 为学前教育，ISCED 1 至 4 包含基础教育以及职业教育，ISCED 5-8 包含本科、专业等在内的高等教育。下面以基础教育（ISCED 1-3）为例，来详细介绍欧盟创业教育融入正规学习的基本经验。基础教育也可以叫作学校教育，一般包括小学、初中和高中阶段。由于欧盟各国教育体制也有很大的差异，我们的着眼点是提炼出欧盟创业教育融入正规学习的基本经验，而教育体制的差异不是我们考察的重点。因此，我们概括地将 ISCED 1 对应为小学阶段，ISCED 2 对应为中学，ISCED 3 对应为高中或者职业教育。下面从融入方式、分布规律、教学方法以及学习结果四个方面，进行重点分析。

（一）融入方式与分布规律

创业教育融入方式一般有跨学科融入、融入单独的必修课程以及融入单独的选修课程三种类型。其中，跨学科融入主要是指将创业核心素养作为一种跨学科的可迁移素养，在所有学科中进行融入和体现，强调将创业学习作为一种方法论，而并非课程。三种类型的选择并不互斥，学校可以融合运用。在欧盟的创业教育发展理论中，越是成熟阶段，创业教育的融入越是面向所有课程，而在初级阶段一般表现为简单"植入"。在实际中，欧盟创业教育在小学阶段的融入一般是全校性的，而在高中阶段或者职业教育阶段，一般作为独立课程而存在。

从学段上看，小学阶段创业教育主要表现为跨学科融入，强调可迁移能力学习。在与现有课程的融合中，主要是与必修课相融合。根据欧盟内部的调研数据，欧洲国家约有 50% 在小学阶段创业教育开展中采取跨学科融入法，强调创业教育培养目标的可迁移性及横向性，而不是将其与某一特定科目相联系；而在 14 个国家（地区），创业教育被融入必修科目。由于小学阶段的选修课程比较少，因此创业教育被融入选修课或者作为选修课的现象比较少，只有 5 个国家（地区）将创业教育融入选修课[①]。在中学阶段，随着选修课程的增多，创业教育作为选修课或者融入选修课程的现象增多，并且越来越多的国家开始采取将三种类型相结合的方式开展创业教育。根据欧盟的数据，约有 15 个国家（地区）将创业教育融入选修课

---

① European Commission/EACEA/Eurydice. Entrepreneurship Education at School in Europe. Eurydice Report[R]. Luxembourg: Publications Office of the European Union, 2016：66-71.

程,约有 8 个国家同时采取了三种方式与课程大纲相融合[1]。在高中阶段和初级职业教育阶段,创业教育覆盖的欧盟国家更为广泛,创业教育的融入更多采取与选修课相结合的方式。欧盟成员国中仅有 5 个国家(地区)没有开展任何的创业教育。

在具体科目选择上,由于小学阶段的创业教育多表现为一种跨学科的学习方法,创业教育在融入科目上并没有呈现太多的规律和偏好。随着教育阶段的不断增高,创业教育融入的科目越来越多。社会科以及经济和商科与创业教育相结合的数量比较多,与此同时数学、科学与技术、生涯发展、道德、音乐、语言和艺术等科目也常常融入创业教学理念。

(二)教学方法

创业教育的特殊性,要求其教学方法不能是传统的教学方法,而需要有所创新,需要体现实践性、学生参与、跨学科性以及国际化等特征。在基础教育开展创业教育的过程中,欧盟主张四种类型的教学方法,分别是主动学习、基于项目的学习、体验式学习以及学生联系社区。由于欧洲国家众多,地区发展不平衡,在教学方法的采用上,差异还是比较大。一般而言,上述四种教学方法在高中和职业教育阶段的开展比较普遍,而在小学和中学阶段采用的并不是特别多。欧盟的调研显示[2],当前在小学和中学阶段,明确实施了上述四种教学方法的国家(地区)有下列 12 个,分别为比利时德语社区、丹麦、西班牙、爱沙尼亚、法国、拉脱维亚、立陶宛、波兰、罗马尼亚、波斯尼亚和黑塞哥维那、黑山共和国和前南斯拉夫的马其顿共和国。而在高中和职业教育阶段大约有 1/3 的欧洲国家都使用了上述四种教学方法。

实践性特征是创业教育一个非常重要的特点,创业教育在实施的过程中需要保证学生拥有获得实践性经历的途径。为此,2012 年欧盟委员会曾呼吁成员国在学生完成义务教育阶段时,至少为学生提供一次实践性创业性经历[3]。欧盟在之后的一系列行动计划中也将上述观点作为优先事项,强

---

[1] European Commission/EACEA/Eurydice. Entrepreneurship Education at School in Europe. Eurydice Report[R]. Luxembourg: Publications Office of the European Union, 2016:66-71.

[2] European Commission/EACEA/Eurydice, 2016. Entrepreneurship Education at School in Europe[R].Eurydice Report. Luxembourg: Publications Office of the European Union, 2016:72.

[3] European Commission. Rethinking education: investing in skills for better socio-economic outcomes/[EB/OL].[2016-11-07].http://ec.europa.eu/transparency/regdoc/rep/1/2012/EN/1-2012-669-EN-F1-1.pdf /.

化实践性创业性经历的重要性。针对实践性创业性经历，欧盟给出的定义是"为学生提供产生、识别创意以及将创意转化为行动机会的一种教育经历。其中，学生作为主导，（这种教育经历）可以是个人的，也可以是团队的，涉及到'做中学'并且产生有形结果的。教育经历的最终目的是为学习者提供发展技能、增强自信以及将创意转化为实践的能力。"①

当前欧洲各国在为学生提供实践性创业性经历时，一般通过完成项目、接受实践挑战、参与社区挑战、创建迷你公司以及体验微金融这五种方式进行。由于项目式教学法在欧洲比较流行，因此五种方式中，完成项目是实践性创业性经历中最为普遍的做法，大约有1/3的欧洲国家普遍采用这种教学方法，并且完成的项目可以在各个年级阶段的学生中开展。例如芬兰在初中阶段开展"我和我的城市"的项目②。"我和我的城市"项目主要是模拟一个小型社会。12至13岁的六年级学生能够在这个小型社会中扮演消费者或者居民的角色。与此同时，项目也提供一天的参观。项目的开展使学校和社区以及商业联系更紧密，学生也可以获得实践体验。在小学阶段，其余四种方式的使用率比较低，但是在高中以及职业教育阶段，教学方法开始趋于多元。其中"创建迷你公司"是比较受欢迎的为学生提供创业经历的教学方法。

（三）学习结果

学习结果对于正规教育而言非常重要，不仅可以使教师明确教学的内容，而且可以使学生了解学习要求。然而，欧盟内部的调研显示，当前欧洲创业教育的学习结果正处于发展中，仍然缺乏综合和全面的方法。③

欧盟主张将创业教育学习结果按照态度、技能和知识三个维度进行划分。欧盟内部调研显示④，态度方面，自信和主动性是关键词；技能层面，创造能力、计划能力、金融素养、管理资源、管理不确定性（风险）以及团队合作出现的频率比较高；知识层面，机会的评估、创业者的作用、创业生涯选择出现的频率比较高。在小学和中学阶段，大约1/2的国家（地

---

① EACEA. Key Action 3: Support for policy reform – Prospective initiatives https://eacea.ec.europa.eu/sites/eacea-site/files/documents/ka3-14-guidelines-for-applicants-final_en.pdf.2014.

② European Commission/EACEA/Eurydice, 2016. Entrepreneurship Education at School in Europe[R].Eurydice Report. Luxembourg: Publications Office of the European Union, 2016：7.

③ 同②：80.

④ 同上。

区）对上述学习结果的描述有所涉及，但是国家间以及学校间差异很大。一般而言，学校只是会涵盖态度、技能以及知识中的某几项，只有少数国家，例如西班牙、法国、芬兰、英国以及挪威等国涵盖了多项学习结果。而在高中阶段，学习结果的项目与中小学相似，不同的是涉及到的国家越来越多，课程的种类也越来越多样。由于主张从终身学习的视角去审视创业教育，因此在学习结果的制定方面，欧盟极力主张大中小学相衔接的学习结果，这些学习结果主要体现在横纵两个维度上，横向指贯穿全部课程之中，纵向指贯穿于整个教育体系中。

二、欧盟创业教育融入非正规学习

在本研究中，将正规课程体系之外的学习都笼统地称作非正规学习。非正规学习一般发生在课堂之外，以课外活动的形式开展，并且不以获得学历资质为目的。尽管与正规学习相比，非正规学习具有参与人数以及辐射面有限的缺点，但是由于创业教育的实践性特征，非正规学习以及非正式学习是一个非常有效的教育途径。

当前，欧盟层面大力倡导的非正规学习创业教育项目的典型代表是面向中学生的"迷你公司"项目、非营利性组织开展的"青年成就"（Junior Achievement）项目以及在欧洲高校学生中蓬勃发展的"青年企业"（Junior Enterprise）（第四章将详细介绍）。这三个项目都是欧盟层面创业教育融入非正规学习过程中的典范。另外，在非正式的学习中，欧盟非常鼓励成员国间的伙伴合作。例如"青年扬帆——创业挑战赛"（Youth Start-Entrepreneurial Challenges）项目当前就由葡萄牙、奥地利、丹麦、卢森堡和斯洛文尼亚等五国联合实施。

除了欧盟层面，在成员国层面经常采用的方式是将创业教育融入课外活动之中。在基础教育阶段，课外实践活动通常与公民教育、劳动教育相结合。例如，在爱沙尼亚，跨学科课题"公民主动性与创业"面向不同年龄段的学生循序渐进地开展：在小学阶段，一至三年级的孩子们学习的主要内容是合作和共同决策，主要通过学生志愿活动，例如清理街区或组织社区活动等进行；对于四至六年级的孩子，主要支持其自主发展，并为其提供能够联合行动的机会；在初中阶段，学习的重点是社会中的不同部门（公立、私立或非盈利）如何运作；在高中阶段，学习的重点是提高在地方和国家有效参与政治和经济决策的能力[①]。接下来在正文第四章，笔者将通过深度分析案例的方式着重介绍欧洲高校中创业教育融入非正式学习的模式。

第三节 欧盟创业教育的多元化评价主体

创业教育评价有多种划分方法：按照目的划分，可以分为宏观政策与发展现状评价、过程评价以及影响力评价[②]；按照创业教育利益相关者或者参与主体划分可以分为针对学生的评价、针对教师的评价以及针对机构发展的评价等。本研究主要按照评价主体进行划分，将当前欧盟创业教育分为针对学生、教师和机构等在内的三种评价类型。针对每种评价类型，笔者都选取了当前欧盟范围内广泛使用的具有代表性的评价工具进行分析。

一、以学生为评价主体："创业教育评价工具和指标"项目

"创业教育评价工具和指标"项目（Assessment Tools and Indicators for Entrepreneurship Education，简称ASTEE）是由欧盟以及"竞争力与创新框架计划"（the Competitiveness and Innovation Framework Programme，简称CIP）联合资助的评价项目。项目从2012年开始实施，历时两年，开发出一套普遍适用于欧洲环境的创业教育评价工具，共有来自爱尔兰、法国、葡萄牙、德国、克罗地亚、丹麦以及欧洲青年创业成就组织（JA-YE Europe）等欧洲7个国家（组织）参与其中。在测评阶段，共有13个国家（组织）的6488名被试参与了该项目的测评。

1. 评价对象。ASTEE项目旨在"发展一个在正规教育的各个阶段都可以测量创业教育影响的普遍框架"。因此，该测量工具的评价对象为包含基础教育、中等教育以及高等教育在内的各教育阶段的创业教育学

[①] European Commission/EACEA/Eurydice, 2016. Entrepreneurship Education at School in Europe[R].Eurydice Report. Luxembourg: Publications Office of the European Union, 2016：80.

[②] 梅伟惠. 高校创业教育评价的类型与影响因素[J]. 教育发展研究，2011，31（03）：45-49.

[②] European Commission. How to assess and evaluate the influence of entrepreneurship education [EB/OL].[2017-12-13].http://asteeproject.eu.

习者。考虑到欧洲众多国家的文化背景、语言差异以及教育体制等因素，ASTEE 在开发和测试时，重点考虑了评价工具的标准化。一是在核心概念的标准化方面进行了规定。对"创业"和"创业教育"进行界定，参考欧盟委员会以及"丹麦创业基金会青年企业"（the Danish Foundation for Entrepreneurship-Young Enterprise）等多个组织官方界定的权威概念，在广义的创业及创业教育理念指导下，重点对"欧洲公民创业素养"展开测评。二是在题项效度和信度方面进行试测。经过多轮的试测，测量结果显示无论被试者的性别、创业经验、教育背景或国家文化是否相同，他们对问卷题项都有相似的理解。这说明该测量工具可以适用于不同背景的学生。在此基础上，研发时还重点考察了测量工具在测量不同教育阶段学生时，是否具有高的效度。结果显示，表现出意向或有过创业经历的学生在每个范畴的测试中都有十分显著的优势。这说明 ASTEE 评价适用于各个教育阶段。

2. 评价的理论基础。ASTEE 评价，重点考察五个测量维度，分别为"创业技能"（Entrepreneurial Skill）、"创业知识"（Entrepreneurial Knowledge）、"创业思维"（Entrepreneurial Mindset）、"与教育的关联性"（Connectedness to Education）以及"与未来职业生涯的关联性"（Connectedness to Future Career）。通过学生的自我评价，来获得其在每个维度的测量结果。创业技能涵盖了创业不同阶段所需要的认知能力和非认知能力。创业思维的测量主要通过现成的学生自评量表来完成。创业知识则主要着眼于学生对创业知识已有的理解。与教育的关联性则着重讨论学生和老师之间的关系。与未来职业生涯的关联性这方面则包括学生的创业活动、工作经验、内创业行为的偏好以及创办公司意向等内容。

ASTEE 评价工具针对不同年龄段的学生，共设计了初级、中级和高级三个版本的测量问卷。初级版本主要针对 10 至 11 岁学生，中级版本主要针对 16 至 17 岁的学生，而高级版本则面向 20 岁以上的学生。题项的陈述也会根据被测对象的不同而做出调整。ASTEE 不仅可以用于教师了解和评价学生的创业素养以及学习过程，还可以用于评价教师的教学方法、创业教育政策的影响以及对比不同种类创业教育项目所产生的影响。

二、以教师为评价主体:"创业教育测量工具"项目

"创业教育测量工具"项目(the Measurement Tool for Entrepreneurship Education,简称 MTEE)是由芬兰的拉普兰塔理工大学(Lappeenranta University of Technology)研发,欧洲社会基金(European Social Fund)、欧盟委员会、"竞争力与创新框架计划"、芬兰国家教育委员会(Finnish National Board of Education)以及芬兰创业基金联合资助的评价项目。

1. 评价对象。MTEE 项目的评价对象为教师,评价内容包括教学内容、教学模式以及教学方法,该评价工具被认为是"国际创业教育中针对教师的首个自评工具"。[①] 该工具自 2008 年开始研发,2011 年面向芬兰基础教育和中等教育展开使用,2014 年在芬兰全国进行推广,迄今为止已经覆盖了芬兰全国包含基础教育阶段、中等教育阶段以及职业教育阶段在内的全部教师。除此之外,该测量工具在欧洲范围内也十分有影响力,超过 25 个欧洲国家的教师使用该评价工具。与 ASTEE 工具相似,为了便于在欧洲各国推广,该测量工具进行了简化,尝试进行多语言推广,该工具现有英语、芬兰语和瑞典语三种语言版本。英语版本被广泛运用于欧洲青年成就组织资助的"创业型学校项目"(Entrepreneurial School Project)。

2. 评价的理论基础。该工具基于社会建构主义以及社会文化教育视角,认为学习是一个基于文化和情境,具有主动性以及目标导向的社会过程。因此,在工具的设计上充分考虑了政策及管理体系、不同阶段教育视角以及评价体系等三方面因素,从创业及创业教育的核心概念入手,涵盖了与创业教师以及创业教师教育相关的各个方面。依据理论模型,MTEE 评价工具共设计了涵盖 7 个概念维度的 113 个问题,分别涉及创业教育行动、教学方案、网络合作、学习环境、战略和课程、活动文化以及创业教育实践转化等多个相关方面(详见下页表 3.3)。

---

① Elena Ruskovaara, TimoPihkala, JaanaSeikkula-Leino and TiinaRytkola, Creating a measurement tool for entrepreneurship education: a participatory development approach [A]. Developing, Shaping and Growing Entrepreneurship[C].Alain Fayolle, Paula Kyro, Francisco Linan,2015.41-59.

表 3.3　MTEE 评价工具研发的概念和理论框架[①]

基于社会建构主义和社会文化教育概念的有意义的教育和教学	教师作为教育和教学的实施者	创业教育：何为创业教育以及如何开展创业教育	
有意义的学习涉及到： ● 目标 ● 内容 ● 工作方法 ● 学习环境 ● 商业文化 ● 评价 ● 目标	体现教师作为学习者的课程大纲研究	何为创业教育	
		关于创业的教育；为了创业的教育；通过创业的教育	
	教师的自我反思	为了理解创业而学习；为了变得更具创业特征而学习；为了成为创业者而学习	
		自我导向、内部、外部创业	
		何为创业	
体验式学习理论		容忍不确定性	
		创造新的组合	
		利用机会	
		创造机构	
		社会和社会创业	

三、以教育机构为评价主体："高等教育机构创业评价"项目

"高等教育机构创业评价"项目（A Self-assessment Tool for Higher Education Institutions，简称 HE Innovate）是由欧盟委员会和经济合作与发展组织（Organization for Economic Co-operation and Development，简称 OECD）共同推动和研发的在线高等教育机构评价工具。该项目始于 2011 年，现已有 100 多个高等教育机构参与到了评价之中。[②]

1. 评价对象。该工具的评价对象为高等教育机构，通过机构自评的方式，帮助其认清当前形势以及潜在行动领域，从而最终发掘机构的创业和创新潜力。当前，高等教育机构面临着复杂而深刻的内部和外部环境变化，

---

① Elena Ruskovaara, TimoPihkala, JaanaSeikkula-Leino and TiinaRytkola, Creating a measurement tool for entrepreneurship education: a participatory development approach[A].Developing, Shaping and Growing Entrepreneurship[C].Alain Fayolle, Paula Kyro, Francisco Linan, 2015：41-59.

② Heinnovate. Is your Higher Education Institution promoting the development of an entrepreneurial culture[EB/OL].[2017-12-13].https://heinnovate.eu/en.

例如资金来源的变化、国际化和全球化的日益加深以及对学生的就业能力和创业能力的强调等。成为创业型或创新型高等教育机构有利于高校积极应对上述变化。为了方便在欧洲国家进行推广，该评价工具共开发了28个语言版本，面向包括大学、学院、理工院校等在内的所有欧洲高等教育机构，并且不收取任何测评费用。另外，该评价工具也提供了纵向的跟踪评价以及横向的对比评价来帮助机构诊断自身的优势和劣势。

2. 理论模型。该工具对高等教育机构的衡量着重在七个方面：领导力和治理能力、组织容纳力、创业教育和学习、创业者的支持和培养、知识交换和合作、机构的国际化以及测量的影响等。

一是领导力和治理能力。在高等教育机构中发展创业文化，强有力的领导力和良好的治理能力十分重要。很多高等教育机构的未来愿景中都包含了"创业"和"创业精神"的表述，却没有详细的评价和测量。鉴于此，这一维度主要包含以下五个方面内容：一是创业精神是否是机构战略的主要部分；二是机构是否承诺确保创业议程的实施；三是机构是否拥有全校性协调并整合创业活动的模式；四是机构是否鼓励并支持教员和部门更具创业性；五是在地区、社会和社区发展中，机构是否是创业精神和创新精神的驱动力。

二是组织容纳力。组织容纳力是指包含资金、人员和激励措施在内的驱动机构战略实施的能力，具体而言主要包含下列五个方面的内容：一是机构的创业目标是否得到资金的持续支持；二是机构是否有能力发展机构间新的关系和建立协同效应；三是机构是否招聘和吸纳有创业态度、创业行为和创业经历的个体；四是机构在实现其创业愿景时是否愿为教职员工的发展助力；五是机构是否为积极支持创业的员工提供激励和奖励。

三是创业教育和学习。创业教育和学习涵盖了探索创新性教学方法以及培养创业思维的方法，具体而言主要包括三个方面内容：一是机构是否提供多样化的学习机会及经历来发展师生的创业思维及技能；二是机构是否通过承认创业学习结果来推动创业课程的设计和实施；三是创业研究成果是否包含在机构的创业教育之中。

四是对创业者的支持和培养。高等教育机构对在校学生以及教职员工的创业提供帮助也是该评价衡量的标准。初始阶段，机构可以帮助个体反思其创业天赋和发展创业意向。之后，针对有意向创业的个人，机构将对其创意进行评估并提供帮助。机构应当作为一个开放生态系统中的有机部分，而不是在与外界隔绝中运转。评价具体包含了下列六个方面内容：一是机构是否提高了学生和教职员工对创业价值的认识和创业意向；二是机构是否支持学生和教职员工将产生的创意转化为商业创造；三是机构是否为学生和教职员工提供创业培训；四是机构是否邀请来自学术界和行业中有经验的个体来做创业导师；五是机构是否促进了创业者的融资；六是机构是否提供和促进商业孵化。

五是知识交流和合作。知识交流是组织创新、教学与研究进步以及地方发展的重要催化剂。这是一个持续的过程，其中包括高等教育机构的"第三使命"，即通过直接应用或利用知识，促进社会、文化和经济发展。加强合作和知识交流的目的是为高等教育机构和社会创造价值。因此，知识交流和合作也是该评价工具的测量维度之一，对此主要围绕下列五个方面进行设计：一是机构是否致力于与行业、公共部门和社会合作与知识交流；二是机构是否积极发展与利益相关者的伙伴关系；三是机构是否与孵化器、科技园和其他外部项目都有很强的联系；四是机构是否为员工和学生提供就业机会，让其参与商业或外部环境的创新活动；五是机构是否整合了研究、教育和产业活动，发掘新的知识。

六是机构的国际化。国际化指将全球维度融入教育、研究和知识交流的设计和实施之中的过程。国际化并不是一种结果，而是变革和进步的一种手段和工具。它代表了一种对传统教学方法提出质疑，并对利益相关者开放治理和管理的思维方式。因此，它与创业精神联系紧密。高等教育机构想要成为创业型大学需要进行国际化。因此，该工具围绕机构的国际化进行了细分，主要包含下列五个方面：一是国际化是否是机构创业议程的主要部分；二是机构是否明确支持其教职员工和学生国际流动；三是机构是否在招聘中体现国际化；四是国际视野是否体现在机构的教学方法上；五是国际视野是否体现在机构的科研中。

七是测量的影响。创业型或创新型高等教育机构需要了解实施变革所产生的影响。当前的测量通常集中在衍生企业的数量，而并没有聚焦于学生的学习结果或机构为当地经济发展所做出的贡献。在该工具中主要体现在下列六个方面内容：一是机构是否定期评价其创业议程的影响；二是机构是否定期评价其人员和资源是如何支持其创业议程的；三是机构是否定期评价整个机构的创业教授和学习;四是机构是否定期评价对创办新企业的支持;五是机构是否定期评价知识的交流与合作;六是机构是否经常评价其与创业议程相关的国际活动。

四、欧盟创业教育评价的发展趋势

ASTEE、MTEE 和 HE Innovate 是当前欧盟创业教育中广泛使用的三种评价工具,分别代表了创业教育中以学生、教师和机构为不同评价主体的评价类型。随着创业教育发展从初期阶段的关注实体,即创建企业的数量,走向关注价值创造,即个体发展水平,创业教育评价也越来越关注个体发展水平评价,[①] 评价主体也日趋多元。总结上述评价类型和工具,结合当前欧盟创业教育的发展,未来欧盟创业教育评价的发展将包含以下要点。

一是基于创业素养的评价发展趋势。由于欧洲国家众多、语言众多,加之创业教育在各国发展的环境大为不同,因此欧盟所主导的创业教育是一种基于创业核心素养培育的广谱式创业教育。早在 2006 年欧盟委员会和理事会就发布《欧洲终身学习核心素养建议框架》,首次将"首创性和创业"列入欧洲公民终身学习的八大核心素养。之后,欧盟对创业教育的官方定义为"创业教育是使学习者发展相应的技能和思维,能够将创意转化为创业行动的教育。所有学习者都需要这种核心素养,它有助于个体发展积极的公民参与、社会融入和提升就业能力。这种教育有助于创业精神的培养或创业行为产生(不论是否带有商业目的),应贯穿于终身学习过程之中,贯穿于所有学科的学习和所有形式的教育和培训之中"[②]。在此基础上,2016 年结合欧盟《欧洲新技能日程》的正式出台,欧盟委员会将创业核心素养作为一项可以可迁移的横向技能进行了具体细化,出台了涵盖三大素养领域、15 种具体素养、8 个能力进阶模型、442 个学习结果的《创业素养框架》。[③] 该框架的发布有利于在整个欧洲提供一个创业教育的标准

---

① 王占仁,刘志,刘海滨,李亚员.创新创业教育评价的现状、问题与趋势[J].思想理论教育,2016,(8):89-94.

② EUR-lex. Recommendation on Key Competences for lifelong learning[EB/OL].https://eur-lex.europa.eu/legal-content/EN/TXT/?uri=LEGISSUM:c11090,2006-10-10/2018-06-07.

③ European Commission Joint Research Centre. EntreComp: The Entrepreneurship Competence Framework[EB/OL].http://ec.europa.eu/jrc/entrecomp,2016-05-10/2017-12-13.

参照，标志着欧盟突出"核心素养"的创业教育正式走向纵深。[①]2018年，欧盟将2006年版的《欧洲终身学习核心素养指导框架》进行了修订，完全吸收了2016年出台的《创业素养框架》的最新成果，将"首创性和创业"正式改为"创业素养"作为欧洲公民终身学习的八大核心素养之一。[②]可以预见，基于创业核心素养的评价将会是欧洲创业教育的发展重点，也将会是一个研究热点。未来，欧盟及各成员国将进一步推动创业核心素养评价标准的"透明化""可比较性""个性化"以及"终身化"。与此同时，基于创业素养的评价也将极大地促进欧盟创业教育走向"开放"和"终身"。

二是从"关于学习"的评价转变为"为了学习"的评价。和所有教育类的评价相似，随着创业教育发展突破"实体"的价值取向不断走向"开放"，创业教育评价越来越被看作是一种促进个体学习和发展的重要工具。评价的价值归属将不再是"选择"而是"发展"。[③]从目的上，创业教育评价的发展将会避免价值判断，更具诊断性、自省式以及扶持性；从手段的选择上，评价将更加倾向于过程性评价。过程性评价也称为形成性评价，主要是对创业教育实施过程进行监控的一种评价方式。当前欧盟的评价类型中，就有典型的过程性评价，如"创业技能护照"（The Entrepreneurial Skills Pass，简称ESP）[④]是一种国际资质认证，面向参加欧洲青年成就项目（Junior Achievement's Company Programme）的15岁到19岁中学生。该认证包含实践体验、技能评价以及结业考试评价三个阶段，是典型的过程性评价工具。每个阶段，学生都有需要完成的核心任务：第一个阶段学生需要获得一次为期一学年的真实创业实践的经历；第二个阶段要求学生完成创业技能自评，在进行真实创业实践之前进行前测，在实践之后进行后测，

[①] M. Bacigalupo, P. Kampylis, E. McCallum, Y. Punie. Promoting the Entrepreneurship Competence of Young Adults in Europe:Towards a Self-assessment Tool[R].Spain:IATED Academy, 2016.

[②] European Commission. Proposal for a Council Recommendation on Key Competences for lifelong learning 2018[EB/OL].https://ec.europa.eu/education/sites/education/files/recommendation-key-competences-lifelong-learning.pdf, 2018-01-17/2018-06-07.

[③] Thomas Lans and Judith Gulikers.Assessing entrepreneurial competence in entrepreneurship education and training[A].Alain Fayolle.Handbook of Research in Entrepreneurship Education, Volume 3[C].UK:Edward Elgar Publishing Limited,2010:54-67.

[④] Entrepreneurship skill pass. Entrepreneurship experience[EB/OL].http://entrepreneurialskillspass.eu/2017-12-13.

只有完成真实的创业实践经历,以及自我创业技能评价之后,才有机会进入最后阶段;第三个阶段学生需要通过一次考试,在这个过程中,学生可以获得包括创造性思维和问题解决能力、沟通和展示技能、自信和乐观进取的态度、团队合作和领导力、协商和做决策的能力、设置目标和实践管理的能力以及管理风险的能力等在内的各项能力发展。该认证现已在29个国家和地区实施。从"关于学习"的评价转变为"为了学习"的评价,充分彰显"教育性",将会是欧盟创业教育评价发展的另一趋势。

三是创业教育大中小学一体化的评价发展趋势。2006年欧盟委员会联合挪威政府举办主题为"欧洲的创业教育:通过教育和学习培养创业型思维方式"的研讨会。会后,欧盟发布了《欧洲创业教育奥斯陆议程》。奥斯陆议程明确提出欧盟创业教育要构建包括中小学阶段教育、职业教育以及高等教育在内的创业教育战略体系。[1] 此后多年,欧盟成立了专门的工作小组,致力于在各阶段教育中针对创业教育融入和开展情况进行调研,例如2008年针对高等教育的《欧洲高等教育创业调研》、2009年针对职业教育阶段的《最佳实践项目:职业教育和培训中的创业》研究报告、2012年和2016年针对欧洲中小学各阶段的《欧洲学校创业教育:国家战略、课程和学校效果》研究报告以及《欧洲中学创业教育》研究报告。未来欧盟创业教育将继续着眼于各个教育阶段,致力于创业教育大中小学一体化,而欧盟创业教育评价将会为创业教育一体化以及各阶段衔接提供重要参考依据。

---

[1] Commission of the European Communities. Implementing the Community Lisbon Programme: Fostering entrepreneurial mindsets through education and learning[EB/OL].http://eur-lex.europa.eu/legal-content/EN/TXT/PDF/?uri=CELEX:52006DC0033&from=EN, 2006-2-13/2017-12-13.

第四章

基于核心素养发展的欧盟创业教育典型案例分析

基于核心素养发展的欧盟创业教育理念一经提出，立即得到欧洲国家的响应，其中东南欧地区申请入盟的 8 个国家（地区），更是以欧盟创业教育理念为基本遵循和实施依据。东南欧地区是我国"一带一路"战略沿线国家，对其创业教育进行宏观把握和深度分析，有利于我国与这些国家交流与互鉴。欧洲青年企业联盟是欧盟评选的创业教育最佳实践案例，其中"学生推动创业"在国际上独树一帜，是创新创业教育融入非正规教育的典范。教师是创业育人环节中的核心要素，"创业型"教师的理念与实践，是欧盟创业教育独具匠心之处。本章将围绕上述三个案例展开深入研究，为确保研究结论的准确性与科学性，笔者采取文献研究与访谈相结合的方式进行。

第一节 区域协同的育人模式：东南欧创业学习中心

东南欧地区泛指欧洲的东南部地区，近年来学术界以及包含欧盟以及联合国在内很多国际组织对东南欧地区多有提及，但是所包含的具体国家却不尽一致。因此，我们需要根据具体研究内容进行具体的国别界定。本案例中的"东南欧地区"主要是指巴尔干半岛西部，具体国家或地区包括阿尔巴尼亚（Albania）、波斯尼亚和黑塞哥维那（Bosnia and Herzegovina，简称波黑）、克罗地亚（Croatia）、科索沃（Kosovo）[①]、前南斯拉夫马

[①] 本案例仅将科索沃视作一个研究对象，并不承认其为独立国家。全书所涉及的政治立场均与我国政府保持一致。

其顿共和国（the former Yugoslav Republic of Macedonia）、黑山共和国（Montenegro）、塞尔维亚（Serbia）和土耳其（Turkey）。上述 8 个国家（地区）于 2009 年共同签约，成立了区域性创业教育专门机构"东南欧创业学习中心"（South East European Centre for Entrepreneurial Learning，简称 SEECEL）。该中心成立至今，不仅在东南欧地区的创业教育发展历程中发挥了重要作用，乃至对整个欧洲的创业教育走向纵深都发挥了重要作用，多次被欧盟作为优秀实践案例进行欧洲层面的推广。该中心的很多举措，都被作为欧盟创业教育融入正规教育的典型在整个欧洲进行推广。值得一提的是东南欧地区除克罗地亚于 2013 年成功加入欧盟外，其余七国（地区）尚处于申请入盟阶段，我国学者对欧洲创业教育的关注主要集中在欧盟及其成员国，[1][2] 而对欧盟之外，其他欧洲地区的创业教育实践鲜有关注，更没有对申请入盟国家这一类别的专门研究。下面通过将这一地区创业教育放置于欧盟一体化的背景下进行审视与分析，以期使我国学者对"一带一路"战略沿线国家创业教育发展有整体了解，并且加深对欧盟创业教育育人的理解。

一、欧洲一体化背景下东南欧地区创业教育实施动因

近代以来，由于东南欧地区国家众多、民族矛盾较深，这一地区常常被称为"欧洲火药桶"。长期的战乱及政治不安定，导致该地区经济发展缓慢，人民生活水平普遍较低。东南欧地区大力发展创业教育主要基于经济和政治上的双重考虑。

（一）东南欧地区经济发展的迫切需要

东南欧地区宏观经济环境和增长趋势深受欧盟影响。2009 年之前，与欧盟成员国经济普遍增长类似，东南欧地区每年 GDP 增长均值一度达到 5%。2009 年伴随着欧盟深受经济危机影响，成员国经济普遍呈现负增长，东南欧地区各国的经济也陷入负增长，GDP 负增长 2.4%。[3]2010 至 2013

---

[1] 梅伟惠. 欧盟高校创业教育政策分析［J］. 教育发展研究，2010，30（09）：77-81.
[2] 王志强. 一体与多元：欧盟创业教育的发展趋势及其启示［J］. 教育研究，2014，35（04）：145-151.
[3] RCC. South East Europe 2020 Baseline Report towards Regional Growth[EB/OL].https://danube-inco.net/object/document/13767/attach/Towards-Regional-Growth-report--web-FINAL.pdf, 2018-04-13.

年间,尽管东南欧地区经济总体出现复苏迹象,但是受欧元区债务危机的消极影响,经济增长依旧缓慢。当前该地区经济发展水平远远低于欧盟整体水平。以 2013 年加入欧盟的克罗地亚为例,2004 年至 2012 年,该国人均国内生产总值远远低于欧盟 28 国(详见表 4.1)。

表 4.1　2004—2012 年克罗地亚与欧盟 28 国和欧元区 17 国国内生产总值对比(欧盟 28 国 =100)①

国家＼年份	2004	2008	2012
欧盟 28 国	100	100	100
欧元区 17 国	109	109	109
克罗地亚	56	63	62

"创新表现"是欧盟使用的另外一个非常重要的衡量经济活力以及经济发展潜力的指数。按照国家创新能力的不同,欧盟将国家分为"适度创新国家""中等创新国家""强劲创新国家"和"创新领导者"四大类。作为欧盟东扩的第三批国家,克罗地亚属于"适度创新国家",并且发展呈下降趋势(详见表 4.2)。基于振兴经济的迫切需求,该区域将目光投向了发展创业教育。

表 4.2　2010 年至 2016 年克罗地亚创新表现(欧盟 28 国 =100)②

年份	克罗地亚		变化趋势
	2010	2016	
创新表现	56.1	54.7	-1.4

(二)东南欧地区各国加入欧盟的政治诉求

21 世纪伊始,随着欧盟东扩战略的不断实施,特别是欧盟 2003 年提出了向东南欧国家打开大门的"萨洛尼卡进程"(The Ssaloniki Process),

---

① 周弘.欧洲发展报告.2013-2014,欧盟东扩 10 年:成就、意义及影响[M].北京:社会科学文献出版社,2014:6-8.

② European Commission. European Innovation Scoreboard[EB/OL].[2018-04-13].http://ec.europa.eu/docsroom/documents/23882.

第一次赋予了东南欧国家入盟前景。①此后，东南欧国家将入盟作为国家发展的优先任务。2013年7月1日，克罗地亚加入欧盟，成为其第28个成员国，为该地区其他国家申请加入欧盟树立了"样板"，使它们更有针对性也更有信心迈向欧洲一体化。然而，东南欧地区各国的经济状况使得欧盟的态度十分谨慎。欧盟针对东南欧地区入盟设置了一系列的门槛，申请入盟的国家需要被欧盟全方位评估，达标后方有机会入盟。入盟指标中非常重要的一项便是中小企业的发展状况，而"创业学习"便是欧盟中小企业发展评价指标的一个重要维度。为此，东南欧地区国家纷纷把中小企业的发展以及创业学习作为所有政策行动中的优先事项。

2003年，东南欧地区申请入盟国家签署协议，执行《欧洲小企业章程》（the European Charter for Small Enterprises）。②2008年，《欧洲小企业法案》（Small Business Act for Europe，简称SBA）的出台进一步强化了创业学习，在其中第一条原则中便指出着重发展"终身创业学习体系"。该法案强调创业学习是竞争力和竞争型经济的必要条件，可以促进创新和全球竞争力。③申请入盟国家需要实施《欧洲小企业法案》并定期向欧盟委员会提交报告。在此基础上，由欧盟委员会、欧洲培训基金会、欧洲复兴开发银行（European Bank for Reconstruction and Development）和经济合作与发展组织（OECD），协同欧洲小企业法案协调员（SBA coordinators）联合制定了"中小企业政策指数"（SME Policy Index），作为申请入盟国家在入盟进程中的一项规划工具。"中小企业政策指数"中，针对"创业学习"具有详细的测量指标。以2016年的测量指标为例，"创业学习"从"政策发展"和"政策实施"两方面进行评估，共包含衡量指标19个（详见下页表4.3）。由此可以看出，创业教育对于东南欧地区各国家（地区）而言，不仅仅是促进经济发展和教育质量的有利手段，更是他们能够顺利进入欧盟的重要指标，具有非常重要的政治意义。

---

① 徐刚.巴尔干地区合作与欧洲一体化[M].北京：社会科学文献出版社，2016：13.

② South East European Centre for Entrepreneurial Learning. A key competence approach ISCED level 1[EB/OL].http://www.seecel.hr/UserDocsImages/Documents/ISCED1-Entrepreneurial_Learning_A_Key_Competence_Approach.pdf, 2018-04-13.

③ European Commission. "Think Small First" A "Small Business Act" for Europe 2008[EB/OL]. [2018-04-13].http://eur-lex.europa.eu/legal-content/EN/TXT/PDF/?uri=CELEX:52008DC0394&from=EN.

表 4.3　欧洲小企业法案政策指数中"创业学习"维度 [1]

创业学习评估框架	
政策发展	政策实施
1.1 政策伙伴关系	1.4 非正规学习
1.2 政策发展程度	1.5 良好实践交流
1.3 检测和评估	1.6 初中教育：学校
	1.7 初中教育：老师
	1.8 初中教育：学生
	1.9 高中教育：学校
	1.10 高中教育：老师
	1.11 高中教育：学生
	1.12 中学教育后的创业经历
	1.13 职业教育中的创业推广
	1.14 高等教育中的创业学习
	1.15 高等教育与商界的合作
	1.16 在高等教育中的良好实践交流

二、东南欧创业教育的运行机制

在发展战略上，东南欧地区主要从建立区域性专门机构、在正规教育各阶段进行试点以及大力开发"创业学习一揽子计划"学习工具三个维度来确保发展动力，拓宽发展广度，延伸发展深度。

（一）建立区域性专门机构，确保发展动力

早在 2007 年，东南欧地区申请入盟国家（地区）便集体表达了想要围绕"终身创业学习"进行区域性战略合作的迫切需要。[2] 经过两年的酝酿和筹备，2009 年"东南欧创业学习中心"在克罗地亚首都萨格勒布（Zagreb）

---

[1]　OECD/EU/EBRD/ETF/SEECEL.SME Policy Index: Western Balkans and Turkey 2016: Assessing the Implementation of the Small Business Act for Europe[EB/OL].http://dx.doi.org/10.1787/9789264254473-en, 2018-04-13.

[2]　South East European Centre for Entrepreneurial Learning. A Charter for Entrepreneurial Learning: The Keystone for Growth and Jobs[RB/OL].http://www.seecel.hr/UserDocsImages/EL%20-%20Charter%20s%20izjavama%20-%20OP.pdf, 2018-04-13.

成立。该中心是由东南欧 8 个国家（地区）政府以及欧盟委员会联合资助的区域联盟组织。从建立之初，该中心便被定位为欧洲东南部地区人力资源发展和终身创业学习的智库，同时也是欧洲第一个支持发展终身创业学习体系的国际组织。"培养每个孩子的创业素养"[1]是其发展目标。中心主要有五个重点领域，分别为：一是致力于将创业教育融入各级各类教育；二是通过伙伴合作来促进创业教育发展；三是促进高等教育中创新与创业的融合；四是加强网络联系，促进资源共享和优秀案例传播；五是对《欧洲小企业法案》在东南欧地区的落实提供持续支持。

为了进一步深化合作和发展，2012 年中心成员国（地区）进一步签订了《创业学习章程：增长与就业基石 2012》（*Charter for Entrepreneurial Learning: The Keystone for Growth and Jobs in 2012*）。《章程》进一步明晰了作为区域性组织，该中心发展创业教育的两大核心理念：一是终身创业学习的理念。成员国认可创业教育应始于早期教育，并通过后期学校教育不断发展。创业教育的开展应采取正规教育与非正规教育相结合的方式。二是创业素养发展的理念。成员国发展创业教育，并不是着眼于创办实体，而是素养本位的创业教育，即着眼于发展创业学习最终提高个体创业素养。

在组织构成上，东南欧创业学习中心下设国际指导委员会，分别由每个成员国（地区）派出两名代表组成。这两名代表分别来自该国（地区）经济部和教育部，以此确保教育领域和经济领域之间政策的有效衔接。在实际决策中，委员会内共设有九个投票席位，每个成员国（地区）均有一个投票席位，欧盟委员会也拥有一个投票席位。此外，欧洲培训基金会（European Training Foundation，ETF）、经济合作与发展组织和区域合作理事会（Regional Cooperation Council，RCC）等三个国际机构也同时监测中心指导委员会的工作。

在决策机制上，中心遵循开放式协调法（Open Method of Coordination）和循证决策原则（Evidence Based Policy Making）。开放式协调法是 2000 年之后，欧盟在制定经济政策、就业政策以及一些其他领域政策时广泛采用的方法。与只是制定具有约束力的条款不同，开放式协调法允许欧盟成员国共

---

[1] South East European Centre for Entrepreneurial Learning. A key competence approach ISCED level 1[EB/OL].http://www.seecel.hr/UserDocsImages/Documents/ISCED1-Entrepreneurial_Learning_A_Key_Competence_Approach.pdf, 2018-04-13.

同参与目标的制定，并且在后续过程中给予每个国家充分的自主权来达成目标。循证决策原则是教育实验中经常使用的原则。东南欧创业学习中心一般通过三个阶段来完成循证决策。第一个阶段为讨论与开发工具阶段。东南欧创业学习中心从每个国家（地区）选定专家成立工作组，以自下而上的方式提出每个教育阶段中实施创业教育的建议。第二个阶段为战略试点实践阶段。由每个国家（地区）选择一定数量的学校进行试点实践。第三个阶段为评估和分享经验阶段。东南欧创业学习中心对试点学校进行评估，并与各成员国（地区）教育部门进行经验共享，便于进一步实施国家战略发展。

（二）在正规教育各阶段推动创业教育战略试点

在正规教育各阶段开展战略试点是东南欧地区开展创业教育的另外一项重要举措。战略试点选择涵盖小学、中学、高中、职业教育以及高等教育的各正规教育阶段。试点各阶段按照联合国教科文组织国际教育标准分类（UNESCO ISCED Levels of Education）进行划分，主要分为四个阶段（详见表4.4）。其中，国际教育标准分类第2级和第5/6级为东南欧地区创业教育优先发展领域。我们可以笼统称之为初中阶段和高等教育阶段。战略试点均围绕"创业学习结果开发""创业教师教育"以及"创业思维培养"三个共同的主题进行设计。在整个试点体系中，创业素养发展根据教育阶段的不同依次递进，每一阶段学习结果的输出同时也是另一阶段学习结果的输入。2009年至2013年间，试点工作主要在中学和高校中开展。2013年至2016年间，试点工作主要在小学和高中展开。

表4.4 东南欧地区创业教育试点阶段对照表

联合国教科文组织国际教育标准分类（ISCED）	对应教育阶段	东南欧创业教育试点阶段
0	学前教育	无
1	小学教育或基础教育阶段一	ISCED1
2	初中教育或基础教育阶段二	ISCED2
3	高中教育	ISCED3
4	高中后非高等教育（职业教育）	ISCED3
5	高等教育阶段一（不直接获得高级研究资格）	ISCED5/6
6	高等教育阶段二（直接获得高级研究资格）	ISCED5/6

试点学校的选择非常严格。在流程上，需要由成员国（地区）经济部门和教育部门联合提名，同时还需达到东南欧创业学习中心所设标准。中学阶段和高等教育阶段是两个重点试点领域，下面以这两个阶段为例进行详述。

一是中学阶段的试点。每个国家（地区）可以选择四所学校参与试点，并且所选学校需在创业教育方面具有一定代表性。同一国家（地区）的四所学校需要分别从"语言类""社会科学类""科学类"及"艺术、体育和技术类"四个领域中任选一类，且不能重复。从而确保创业教育在中学的试点可以融入各个学科门类中。与此同时，试点学校还需要在软硬件上达标，标准涵盖"需有可搭乘的公共交通工具""每个年级中至少有两个平行班""具备运用信息技术进行授课的条件""学校网站必须可用""学校管理团队的成员能够用英语交流""学校与家长和当地政府具备良好合作关系""学校教师对创业学习持积极态度""教学人员熟悉互动式教学方法""学校管理层有项目实施和预算制定经验"以及"教学人员和学校管理层熟悉自我评估和外界评估"[①]等共十项内容。与此同时，在评估环节上也进行了六个方面的详细规定[②]：一是试点学校需提供试点实施的最终报告；二是试点学校需设计不少于十个教案；三是试点学校需提供教学大纲；四是教师以及学校管理人员需要在试点前和试点后填写调查问卷；五是试点学校需要提供教师个人发展计划；六是试点学校间需定期相互参观学习。

二是高等教育阶段的试点。每个国家（地区）需选择两所高等教育机构参与试点，其中一所需为教师培训机构，一所为非商科高校。选择教师培训机构进行试点，可以确保为基础教育领域储备师资，达到创业教育在大中小学阶段相衔接的目的。选择非商科高校进行试点，可以引导创业教育在商学院之外进行开展，最大程度保证其广泛参与性。一般而言，试点高校需满足下列六个条件：一是拥有创业学习的成功实践范例；二是有条件实施创业学习自我评价和外部评价；三是可以支持终身学习；四是有条

---

① South East European Centre for Entrepreneurial Learning. A key competence approach ISCED level 2[EB/OL].http://www.seecel.hr/UserDocsImages/Documents/Documents%20Section/SEECEL%20-%20Entrepreneurial%20Learning%20ISCED%20Level%202.pdf, 2018-04-13.

② 同上。

件参与国内和国际网络交流；五是在创业学习方面拥有一定经验；六是做好准备为试点重新设计发展战略和目标[①]。不难看出，与中学相比，高等教育阶段试点标准的设置比较宽松，只是针对一些最低标准进行了规定，充分给予高校自主权，从而达到鼓励更多高校参与试点的目的。

（三）大力开发"创业学习一揽子计划"专门工具

开发创业教育专门工具，提升专业化水平，是东南欧地区创业教育发展战略中的又一重要举措。自成立以来，中心便组织专家大力开发名为"创业学习一揽子计划"的专门工具，创业学习一揽子计划包含"创业型公民目标和抱负""创业学习结果""教学方法""评估方法""创业型学生"和"创业型社会"等六大方面（详见下页图4.1）。其中，"创业型公民目标和抱负"以及"创业型社会"是开展创业教育的最高目标。学校的职能是培养"创业型学生"，需要为学生提供创业学习机会。而创业学习包含"学习结果""教学方法"以及"评估方法"等不同要素。在创业学习一揽子计划中，所有环节都围绕着学生、教师以及学校三个方面进行。

1. 学生方面

东南欧创业学习中心将重点放在学习结果的开发上。学习结果涵盖不同的教育阶段，不仅可用于个人课程学习计划，还可用在国家间的教育资格认证中。在实际的研究中，专家组依据布卢姆分类学，从"知识""理解""应用""分析""综合"以及"评估"六个层次[②]，循序渐进地以个人陈述的形式最终呈现学习结果。中心负责对每个教育阶段开发学习结果，而学校需根据自身实际制定某一学科课程大纲层面的学习结果。学校需要将学习结果融入每一门课程之中，而不能仅将其应用在单独科目或课外活动之中。以中学为例，该阶段学习结果实施主要可以分为"语言类""社会科学类""科学类"和"艺术、体育和技术类"这四类课程领域以及"校本活动"这一类活动领域。"语言类"涵盖的课程有母语和外语，"社会科学"涵盖的课程有历史和地理，"科学类"涵盖的课程有数学、

[①] South East European Centre for Entrepreneurial Learning. A key competence approach ISCED level 5/6[EB/OL]. http://www.seecel.hr/UserDocsImages/Documents/Documents%20Section/SEECEL%20-%20Entrepreneurial%20Learning%20ISCED%20Level%205-6.pdf, 2018-04-13.

[②] Krathwohl, D. R. A Revision of Bloom's Taxonomy: An Overview. Theory into Practice[J]. 2002, 41(4), 212-218.

物理、化学和生物,"艺术、体育和技术类"涵盖的课程有音乐、视觉艺术、体育及技术教育。"校本活动"可以细化为课外拓展、专题报告以及项目等①。

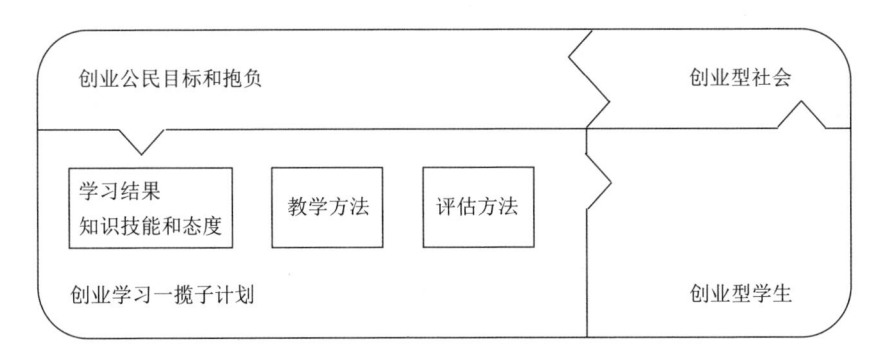

图 4.1 创业型社会发展和创业学习一揽子计划②

（图示内容：创业公民目标和抱负 → 学习结果 知识技能和态度、教学方法、评估方法 → 创业型社会；创业学习一揽子计划 → 创业型学生）

2. 教师方面

东南欧创业学习中心主要围绕职前教师培训以及职后教师发展这两个重要环节进行工具设计,将"了解创业""了解学生创业素养""发展学生创业特质"以及"了解创业型学校和学会利用学校环境"四项内容作为教师教育优先培训领域。职前教师培训主要依托高校来完成。高校专门针对基础教育阶段教师培养设计学习结果。职后教师培训主要依托地方学校,以在职培训的方式进行。在职教师培训对象并不局限在课任教师,还应包括学校的其他教职员工。

在内容上,教师培训分为基础模块和高级模块两大类(详见下页表4.5)。基础模块的培训面向全体学校教职员工,培训的目标是让学校所有员工了解创业学习,熟悉教师培训的四个优先领域,并鼓励其在行为上更具创业性。基础模块的培训一般是 5 至 7 个小时。高级模块的培训主要面向与教学直接相关的教师,培训的目标是教师可以熟练掌握创业教学,可

---

① South East European Centre for Entrepreneurial Learning. A key competence approach ISCED level 2[EB/OL].http://www.seecel.hr/UserDocsImages/Documents/Documents%20Section/SEECEL%20-%20Entrepreneurial%20Learning%20ISCED%20Level%202.pdf, 2018-04-13.

② SEECEL.A key competence approach ISCED level 3[EB/OL].http://www.seecel.hr/UserDocsImages/Documents/ISCED%203%20-%20A%20Key%20Competence%20Approach.pdf, 2018-04-13.

以开发教材并与当地社区沟通。高级模块培训时长一般为 25 至 30 小时。

表 4.5 中学教师培训指导框架[①]

优先领域	基础培训	高级培训
创业	创业者的定义、类型、关键特点及重要性	掌握创业知识、技能和态度
学生的创业素养	素养的概念以及将创业作为核心素养	基于学习结果开发教材
学生创业特质	开发并支持学生创业特质的教学方法	教学和评估方法
		学生职业生涯建议
创业型学校和环境	学校作为实现创业型社会的一个变革单位	与当地社区沟通

3. 学校方面

东南欧地区的创业教育十分强调"创业型学校"的概念。创业型学校并不是要学校变成企业或使学校文化趋于商业化，而是指在学校日常生活中以及在当地社区范围内，学校作为一个变革中心，鼓励个体创业学习，最终促进个体创业思维的形成。创业型学校通过对教师、学生以及家长产生影响而最终形成改变周围环境的合力。东南欧创业中心还专门制定了不同教育阶段创业型学校的衡量指标，以高中阶段为例，创业型学校的评估，共涵盖十项指标，具体包括"创业愿景和使命""创业发展计划""管理层的目标和任务""教师的目标和任务""在课程中实施创业学习结果""整合资源""为教师及员工提供规划并实施培训""学校积极的社区参与""积极推进创业文化和创业思维"以及"积极推广创业学习方面的成就"[②]。

三、东南欧创业教育的发展特点分析

身处欧洲一体化进程之中的东南欧地区，创业教育发展伊始便具有很强的目的性，其发展创业教育呈现战略导向"欧盟化"和"区域化"、各教育阶段学习结果递进发展以及职前教育与职后教育相衔接三个主要特点。

---

① South East European Centre for Entrepreneurial Learning. A key competence approach ISCED level 2[EB/OL].http://www.seecel.hr/UserDocsImages/Documents/Documents%20Section/SEECEL%20-%20Entrepreneurial%20Learning%20ISCED%20Level%202.pdf, 2018-04-13.

② SEECEL.A key competence approach ISCED level 3[EB/OL].http://www.seecel.hr/UserDocsImages/Documents/ISCED%203%20-%20A%20Key%20Competence%20Approach.pdf, 2018-04-13.

(一)创业教育战略导向"欧盟化"和"区域化"

东南欧地区迫切希望早日加入欧盟的政治诉求,导致其创业教育战略导向呈现"欧盟化"和"整体化"两个发展向度。

一是战略导向的"欧盟化"。"欧盟化"主要是指战略受欧盟影响深入,主要体现在下列三个方面:一是发展理念的一脉相承。首先,在核心概念上完全参考欧盟官方定义。东南欧地区创业教育所采用的核心概念均来自欧盟。例如,"核心素养""创业型学校""创业型教师""创业型学生"以及"中小企业"等核心概念均引用欧盟文件。其次,在发展取向上与欧盟完全一致。自从2006年欧盟将创业素养纳入终身学习八大核心素养开始,素养本位的创业教育便是欧盟创业教育的根本定位,也是欧盟官方创业教育文件的核心话语方式。在这一理念的影响下,创业教育的"欧盟模式"逐渐形成,[①]主要表现为三个特征:一是创业教育由政府以及各级组织"自上而下"大力推动;二是创业教育最终的价值取向是发展个体创业素养;三是主张创业教育融入各级各类教育,从而实现创业教育终身化。东南欧地区创业教育发展完全遵照欧盟模式。二是重要政策的基本遵循。东南欧地区创业教育在发展的过程中,先后以欧盟出台的《欧洲小企业宪章》《欧洲小企业法案》为政策依据,明确指出该地区发展创业教育的一个重要目的便是对《欧洲小企业法案》进行支持。在此基础上,欧盟出台的与创业教育相关的所有政策,均得到了东南欧地区不同程度的吸收和借鉴。三是欧盟的持续参与。东南欧地区发展创业教育的各个环节都有欧盟的参与。欧盟不仅对东南欧地区创业教育发展提供资金资助,而且在专门工具的开发以及创业教育的评估方面,也提供专家支持。

二是创业教育战略导向的"区域化"。东南欧地区创业教育在东南欧创业学习中心的带领下,战略发展趋于"区域化"。"区域化"特征主要体现在创业教育战略制定和实施时,各国(地区)的"个性"并不是其考虑的重点,重点是区域的"整体性"和"一致性"。个中原因与欧盟在该地区实施政策导向密不可分。东南欧创业学习中心的8个签约方,均是冷战后从南斯拉夫解体的国家(地区)。这8个国家(地区)政治、民族、宗教等问题彼此牵连,任何一方的问题都有可能在整个区域层面显现出来。

---

① 王占仁,常飒飒.欧盟"创业型教师"教育研究[J].比较教育研究,2017(6):20-27.

西巴尔干国家的入盟进程事实上可以看作"区域国家各自的欧洲化"以及"整个区域的一体化和欧洲化"①，而后者恰恰是欧盟在评估以及投放资助时特别关注的。东南欧地区希望通过在该区域整齐划一的实施创业教育，使欧盟"另眼相看"。克罗地亚作为唯一已加入欧盟的国家，在8个签约成员中不遗余力地不断推动创业教育在该地区的"整体化"，从而希望欧盟看到其发挥"头羊"和"样板"的作用。

（二）各教育阶段创业学习结果递进发展

东南欧地区创业教育的第二个突出特点便是各教育阶段创业学习结果递进发展，非常有益于创业教育在正规教育中的一以贯之。学习结果描述了每个学生在完成各阶段学习时需要了解、理解以及做到的内容。学习结果的开发围绕"创业核心素养"这个核心概念进行。由于欧盟将"核心素养"细分为知识、技能和态度三个维度，因此东南欧地区也按照上述三个维度来设计学习结果指标体系。学习结果指标体系涵盖小学、中学、高中以及大学四个阶段，数量多达185项（详见下页表4.6）。

各阶段学习结果相互衔接，核心素养的发展由弱到强。下面以"知识"维度为例，详细介绍和分析四个不同教育阶段学习结果。小学阶段创业知识维度的学习结果共有14项，中学阶段共有13项，高中阶段共涵盖17项。学习结果的设计随着教育阶段的递增，由易到难。小学阶段是启蒙阶段，以培养学生对创业相关经济概念了解为目的，例如"描述一位创业者""意识到周边环境中的稀缺性""描述不同的工作或职业"以及"列出创业想法的实例"等。学习结果陈述多用"描述""列出"等动词。中学阶段对学生创业知识的要求比小学阶段更高一层，在原有对概念以及具体事例考察的基础上，融入了个体理解。例如"定义并解释成为创业者和进行创业活动的区别""阐释稀缺性迫使个体做出决策的原因""比较利益和成本"以及"确定不同的工作机会"等。这个阶段学习结果的陈述所用到的动词也更加多样，涵盖了"解释""确定"以及"认识"等动词。高中阶段创业学习是增强模式，学生不仅需要十分熟悉基本的经济和金融概念，而且应该熟练应用所学知识和技能，更加主动和自信，对社区需求和自身发展采取更为

---

① 刘作奎.国家构建的"欧洲方式"：欧盟对西巴尔干政策研究：1991-2014［M］.北京：社会科学文献出版社，2015：100-120.

积极负责的态度。高中阶段的创业学习一方面是为加入劳动力市场做准备，另一方面也是为进入大学做准备。学习结果多用"分析""制定""说明"以及"评估"等认知级别更高的词语表达。

表 4.6　创业学习各阶段学习结果指标一览表

阶段	知识	技能	态度
ISCED1	14	14	6
ISCED2	13	13	6
ISCED3	17	14	12
ISCED5/6（非商科）	14	18	8
ISCED5/6（教师培训）	15	13	8
总计	73	72	40

高等教育阶段的学习结果开发分为两个部分，一类面向非商科类普通专业学生，以促进个体创业素养发展为目的；另一类为将来要选择做教师的学生设计，以培养优质的基础教育创业师资为目的，这部分的学习结果主要强调与基础教育阶段学习结果相衔接。面向非商科类普通专业学生的学习结果设计，按照创业的深入程度，共分为"创业文化""创业过程"以及"创业实践"三个模块。三个模块的发展循序渐进，"创业文化"模块旨在帮助学生在特定的文化中发现自己的创业潜能，并激发学生主动掌握未来职业发展的意识。这一模块不仅包含基本概念的理解，还包含对责任感、冒险精神、自信心、团队合作等意识的培养。"创业过程"模块围绕创意的产生、识别以及评估展开，旨在帮助学生发展基本的商业素养以及项目管理的能力，使学生有能力进一步实现自己的创业潜力。"创业实践"模块旨在使学生获得一手的创业技能，帮助学生（主要是拥有项目创意的群体）在实际环境中发展其创业计划。这个模块着重强调"完成"，而不是对创业计划书的简单描述。另外，这个模块还强调管理、谈判、网络联系以及企业环境和企业支持。

（三）创业教师职前教育与职后教育相衔接

创业教师职前教育与职后教育相衔接是东南欧创业教育发展的另一显著特点。职前教育阶段主要依托高校来组织，职后教育主要依托地方中学来实施。两个环节相衔接体现在工作机制以及学习结果上。

一是高校与中学协同工作机制。东南欧创业学习中心从下列两方面进行工作机制创新：首先，在高等教育阶段和基础教育阶段战略试点时，要求高校需派至少一名教师与中学试点阶段专家组一起工作，从而确保在开发职前教师培训模块时可以充分考虑中学创业教育授课内容。二是在试点高校选择中，要求各国家（地区）必须涵盖一所教师培训机构。教师培训机构负责对基础教育阶段的教师进行培训，从而确保高校的试点成果可以迅速传递到基础教育师资中去，基础教育师资问题也可以依托高校来解决。

表4.7　中学阶段和高等教育阶段（职前教育）学习结果对比

创业素养：态度维度		
序号	ISCED2	ISCED5/6 教师职前培训
1	负责按时完成任务、履行义务	负责按时完成任务、履行责任
2	主动与个人和团体进行交流	主动与个人和团体进行交流
3	展现独立的工作能力	展现独立工作的能力
4	展现尊重他人的能力	展现尊重他人的能力
5	展现接受创新和变革的能力	展现接受创新和变革的能力
6	展现对公共利益的责任	展现对公共利益的责任
7		对创业者和创业展现积极的态度
8		展现和促进创业中有社会责任感的行为和伦理

二是学习结果内容一致。高校职前培训环节针对中学教师共开发了包含15项知识维度指标、13项技能维度指标、8项态度维度指标在内的学习结果，而中学阶段教师培训内容分别包含13项知识维度指标、13项技能维度指标和6项态度维度指标。通过内容的对比分析，我们发现指标描述高度一致。其中技能维度指标完全一致，在知识维度和态度维度上，除了涵盖中学的全部指标外，高校职前培训环节各多出2项。下面以态度维度指标为例，进行详细说明（详见表4.7）。高校职前培训环节指标为8项，中学指标为6项，其中在"负责按时完成任务、履行义务""主动与个人和团体进行交流""展现独立的工作能力""展现尊重他人的能力""展现接受创新和变革的能力"以及"展现对公共利益的责任"方面完全一致。只是在高校职前培训环节增加了"对创业者和创业展现积极态度"以及"展现

和促进创业中有社会责任感的行为和伦理"两个指标。

第二节 "自下而上"的组织模式：欧洲青年企业联盟

欧洲青年企业联盟（European Confederation of Junior Enterprises，简称 JADE）是一个完全由高校青年学生自主运营，以"学生推动创业"为发展口号的非营利性学生组织。从 1967 年欧洲第一个青年企业的诞生算起，至今发展已有 50 年的历史。截止到 2017 年，欧洲青年企业联盟已经发展为一个地跨 14 个欧洲国家，拥有 300 个青年企业，每年有 4000 个项目产生，年营业额高达 1400 万欧元，每年约有 26000 余名大学生参与的学生创业组织。[①] 纵观我国高校创业教育的发展模式，更多体现为以政府或者高校为主的"自上而下"驱动模式，而以高校学生组织为主要推动力"自下而上"的驱动模式还比较少，学界也鲜少关注。当前，正值我国高校深化创新创业教育改革之际，国务院办公厅专门印发《关于深化高等学校创新创业教育改革的实施意见》，全面部署深化高校创新创业教育改革工作。在此背景下，我们选取欧洲青年企业联盟作为个案，研究欧洲高校学生组织的建立、运行及成效，以期对我国高校创新创业教育的改革和发展有借鉴意义。

一、欧洲青年企业联盟的发展轨迹

1967 年，欧洲第一个青年企业诞生于法国巴黎。传统高校创业教育往往着眼于课程体系建设，需要大量的资金和人力资源投入，而青年企业以不需要外界资金及人力额外投入，最大限度调动学生积极性等优势在欧洲高校迅速发展起来。之后的短短数年，欧洲不同国家中，相继出现了青年企业。在此背景下，在整个欧洲范围内建立一个统一的组织来促进不同青年企业间相互学习、交流与合作显得迫在眉睫。1992 年欧洲青年企业联盟应运而生。联盟旨在建立整个欧洲高品质大学生创业人际网络，吸引企业、政策制定者以及学术界的共同关注，从而达到培养大学生创业精神，促进欧洲创业文化形成的发展愿景。

---

① European Confederation of Junior Enterprises. The Junior Enterprise Concept[EB/OL].http://www.jadenet.org/.2017-11-10.

欧洲青年企业联盟在成立之初便提出"学生推动创业"（Students Fostering Entrepreneurship）的发展口号，[①]先后在荷兰、葡萄牙、意大利、瑞士和法国五个国家设立国家青年企业联盟。经过多年的发展壮大，现在参与成员国家已经扩大到德国、法国、奥地利、比利时、意大利、波兰、葡萄牙、罗马尼亚、瑞士、荷兰以及阿尔巴尼亚等14个欧洲国家和地区。联盟现已成长为一个每年有2万多名学生参与活动的组织。学生参与程度高使得青年企业往往在当地拥有很高的社会认可度，并且在欧盟针对高等教育现有创业教育项目的调研中，青年企业联盟的教育效果最佳。青年企业联盟内部统计数据显示，在联盟以往创办青年企业的学生中，大约21%的人在毕业后的3年内创建了自己的公司，而欧盟的平均水平只有4%至8%。[②]

（一）"自上而下"战略拉动模式的欧洲创业教育

与欧洲青年企业联盟发展较早，并且完全由学生组织推动有所不同，欧洲创业教育的大力发展时间比较晚，并且发展动力主要来自于欧盟委员会以及成员国政府的战略拉动。20世纪末，受到全球经济危机的影响，欧洲经济开始下滑，2008年以来欧洲更是出现了50年以来最严重的失业现象，失业人口多达2500万。[③]经济重振成为了摆在欧洲各国面前的头等大事。在此背景下，欧盟及欧洲各国开始认识到创业对促进就业和提升欧洲竞争力的重要性。从2000年欧盟提出"里斯本战略"[④]，到2013年提出的《2020创业行动计划——重燃欧洲创业精神》[⑤]，再到2016年欧盟提出的《创业素养框架》[⑥]，不到20年的时间，以欧盟为代表的欧洲各级组织试图构建

[①] European Confederation of Junior Enterprises. The Junior Enterprise Concept[EB/OL]. http://www.jadenet.org/.2017-11-10.

[②] 同上。

[③] European Commission. Entrepreneurship 2020 Action Plan[EB/OL]. http://eur-lex.europa.eu/legal-content/EN/TXT/PDF/?uri=CELEX:52012DC0795&from=EN.2017-11-27.

[④] Commission of the European Communities. The Lisbon Strategy—Making Change Happen[EB/OL]. http://ec.europa.eu/transparency/regdoc/rep/1/2002/EN/1-2002-14-EN-F1-1.Pdf.2018-04-02.

[⑤] European Commission. Entrepreneurship 2020 Action Plan[EB/OL]. http://eur-lex.europa.eu/legal-content/EN/TXT/PDF/?uri=CELEX:52012DC0795&from=EN.2017-11-27.

[⑥] European Commission. EntreComp: The Entrepreneurship Competence Framework[EB/OL]. https://ec.europa.eu/jrc/en/publication/eur-scientific-and-technical-research-reports/entrecomp-entrepreneurship-competence-framework.2018-04-02.

一个创业教育战略体系，将创业精神融入包含中小学阶段教育、职业教育以及高等教育在内的整个教育体系，使欧洲人具有创业思维，最终在欧洲形成创业文化。

各级组织和政府的战略政策拉动是当前欧洲创业教育发展的主要模式。以往我国学者对欧洲创业教育的关注也主要集中在此模式。①该模式下呈现的主要特征便是政府等外部力量通过政策、项目、资金等方式和手段，不遗余力地"自上而下"推动创业教育。

（二）"自下而上"学生推动模式对"自上而下"战略拉动模式的有益补充

欧洲青年企业联盟的主体是高校学生，完全由学生推动，因此，其发展过程呈现出"自下而上"发展的显著特征。学生作为参与和受益的主体，参与的热情以及投入程度非常高。与此同时，"自下而上"学生推动模式作为"自上而下"战略拉动模式的有益补充，得到了欧盟委员会的高度认可，被认为是将大学教育与商业实践联系在一起的典范。②欧洲议会前议长马丁·舒尔茨（Martin Schulz）曾高度评价青年企业以及欧洲青年企业联盟在欧洲创业教育中所起的作用，认为"欧洲青年企业联盟在大学和真实市场之间架起了一座桥梁"。欧盟委员会主席让-克洛德·容克（Jean-Claude Juncker）认为"欧洲青年企业联盟通过帮助欧洲青年发展技术能力和软技能，正在培养下一代的欧洲创业者。"③

二、欧洲青年企业联盟的运行机制

"青年企业"是完全由欧洲高校大学生或研究生建立并管理的非盈利性学生组织。和一般意义上的学生组织相比，青年企业拥有更多的实践机会，学生会积累更多的实践经历。和大学期间学生实习或者工作相比，青年企

---

① 徐小洲，梅伟惠.高校创业教育的战略选择：美国模式与欧盟模式［J］.高等教育研究，2010，31（6）：98-103.

② European Commission. The Oslo Agenda for Entrepreneurship Education in Europe[EB/OL]. https://ec.europa.eu/docsroom/documents/8968/attachments/1/translations/en/renditions/pdf.2017-11-27.

③ European Confederation of Junior Enterprises. Annual Report 2016-2017 JADE – European Confederation of Junior Enterprises[EB/OL].http://www.jadenet.org/jade-annual-report-2017.2017-11-27.

业的实践不是普通意义上的，而是专注于发展学生创业素养的实践（详见图 4.2）。青年企业与实际公司的运营极其相似，是由理事会进行管理，同时需要遵守相应的企业管理规程；但它又不是真正意义上的公司，并不以营利为目的。学生利用创办和参与青年企业，成为青年创业者。青年创业者在学习的同时通过青年企业实践，打破大学教育与社会相对割裂的藩篱，最终对同辈以及周围环境产生积极的影响。

除了提出"学生推动创业"的发展口号之外，联盟还积极倡导包含"创业文化""个体发展""主动参与""专业发展""社会责任""开放思维"和"跨文化交流"在内的六种核心价值理念。需要指出的是，联盟提倡的"青年企业"的理念是基于"将创意付诸实践"的广谱式创业教育理念所提出的。广谱式创业教育理念一直是欧盟所提倡的创业教育理念。欧盟在2008 年《高等教育中的创业课程，特别是非商业研究》中明确提出，创业教育应该走向培养年轻人的"创业思维"（Entrepreneurial Mindset），并主张"创业教育的益处不应局限于创业、创新的企业与新工作机会。创业代表的是一个人将创意转化为行动的能力，而这是一切的根本，可以帮助青年让他们不管做什么事都能充满创意与自信"。①

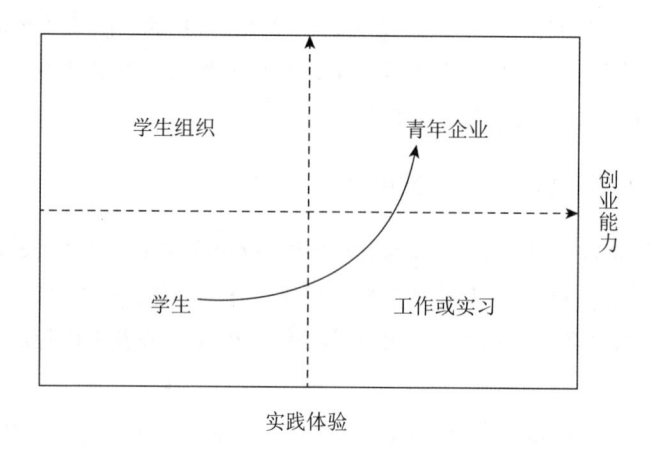

图 4.2 青年企业的定位

---

① European Commission. Entrepreneurship in higher education, especially within non-business studies[EB/OL].https://ec.europa.eu/docsroom/documents/8969/attachments/1/translations/en/renditions/pdf.2017-11-27.

（一）青年企业、国家层面、超国家层面的三级组织结构

联盟的组织结构主要涵盖青年企业、国家层面、超国家层面三个层级。第一层是青年企业的自我发展。每个青年企业需要有自己的代表，负责企业的创建及运营。第二层为国家层面的联盟。国家层面的联盟负责本国青年企业的建立，并组织国内青年企业进行交流和资源共享。第三层为超国家层面的联盟。欧洲青年企业联盟进行统筹协调及资源的整合。在超国家层面，联盟常设有两个委员会，分别为联盟执行委员会（JADE Executive Board）和联盟全委会（JADE One Big Team）。执行委员会负责联盟日常的运行，而全委会为联盟的决策机构，每个国家分别有一到两名代表，通常以投票的方式决策资源的分配以及联盟今后的战略发展。执行委员会的人选由全委会投票确定，而全委会的人选，由各国青年企业联盟确定。各国青年企业联盟的成员由本国青年创业者确定。国家层面的联盟除了根据本国青年企业发展设立的管理人员外，还特殊设有一名国际联络员。国际联络员负责本国青年企业联盟对外交流以及配合欧洲联盟的各项工作。

执行委员会是联盟的最高管理机构，设立在联盟总部比利时的布鲁塞尔。通常每一届任期为一年，从当年8月1日开始到第二年7月31日结束。执行委员会岗位面向欧洲范围内所有经营青年企业的创业者招募，招募时间为每年3月份。任何青年创业者想要拥有欧洲层面管理经历，增强自身管理技能，发展项目管理、团队合作经验以及跨文化工作的经验，都可以提出申请。执行委员会共设有四个岗位，分别为主席、副主席、秘书长和财务部长。主席主要负责联盟的战略管理、国际关系、扩大以及交流。副主席负责联盟的活动、合作和总部管理。秘书长主要负责合作网络质量、国际交流、法律事务、技术支持以及人力资源。财务部长主要负责公共事务、财务管理、培训以及校友管理。

除执行委员会外，联盟面向欧洲青年创业者招募的另外一个岗位为项目经理，属于执行委员会下设的管理岗位。项目经理岗位一般根据联盟具体工作重点和战略安排设定，直接对执行委员会负责。与执行委员会人员需要在布鲁塞尔工作不同，项目经理可以选择在布鲁塞尔全职工作，也可以选择在本国边学习边工作。项目经理可以与本国的青年企业联盟进行工作与沟通，但是不能在本国青年企业联盟任职。项目经理的招募一般为每年9月和次年1月两次。

近年来,随着"青年企业"概念在全球的兴起,欧洲青年企业联盟也在全球层面积极开展工作,推动世界各国青年的创业实践。联盟先后与巴西、美国、加拿大等20多个国家(地区)青年企业联盟开展合作,将每年的11月22日定为"世界青年企业日"。2016年,联盟倡导并建立了青年企业全球理事会(the Junior Enterprise Global Council)。[1]

(二)标准化的青年企业建立流程

当学生有创建青年企业的愿望时,联盟会为学生提供专业的"拓展团队"(Enlargement Team),来帮助学生个人将其创意拓展为青年企业。另外,为了简化青年企业的建立流程,鼓励更多的学生建立青年企业,联盟发展了一套标准化程度很高的青年企业建立流程(详见图4.3)。学生个体通过"寻找团队成员""创建商业模式""建立组织结构和发展战略""加入青年企业网络""加入青年企业委员会""拥有投票权"等六个步骤,便可以加入到联盟中来。值得一提的是,联盟充分利用了欧盟现有的高等教育资源的便利,在欧洲各国发展青年企业。例如欧盟现在实施的"伊拉斯谟斯"计划(Erasmus)要求欧洲高校学生需要在不同的欧盟国家完成学业。联盟针对参加该计划的学生出台系列措施进行帮扶,鼓励其在国外期间建立青年企业,从而扩大青年企业在欧洲范围的影响力。

青年企业的类型比较多样。它们既可以是拥有某项技术发明的公司,也可以是为其他公司和机构提供创业计划、制定营销战略、实施市场调查以及提供包括工程项目咨询在内的多项咨询服务的公司。一般而言,高校学生建立青年企业首选的领域为商业、经济、工程、管理以及信息技术。他们通过青年企业这种形式将理论联系实践,利用自己所学的专业知识来向公司、非营利性机构和社会提供服务。

寻找团队成员 → 创建商业模式 → 建立组织结构和发展战略 → 加入青年企业网络 → 加入青年企业委员会 → 拥有投票权

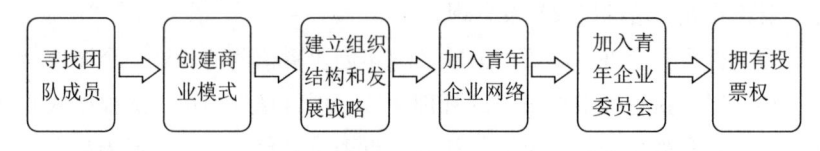

图4.3 青年企业建立流程图[2]

---

[1] European Confederation of Junior Enterprises. A success story from Janus consultants, Germany[EB/OL].[2017-11-30].http://www.jadenet.org/news/.

[2] Create a Junior Enterprise. Discover the steps to create a junior enterprise[EB/OL].[2017-12-27]. http://www.jadenet.org/create-a-je/.

（三）多元化的联盟业务领域

一是成功搭建青年创业者交流平台。联盟多年来致力于为青年创业者搭建合作和交流平台，现已形成了包含"欧洲青年企业联盟春季会议"（JADE Spring Conference）、"欧洲青年企业联盟夏季会议"（Summer JADE conference）、"欧洲青年企业联盟秋季会议"（JADE Autumn Conferences）、"世界青年企业大会"（Junior Enterprise World Conference）以及"开放创新挑战赛"（Open-Innovation challenge）等多个品牌活动，成功为来自世界范围的青年创业者搭建了合作和交流的平台。这些平台各有侧重，为青年创业者提供个性化的服务。例如"欧洲青年企业联盟春季会议"是每年在联盟总部举办的规模最大的国际性会议。会议评选出当年度的"欧洲最佳青年企业奖"，在所有青年企业中进行宣传和推广。2017年的会议共有来自28个国家和地区的近300余青年企业代表以及96所高校代表参会，共举办小型研讨会28场。[①]

二是提供专业化的培训。联盟的另外一个战略领域是为青年创业者提供专业化的培训。这里的培训不同于以往请专家来为学生做培训，而是请有过创建青年企业经验的青年创业者担当培训师的同辈培训。通过同辈培训可以达到双赢，一方面新手的青年创业者可以得到创办青年企业最一手的创业经验，另一方面可以发挥青年创业者校友资源，增强其归属感以及荣誉感。青年创业者成为培训师需要经过为期一周的培训，培训结束联盟会为其颁发培训师资格认证。目前，联盟有两个培训旗舰项目，分别是"联盟学会"（JADE Academy）和"教母项目"（Godmother Program）。[②]前者是针对青年创业者成为培训师的项目，后者是成熟青年企业帮扶新创青年企业的项目。

三是积极拓展伙伴合作。在伙伴合作方面，联盟一方面通过建立"导师委员会"（JADE Advisory Board）的方式，寻求外部的专业化指导。"导师委员会"成员分别来自欧洲商会和工业协会（Eurochambres）、欧洲商会（Business Europe）等各欧洲商业组织，具有多年资深的商业经验。另

---

① European Confederation of Junior Enterprises. JADE Events[EB/OL].http://www.jadenet.org/events/,2017-12-27.

② European Confederation of Junior Enterprises. Are you a member of JADE[EB/OL].http://www.jadenet.org/opportunities/,2018-04-02.

一方面，联盟通过与机构合作，拓展伙伴合作领域。经过多年发展，欧洲企业联盟的合作伙伴遍布各个领域。在公司方面，联盟与包括微软、谷歌、科思创、甲骨文及奔驰等在内的二十余家公司建立了合作伙伴关系。在政经组织方面，联盟与欧盟长期保持非常紧密的联系，同时也是联合国教科文组织青年高等教育委员会成员，世界银行、世界经济论坛的重要参与成员。例如，2018年联盟积极与欧洲工业领导研究所（European Institute for Industrial Leadership）进行合作，为联盟内的青年创业者提供免费参加"领导力研讨会"的机会。[①] 与此同时，联盟也与高校的科研机构保持合作关系，如苏威布鲁塞尔学校（Solvay Brussels School）为联盟提供理论支持，并对学生进行实践指导，旨在提升学生的分析、决策及团队合作能力。

三、欧洲青年企业联盟的育人成效

（一）提供"做中学"的良性体验式学习循环

欧洲青年企业联盟在运行的过程中，为学生提供了"做中学"的良性体验式学习循环。首先，学生通过青年企业的形式进行真实的创业体验。第二步，在接受市场的检验和反馈后，学生进入创业反思观察的学习阶段。第三步，青年企业联盟还为学生提供兼职的专家教师指导，在他们的指导下学生及时意识到自身不足并进入创业反思后的再次理论学习。第四步，再次学习之后，学生再次接受实践的检验，从而最终形成良性体验式学习循环。

值得一提的是，良性体验式学习循环建立在传统商业教育的基础之上。通过青年企业这种形式，学生将高校学习的理论应用于现实世界，获得了第一手的经验；而现实的商界，也通过青年企业的形式与青年直接接触，获取了青年的创新性想法。

（二）发展学生创业素养

欧盟大力提倡创业教育以发展学生终身创业素养为目的。创业素养在欧盟2006年发布的《终身学习关键能力参考框架》（Key Competences for

---

① European Confederation of Junior Enterprises. Professional workshops provided by the EIIL[EB/OL].http://www.jadenet.org/professional_workshops/,2018-04-02.

Lifelong Learning 2006）中被定义为"个人将创意转化为行动的能力"，包括创业态度、创业技能和创业知识三个范畴。[①]2012年欧盟委员会企业及工业总司针对欧洲高等教育中创业项目学生培养效果进行了调研。调研挑选了欧洲创业教育开展比较早的9所高等教育机构，分别为查尔默斯理工大学、都柏林理工学院、约翰尼斯·开普勒林茨大学、J.J.斯特罗斯梅耶奥西耶克大学、贝尔法斯特女王大学、图尔库大学、瓦伦西亚大学、慕尼黑工业大学企业家联盟以及乌得勒支艺术学院。欧盟委员会企业及工业总司从这9所高等教育机构中共选择了851名高等教育创业校友、288名JADE校友以及1482名对照组校友作为被试，发放了问卷。

调研将被试分为参加传统创业教育的校友（简称高创校友）、欧洲创业联盟校友（简称JADE校友）和没有参加过创业教育的校友（简称控制组校友）三类人群。在本次评价中用以下五个指标来评估创业态度，分别是主动性、冒险倾向、自我效能感、对成功的需求和结构化行为。其中结构化行为指的是工作能力以及面对挫折和障碍能够坚持的能力。创业技能用创造力、分析能力、激励手段、人际支持和适应性这五个指标来评估。创业知识的评估通过让被试者理解创业者角色和创业相关知识两个指标来进行。

实际调查显示，高创校友和JADE校友对创业核心能力的12个指标中的10个评分都高于对照组（详见下页表4.8）。JADE校友在冒险性倾向、对成功的需求、分析能力、激励手段、人际网、适应性和创业知识这7个指标中，评分均高于高创校友及对照组校友。尤其需要指出的是JADE校友在创业技能中几乎所有指标得分都是最高。这说明参加青年企业联盟后的学生更具冒险倾向、对成功更加渴求以及创业知识更加丰富。与此同时参加过欧洲青年创业联盟后，学生更具创造性，有更多分析技巧，在意识到机会存在时更能够通过激励他人来获得支持和帮助，他们有更好的人际交往技巧、适应力和从容应对各种情况的能力。

---

① Official Journal of the European Union. Recommendation of the European Parliament and of the Council of 18 December 2006 on key competences for lifelong learning[EB/OL].http://eur-lex.europa.eu/legal-content/EN/TXT/PDF/?uri=CELEX:32006H0962&from=EN,2018-04-02.

表 4.8 高创校友、JADE 校友、对照组校友对创业素养的自我感知[1]

		高创校友	JADE 校友	对照组校友
态度	主动性	***	**	*
	冒险倾向	**	***	*
	自我效能感	=	=	=
	对成功的需求	**	***	*
	结构化行为	**	*	**
技能	创造力	**	**	*
	分析能力	**	***	*
	激励手段	**	***	*
	人际网	**	***	*
	适应性	**	***	*
知识	理解企业家角色	***	**	*
	创业知识	**	***	*

注释：*** 最高，** 中等，* 最低，= 相等

（三）提升学生的就业能力

欧洲青年企业联盟在发展学生创业素养的同时，对学生就业能力的提升也产生了积极影响。在调查中，欧盟从个人当前职业、工作经验、当前工作中的创造能力、工作满意度和目前岗位的年收入这五个范畴来具体考量。

在针对当前职业的调查中，JADE 校友和高创校友自主创业的百分比均为 16%，远高于对照组校友 10% 的数据。[2] 在针对工作经验的调查中，

---

[1] European Commission. Effects and impact of entrepreneurship programmes in higher education[EB/OL].https://ec.europa.eu/docsroom/documents/375/attachments/1/translations/en/renditions/pdf,2017-11-27.

[2] 同上。

JADE 校友的工作经验比较丰富，无论是从"毕业之后马上开始第一份工作"抑或是从"在国外工作一段时间"进行衡量，人数百分比均高于其他两类人群，并且"有过失业期"的人数均明显低于其他两类人群。在针对有偿就业校友当前工作中创新创造能力的调查中，JADE 校友同样比其他两类人群更加注重工作中的创新和创造能力，并且更多的人认为现有工作可以满足这一需求。JADE 校友高于本国接受高等教育人群平均年收入两倍甚至更多的人数比例为 27%，明显高于其他两类人群。[①]

（四）对社会和经济产生积极影响

欧洲青年企业联盟除了对学生创业素养产生积极影响外，还对社会和经济产生一定影响。在实际调查中，欧盟通过被试者参与志愿工作和非商业性工作的程度这两个指标来表征创业教育项目对社会的影响。评价数据显示，JADE 校友中超过 53% 的人都有志愿活动经历，参与非商业项目计划的人数比例更高，高达 58%。这两项指标均远高于其他两类人群（具体如表 4.9 所示）。

表 4.9　志愿活动和非商业活动的组别和性别对比（n=2582）

	组别		
	高创组	JADE 组	对照组
志愿工作经历	39%	53%	38%
非商业项目计划	49%	58%	38%

资料来源：同表 4.8。

欧盟评价创业教育项目对经济的影响时将三类人群按照毕业后的去向进行了再次划分，即有偿就业者（包含没有职业者）和创业者。针对就业者的调查数据显示，JADE 校友中有 57% 人表示"正在考虑创业"，而高创校友和对照组分别只有 39% 和 24% 的人有这种想法。在问及"今后十年内会自主创业的可能性"时，25% 的 JADE 校友表明，他们非常可能或者

---

① European Commission. Effects and impact of entrepreneurship programmes in higher education[EB/OL].https://ec.europa.eu/docsroom/documents/375/attachments/1/translations/en/renditions/pdf,2017-11-27.

有可能在未来十年内创业，而高创校友和对照组的人数仅占 16% 和 10%。在已经创业的校友中，JADE 毕业生自主创业比例为 16%，控制组校友仅为 10%。JADE 校友创业的平均时间是毕业前的 0.7 年，对照组校友创业时间是在毕业后的平均 2.8 年。[①] 以上可以说明 JADE 校友更倾向于创业，对经济的贡献比较大。

第三节 职前、职后相衔接的教师教育：欧盟"创业型"教师培养

师资是世界各国在开展创业教育过程中遇到的共性问题。创业教师的数量是否能够满足创业教育蓬勃发展的需求，创业教师的质量是否能够达到创业教育目标的定位，创业教师队伍的结构是否合理等问题，是各国创业师资队伍建设的关键所在。20 世纪初，欧盟在成员国内部进行的调研显示当前欧洲创业教师教育仍然滞后于创业教育发展，主要体现在下面三个方面[②]：一是政策层面对创业教师教育关注不够。成员国内只有荷兰、波兰和罗马尼亚等少数国家将其上升到了国家政策层面。二是现行的教师职前教育鲜少涉及创业内容。成员国中只有奥地利及波兰等少数国家将创业意识培养作为教师教育的必备环节写入了课程大纲，更多国家采取的模式只是将创业作为一门选修课供学生选择。高等院校对毕业生从事创业教师工作的鼓励措施十分缺乏。三是教师持续专业发展环节对创业的重视不够。创业意识启蒙并没有成为教师持续专业发展的必备环节，相反仅由一些机构为在职教师提供创业相关培训课程，这些课程时间短，效果差，并且缺乏考评机制的保证。在此背景下，2011 年欧盟先后在布达佩斯和伊斯坦布尔召开两次专题研讨会，专项讨论创业师资问题，会议提出"创业型教

---

① European Commission. Effects and impact of entrepreneurship programmes in higher education[EB/OL].https://ec.europa.eu/docsroom/documents/375/attachments/1/translations/en/renditions/pdf,2017-11-27.

② European Commission.Entrepreneurship Education: Enabling Teachers as a Critical Success Factor[EB/OL].http://ec.europa.eu/DocsRoom/documents/9272/attachments/1/translations/en/renditions/pdf,2016-11-07.

师"①的理念。

欧盟从特点和行动两方面对"创业型教师"的基本内涵进行了描述。特点方面，可以归纳为十个方面：一是"创业型教师"首先需要热爱自己的事业；二是"创业型教师"需要具备乐观、积极向上的精神；三是"创业型教师"对自己的教学充满自信，能够积极主动地开展教学活动；四是"创业型教师"具有很强的执行力，并且具备完成的能力；五是"创业型教师"在工作中拥有信念；六是"创业型教师"精力充沛，能够在学生和同事中贡献闪光点；七是"创业型教师"具备远见，对新鲜事物拥有开放的心态，并且具有发散思维能力，不局限在某个学科；八是"创业型教师"具备活动和整合资源能力，使创业教育并不局限于课堂，他们能够广泛调动家长、商人以及其他有利于创业教育的人员参与其中；九是"创业型教师"不局限于教育中的条条框框，勇于打破规则；十是"创业型教师"具有非常好的平衡力，既富有创意，又能够脚踏实地地投入工作。"创业型教师"的行动主要体现在三个方面：一是"创业型教师"善于倾听并能从谈话内容中寻找好的可以付诸实践的创意；二是"创业型教师"能够积极地向他人推销自己好的创意；三是"创业型教师"需要以培养青年人创造、成长和学习的热情为目标（详见下页图4.4）。

欧盟十分明确地指出"创业型教师"在学生学习过程中的角色定位是"促进者"（Facilitators）②。创业教育需要学生掌握主动的学习方法（Active Learning Methods）。主动的学习方法是指将学习者置于教育过程的中心位置，自觉对自身的学习承担责任。这种学习方法可以使学生经历更加丰富，参与程度进一步增强，学习动机更加明确，从而产生正面积极的学习效果。因此，教师在整个学习过程中发挥的作用应该是从原来"填鸭式"（Chalk and Talk）地讲授知识与技能转变为着眼于学生需求而提供学习支持。教师的作用在学生学习后期阶段显得尤为重要。在这个阶段学生需要反思和总结，如果没有教师的正确引导，学生不会从经验中获得启发。作为"促进者"的教师既不能对学生的学习采取"放羊式"的放任不管，又不能因监

---

① European Commission.Entrepreneurship Education: Enabling Teachers as a Critical Success Factor[EB/OL].http://ec.europa.eu/DocsRoom/documents/9272/attachments/1/translations/en/renditions/pdf,2016-11-07.

② 同上。

管强度太大而不给学生留有空间来进行独立思考，而是需要在两者之间找到平衡点。

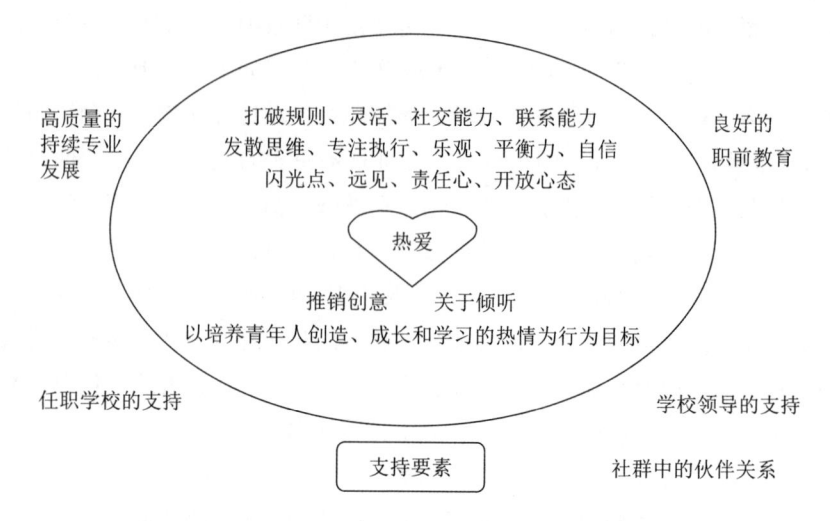

```
     高质量的          打破规则、灵活、社交能力、联系能力          良好的
     持续专业           发散思维、专注执行、乐观、平衡力、自信       职前教育
       发展                闪光点、远见、责任心、开放心态
                                    热爱
                              推销创意    关于倾听
                         以培养青年人创造、成长和学习的热情为行为目标

      任职学校的支持                                          学校领导的支持
                                  支持要素               社群中的伙伴关系
```

图 4.4　欧盟"创业型教师"的基本内涵和支持要素 [1]

"创业型教师"不是生活在真空中，他们的成长需要特定的教育经历和良好的成长环境，这些都构成了"创业型教师"成长的支持系统。欧盟培养"创业型教师"主要从四个方面着手，分别是职前教师教育、教师持续专业发展、国家（地区）支持体系和地方学校支持。这四个方面交互影响、各有侧重、缺一不可（详见下页图 4.5）。居于核心位置的职前教师教育和教师持续专业发展，涵盖了教师培养和发展的全部过程。国家（地区）政策与实践和地方学校的支持共同组成了"创业型教师"教育的支持系统。地方学校的支持对职前教师教育和教师持续专业发展两方面都产生影响，但对于后者的影响更大。国家（地区）政策与实践居于整个系统的最外层、辐射面最广，直接对教师职前教育、教师持续专业发展以及地方学校支持三个层面都产生影响。

---

[1]　European Commission. Entrepreneurship Education: Enabling Teachers as a Critical Success Factor[EB/OL].http://ec.europa.eu/DocsRoom/documents/9272/attachments/1/translations/en/renditions/pdf/,2016-11-07.

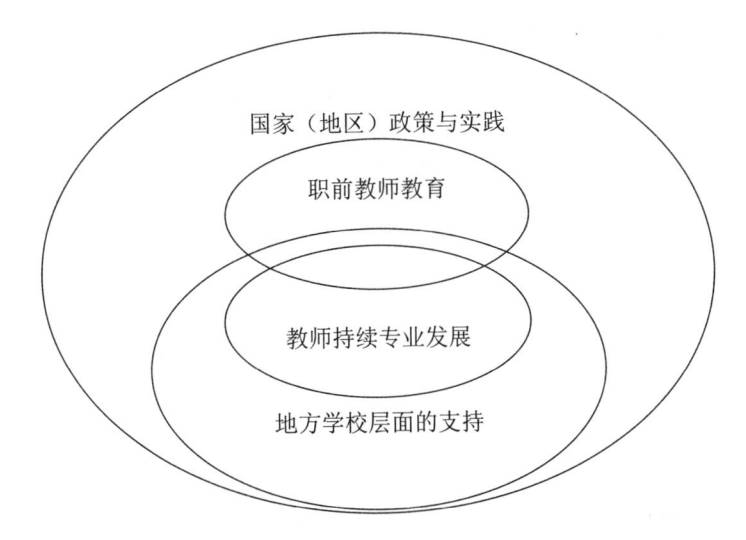

图 4.5 培养"创业型教师"四项具体行动的关系①

一、职前教师教育

职前教师教育是指教师在正式入职前所接受的教育，多指在大学阶段的教育，形式比较正式，教育往往针对整个学生群体，辐射面大。在职前教师教育中，欧盟重点强调了以下四个方面：

一是强调创业教育要面向所有学生。欧盟认为师范院校都应该开设创业教育课程，并且创业教育课程应该是职前教师教育课程体系中不可缺少的部分。目前，欧盟成员国和地区的很多大学都已经将创业教育相关课程（项目）作为必修课程。这些必修课程形式多样，授课对象广泛，有针对小学和高中阶段教师的，也有面向全体大学生和在职教师的（详见下页表4.10）。

---

① European Commission. Entrepreneurship Education: Enabling Teachers as a Critical Success Factor[EB/OL].http://ec.europa.eu/DocsRoom/documents/9272/attachments/1/translations/en/renditions/pdf/,2016-11-07.

表 4.10　欧盟部分国家"创业型教师"职前教育项目一览表[1]

国家	大学或者机构	项目或课程名称	授课对象
英国	斯旺西都会大学 Swansea Metropolitan University	往届学生和校友参与创业教育课程	本科生
芬兰	拉普兰大学 University of Lapland	创业视角下的音乐必修课	本科生
挪威	松恩-菲尤拉讷大学学院 Sogn og Fjordane University College	创业教育和 REAL 项目	小学教育、中学教育和职业教育领域的教师教育
葡萄牙	维亚纳堡理工学院 Polytechnic Institute of Viana do Castelo College（IPVC）	针对 3—12 岁儿童的创业教育教师项目	基础教育教师
比利时	阿德维尔德大学学院 Artevelde University College	创造能力、创新和创业中心（ACCIO）	全体大学生

二是课程内容和教学方法上强调体验式学习和参与性授课。欧盟认为"创业型教师"教育并不是完全另辟蹊径，抛弃现有的教师教育，相反在诸如人文价值观以及创造性的培养等方面二者的最终目的是相同的。"创业型教师"培养的特别之处是更强调创业能力和创新精神。因此，"创业型教师"教育在教学方法上强调体验式学习和参与性授课等新的教学方法的使用。

三是强调商业组织的参与。欧盟提倡通过"到社区体验"（Teacher to Community，简称 T2C）和"社区进课堂"（Community to Teacher，简称 C2T）这两种方式来实现商业组织参与到"创业型教师"教育之中。"到社区体验"（T2C）指的是以实习等方式安排学生到校外的企业或者事业部门体验，进而使学生获得真正的实战环境。"社区进课堂"（C2T）指的是邀请创业者到大学做讲座或授课。

四是教学效果的评价。传统书面考试的评价方式非常适合评估学生知识掌握情况，但是却无法对学生的实践技能、创业精神以及观念做出评价。欧盟将英国北爱尔兰的圣玛丽大学贝尔法斯特学院（St Mary's University

---

[1] European Commission. Entrepreneurship Education: A Guide for educators[EB/OL].http://ec.europa.eu/DocsRoom/documents/7465/attachments/1/translations/en/renditions/pdf/,2016-11-07.

College Belfast)的做法①作为典型的评价案例，进行了内部推广。该校通过两种方式提供创业教育，一种是"嵌入式"，即将创业课程嵌入现有的学历项目中；另一种是独立于现有学历项目之外单独的创业学习资格证书。创业学习资格证书的取得需要分别在"教育入门""创业素养学习""社会创业"和"选择性活动"等四个方向修满240学分（详见表4.11）。其中，从"教育入门"和"创业素养学习"方面所选择的学分不得低于90学分。为了避免"临时抱佛脚"式的突击学习，每个人一年所修学分不得超过100学分。

表 4.11　圣玛丽大学贝尔法斯特学院创业学习资格证书

课程分类	教育入门	创业素养学习	社会创业	选择性活动
主要内容	以中学为基础的反思性学习	经济学相关基础、工作实践、伊拉斯谟斯奖学金计划（Erasmus Mundus）或者美国交流学习	报告和学习反思、志愿活动	写论文或项目计划

二、教师持续专业发展

"创业型教师"持续专业发展在欧盟"创业型教师"教育中起着非常关键的作用，因为它着眼于欧洲现有的教师队伍。一般来说，教师持续专业发展有两个特点：一是形式多样，既包括国家（地区）教育培训机构等举办的正式在职教师培训，还包括日常的校本培训和实践活动；二是教师持续专业发展对教师任职学校环境的依赖程度很大。在欧洲，由于国家众多，教师持续专业发展形式呈现很大的不同。以小学和中学为例②，有些国家教师持续专业发展是教师工作中要求的（如英国、德国、芬兰）；有些国家教师持续专业发展在教师职业晋升中是必需的（如西班牙、葡萄牙、波兰、斯洛文尼亚）；有些国家教师持续专业发展完全是个人自愿选择的（如意大利、希腊、丹麦）；还有一些国家则采取混合模式（如法国、瑞士）。

在具体的做法上，欧盟主要从课程及教学方法、教师的认同感、商业

---

① European Commission. Entrepreneurship Education:A Guide for educators[EB/OL].http://ec.europa.eu/DocsRoom/documents/7465/attachments/1/translations/en/renditions/pdf,2016-11-07.

② Hendriks M, Luyten H, Scheerens J, et al. Teachers' professional development: Europe in international comparison: an analysis of teachers' professional development based on the OECD's Teaching and Learning International Survey (TALIS)[J]. Office for Official Publications of the European Union,2010.

和社区资源、教师招聘和晋升、国家和地区发展战略这五方面来着手（详见图 4.6）。一是课程及教学方法。"创业型教师"在持续专业发展阶段涉及到的课程内容、教学方法和评价与职前教师教育阶段比较相似，都提倡体验式学习和参与性授课。这是由创业教育本身特点所决定的。二是教师的认同感。在职教师只有在思想上对创业教育有了认同，将培训看作是提高自身能力，发展职业生涯的必要条件，才会全身心投入其中，并使培训获得良好效果。学校也应选择热爱创业教育的教师作为典范和"冠军"，发挥榜样的示范作用，带动并提升其他同事对创业教育的认同，增加他们对从事创业教育事业的信心。三是商业和社区资源。欧盟在"创业型教师"持续专业发展中十分注重调动一切商业和社区资源。他们认为只有将"创业型教师"的持续专业发展置于一个可以相互交流、分享创意的动态系统之中，教育效果才会彰显。教师可以到中小企业中进行参观、访问或挂职锻炼。四是教师的招聘和晋升。在教师的招聘和晋升中，欧盟主张要把对教师创业技能和观念的考量融入到招聘环节和教师的晋升路径之中，这样有利于增强"创业型教师"持续专业发展的主动性。五是国家（地区）发展战略。"创业型教师"持续专业发展需要被纳入国家（地区）教师职业发展的各项战略之中，从而保证其获得强有力的职业发展。

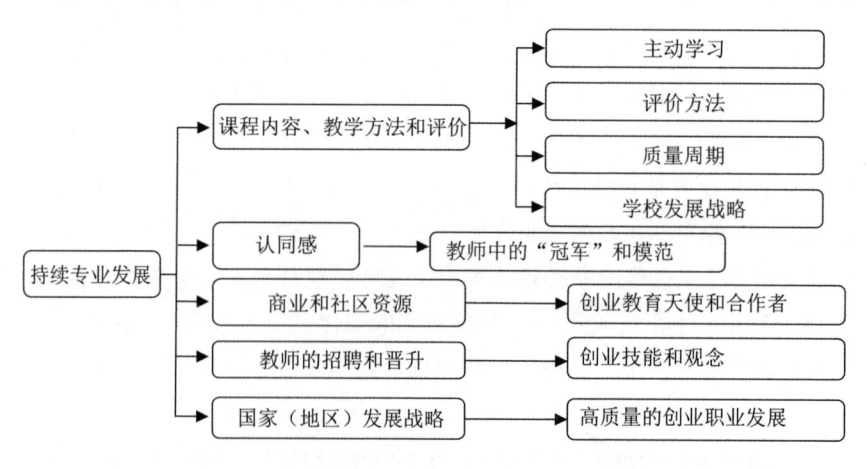

图 4.6 "创业型教师"持续专业发展的主要内容[①]

---

① European Commission. Entrepreneurship Education: Enabling Teachers as a Critical Success Factor[EB/OL].http://ec.europa.eu/DocsRoom/documents/9272/attachments/1/translations/en/renditions/pdf/,2016-11-07.

三、国家（地区）支持体系

在欧洲创业教育发展过程中，欧盟和各国政府一直起着非常重要的作用。同样，在"创业型教师"教育中欧盟也将国家（地区）的支持体系作为发展教师教育的四项具体行动之一，国家（地区）支持体系具体从创业教育愿景和目标设定、国家对创业教育课程体系的授权、协调创业核心能力的评价措施、激励措施、为教师提供适当的资源、畅通信息沟通以及发展"创业型教师"社群等主要方面设计开展。

一是设定创业的愿景和目标。欧盟认为国家的支持首先需要建立清晰的愿景，即教师在创业教育中的角色是"促进者"，"创业型教师"的培养需要与国家的教育战略有效融合。布达佩斯研讨会上的问卷调查显示：所有被测人都认为将教师教育作为国家创业教育战略中的一部分很有必要，超过3/4的人认为非常必要[1]。除此之外，还需要进一步明确各方责任、制定具体目标，保证各参与方之间的通力合作。在此方面，欧盟有着很好的传统，例如欧盟内部教育和文化总司、企业和工业总司之间的合作与对话就是一个非常好的合作模式。

二是国家对创业教育课程体系的授权。欧盟早期创业教育取得的一些成绩得益于教师个人的行为和政府的一些实验项目。欧盟认为这还远远不够，国家需要通过法律逐级授权来保证创业教育作为课程体系的一部分。另外，国家（地区）还需要建立质量框架来确保创业教育的实施。例如，冰岛教育部门将该国的相关工作与欧洲资格框架（European Qualifications Framework）（包括创业核心能力等）相联系，保证了创业教育的质量效果。

三是协调创业核心能力的评价措施。在创业教育中，如何有效地评估教师和学生是一个非常重要的方面。一方面，评价体系需要能够识别教师是否为"创业型教师"以及他们是否能够运用主动学习和体验式学习的方法；另一方面，评价体系中也需要有标准来对学生的创业素养（包括从错误中学习、风险承担能力、创新能力和创造力等）进行评价，而并不应该

---

[1] European Commission. Entrepreneurship Education: Enabling Teachers as a Critical Success Factor[EB/OL].http://ec.europa.eu/DocsRoom/documents/9272/attachments/1/translations/en/renditions/pdf,2016-11-07.

只是评价知识的获取。欧盟认为,对于教师而言,评价对于他们教什么以及如何教都产生着非常重要的影响。欧洲国家针对小学生的调查显示,一些核心的能力如母语、外语、数学等经常得到评估,而另外的核心能力如创造力、创业能力和学习能力等却很少被评估[①]。"创业型教师"很难从评估中得到激励。因此,在国家和地区政策制定时需要考虑如何建立切实可行的创业素养评价体系。

四是激励措施。除了考虑评价措施外,国家和地区政策体系中还应该有相应的激励措施来保证教师作用的发挥。通常激励措施包括正式的和非正式的两个部分。对于教师而言,正式的激励措施包含职业教育、工资收入、绩效评估和晋升前景等,而非正式的激励包括教师经历以及欧盟和国家层面的教师关系网络等。

五是为教师提供适当的资源。"创业型教师"只有拥有了适当的资源才能保证其教学过程中"促进者"作用的发挥。欧盟鼓励国家和地区结合自身优势,打造"创业型教师"教育资源中心。欧洲创业教师培训项目就是为教师提供资源的典范。该项目由欧盟资助,由多个大学参与其中,自2013年成立伊始,成功举办五期,超过250位创业教师从中获益。该项目连续三年被评为欧洲最佳实践项目。

六是畅通信息沟通。除了需要有发展的愿景、目标以及针对"创业型教师"的切实支持外,国家(地区)的沟通方案也非常重要。欧盟通常从三个方面入手:一是以教师为目标,使他们更好地了解创业教育和自身在创业教育中所起的重要作用;二是以其他参与创业教育的参与方为目标,使他们了解"创业型教师"的重要性以及他们可以提供的支持;三是提高公众对创业教育重要性的认识。例如,"学校中的创业教育"宣传网络是德国联邦政府倡议的旨在提高教师对创业教育认识水平,鼓励他们将创业教育融入教学的宣传项目。该项目不仅宣传成功的创业教育案例,而且为教师提供丰富的资料,使其更加熟悉创业教育。项目从2009年开始运行,截止到2011年共发起23个倡议,宣传网络覆盖了12个组织。

七是发展"创业型教师"社群。欧盟认为发展"创业型教师"社群有

---

① EURYDICE.National Testing of Pupils in Europe: Objectives, Organisation and Use of Results[EB/OL].http://eacea.ec.europa.eu/education/eurydice/documents/thematic_reports/109en.pdf/,2016-11-06.

利于创业教师间分享理论及实践经验。因此，国家和地区层面上应该对发展"创业型教师"社群提供支持。教师社群可以不拘于形式，采取正式与非正式相结合的方式，并充分利用互联网等多媒体手段。教师可以来自小学、中学、职业教育和大学等不同教育阶段。例如欧盟的创业教育和培训促进项目（Stimulating Entrepreneurial Education and Training，SEET）就是一项由欧盟发起，由冰岛、荷兰、挪威、西班牙、瑞士和英国共同参与的跨国项目。该项目旨在通过建立网络社群，将与创业教育相关的人和组织联系在一起，促进创业教育的传播。

四、地方学校的支持

欧盟针对"创业型教师"教育开展行动的最后一个领域便是地方学校的支持。欧盟鼓励地方学校对"创业型教师"教育提供支持，并创造性地提出发展"创业型学校"（Entrepreneurial School）。"创业型学校"的发展目标与"创业型教师"发展目标高度契合，教师与学校可以共同发展，可以最大程度地实现资源共享。"创业型学校"主要有四方面特征。一是创业与学校的教育理念和发展战略相互融合。创业教育不仅仅作为一门课程，而是已经被嵌入到学校的整体课程体系之中。二是学校有专门的管理层来负责创业教育的实施。在这个过程中，学校也强调管理层自身在创业教育方面的持续专业发展。创业教育相关事宜由学校董事会讨论决定。三是学校还为创业教育的实施提供了丰富资源。学校有专门的协调员来负责协调商界、政府、学生以及教师间的各种关系。四是学校还为"创业型教师"提供了社群网络和伙伴关系方面的支持，最大限度地为"创业型教师"的教学提供支持，有利于"创业型教师"作用的充分发挥。

在推广"创业型学校"理念的同时，欧盟成员国内部也积累了一些成功的案例，例如克罗地亚的马蒂亚安特恩瑞捷克职业学校（Matija Antun Reljkovic High School）和英国曼彻斯特专科学校（Manchester Academy）。前者致力于发展学生的灵活性、创造力和风险承担能力等创业能力。学校拥有果林、葡萄园等种植实验基地、蔬菜实验室、林业研究室、兽医实验室和化学实验室，为学生提供了大量的试验机会，并且积极地探索产学结合的办学模式。后者由英国共同学习学校联盟（United Learning）创立，旨在为"使每个人成就最好的自己"而努力。学校针对每位学生提供个性化、全过程的职业生涯规划。职业生涯规划不仅是一门课程或者一项活动，而是整个学校的办学理念，学校的各项活动都围绕使学生更好地了解自己，了解未来的职业而进行。

在发展创业型学校的过程中，很多大学的创业教育科研机构也积极研发实施和评估的标准来保证教育质量。例如英国华威大学的教育和企业研究中心（Centre for Education and Industry，University of Warwick）为创业型学校研发出《创业教育质量框架和全国实施标准》[①]（简称《框架和标准》），《框架和标准》紧紧围绕创业教育的愿景、实施创业教育中的审计、计划和管理创业教育、创业教育课程计划的实施以及创业教育的评估这五个创业教育中的关键要素展开。每个要素下又包含了若干具体要求。同时，《框架和标准》也为学校在实施过程中留下了空间，每个学校可以针对不同的校情灵活选择，该《框架和标准》得到了英国很多中小学的认同和采纳。

---

① European Commission. Entrepreneurship Education: Enabling Teachers as a Critical Success Factor[EB/OL].http://ec.europa.eu/DocsRoom/documents/9272/attachments/1/translations/en/renditions/pdf,2016-11-07.

第五章

基于核心素养发展的欧盟创业教育可借鉴性分析

习近平总书记2016年在全国高校思想政治工作会议上的讲话中指出,"要教育引导学生正确认识世界和中国发展大势","正确认识中国特色和国际比较,全面客观认识当代中国、看待外部世界"① 这为当前思想政治教育的比较研究提供了方法论指引。聚焦欧盟创业教育的研究,不能盲目判定一定是"他者"强,"我方"弱,进行简单的嫁接。当前,我们身处新时代的伟大方位之中,随着中国特色社会主义道路越走越宽广,我们在比较研究中应该加强对可借鉴性的分析。通过分析二者的共同基础,比较二者的自身特色,在此基础上理性地剖析"他者"之经验与挑战,从而启示我国实践。

第一节 可借鉴性分析的共同基础

欧盟的创业教育与我国相比有着很多共同点,有学者将中国和欧盟创业教育归纳为"后发外生型"范式②。这一概念是对应"早发内生型"的美国创业教育提出的。"早发内生型"与"后发外生型"这一对概念是借用的现代化概念。清华大学社会学教授孙立平曾将国家的现代化分为两种,

---

① 习近平在全国高校思想政治工作会议上强调:把思想政治工作贯穿教育教学全过程 开创我国高等教育事业发展新局面[N].人民日报,2016-12-09(001).
② 王占仁,常飒飒.欧盟"创业型教师"教育研究[J].比较教育研究,2017,39(06):20-27.

"早发内生型现代化似乎是开始于'不知不觉间'",并且突出表现为"自发性""渐进性"以及"自下而上",而后发外生型现代化却正好相反,有"明确的起点""政府直接介入,成为现代化的实际组织者"①。这里需要指出的是,欧盟并不是一个传统意义上的主权国家。但是它也不是一个简单的国际组织,具有超国家性质。因此,在比较中国和欧盟之时,我们将其视作一个超国家的政治权力机构。

一、共同的时间起点

一提起创业教育,大家首先都会想起美国,主要原因是美国的创业教育起步较早。关于美国创业教育的起步时间,当前学术界普遍将 1947 年哈佛大学商学院的迈尔斯·梅斯（Myles Mace）教授为 MBA 学生开设《新企业管理》（Management of New Enterprises）课程这一事件,作为美国创业教育的发端②。

通过对欧盟出台的与创业教育相关的系列政策文本和研究报告的分析与考证,我们并没有发现有类似美国哈佛大学开课这样的标志事件,可以被公认为欧盟创业教育的发端。在欧盟官方网站上检索到的最早与创业教育相关的两个文本是 1995 年欧盟委员会向马德里欧洲理事会提交的关于中小企业政策及措施的调查报告以及 1997 年欧盟委员会设立的由创业者、共同事物管理者和学者共同组成的商业环境简化组织（Business Environment Simplification Task Force,简称 BEST TASK Force）向欧盟委员会提交的有利于商业环境优化的分析报告,其中均包含"通过教育来推动创业精神的形成"。我们可以将 20 世纪末作为欧盟创业教育的起点。在此之后,2003 年,欧洲发布《欧洲创业绿皮书》,被认为是第一次专门强调创业教育重要性的政策文本③。

关于中国创业教育的发端,存在着两种认识:一种是将 1989 年作为中国创业教育的发端,将创业教育视作舶来品,依据是联合国教科文组织

---

① 孙立平. 后发外生型现代化模式剖析［J］. 中国社会科学,1991（02）:213-223.
② Jerome A. Katz. The Chronology and Intellectual Trajectory of American Entrepreneurship Education [J].Journal of Business Venturing, 2002,18(2):294-298.
③ European Commission Joint Research Centre. EntreComp: The Entrepreneurship Competence Framework[EB/OL].http://ec.europa.eu/jrc/entrecomp,2016-05-10/2017-12-13.

1989年在北京召开了"面向21世纪教育"国际研讨会，会上将"Enterprise Education"直接翻译为"创业教育"[①]；另外一种观点也认为1989年是发端之年，但是认为中国创业教育是由胡晓风等我国学者依据中国国情自发提出的[②]，依据是胡晓风等学者1989年在人民日报上发表了题为《关于更新教育思想进行创业教育的探讨》的文章，此后又相继发表《创业简论》和《创业教育——教育整体改革的新构思》等著作。毫无疑问，不论将哪个事件作为中国创业教育的起点，1989年无疑都是中国创业教育史上一个非常重要的年份。基于此，笔者认为中国与欧盟重视创业教育的时间基本相当，都是20世纪90年代前后，比美国的创业教育晚了将近50年。

二、一致的动力驱动

"后发外生型"的发展动力主要来自于政府等权力部门自上而下的强势推动。按照此特点，我们发现中国和欧盟创业教育的驱动模式确实比较类似，均有"自上而下"的特点。但是，由于欧盟的超国家性质，它所主导的创业教育必须依赖成员国的配合，因此发展动力的持久性以及效果均与我国有很大差距。

在欧盟创业教育发展的近三十年中，欧盟一直不遗余力地扮演着创业教育推动者的角色。欧盟直接发布或者授权发布各类政策文本近三十个，例如2003年的《欧洲创业绿皮书》、2004年的《通过初等和中等教育促进创业态度和技能的发展》、2006年的《欧洲的创业教育：通过教育和学习培养创业思维》、2008年的《高等教育中的创业：非商业研究》、2010年的《迈向更大合作和一致性的创业教育》、2011年的《创业教育：使教师成为成功的关键》、2012年的《欧洲学校中的创业教育：国家战略、课程和学习结果》、2013年的《2020创业行动计划——重燃欧洲创业精神》、2016年的《欧洲中学创业教育》《创业素养框架》以及2018年的《创业素养框架使用指南》等（详见本书第78页图3.1）。除了战略上的重视，欧盟也充分地使用各种政策工具来推动欧洲创业教育的发展，例如"欧洲社会基金"经常被用来资助创业教育的发展。与此同时，欧盟也充分发挥其

[①] 国家教委国家教育发展研究中心、中国教科文组织全委会秘书处编.未来教育面临的困惑与挑战——面向21世纪教育国际研讨会论文集[M].人民教育出版社，1991：21.

[②] 王占仁.中国创新创业教育史[M].北京：社会科学文献出版社，2016：17.

超国家权力机构的优势，积极为欧盟成员国搭建各种创业教育发展平台，例如"欧洲创业教育网络"（EE-HUB）等平台。

与欧盟相比，我国对创业教育的支持和推动毫不逊色。我们从领导人讲话、党的历届代表大会报告以及教育部所颁发的政策中可见一斑。

首先，领导人对创新创业的重视。早在1992年1月，邓小平在南方谈话中就鼓励人们大胆去闯、去试，强调抢抓机遇，实现快速发展。"没有一点闯的精神，没有一点'冒'的精神，没有一股气呀、劲呀，就走不出一条好路"，"要抓住机会，现在就是好机会。我就担心丧失机会。不抓呀，看到机会就丢掉了，时间一晃就过去了"。① 邓小平大力提倡的"敢于试验""'冒'的精神""要抓住机会"等思想，极大地鼓励和促进了全社会的创新创业热情。1993年3月，江泽民发表《在八届全国人大一次会议上的讲话》，提出新时期64字创业精神，"伟大的创业实践，需要有伟大的创业精神来支持和鼓舞。解放思想、实事求是，积极探索、勇于创新，艰苦奋斗、知难而进，学习外国、自强不息，谦逊谨慎、不骄不躁，同心同德、顾全大局，勤俭节约、清正廉洁，励精图治、无私奉献，这些都应该成为新时期我们推进现代化建设，所要大加倡导和发扬的创业精神"。② 2006年1月，胡锦涛在全国科学技术大会上的讲话中提出建设创新型国家的发展战略，并明确指出"培养大批具有创新精神的优秀人才，造就有利于人才辈出的良好环境，充分发挥科技人才的积极性、主动性、创造性，是建设创新型国家的战略举措"。③ 2013年全球创业周中国站在上海开幕，习近平总书记在贺信指出："青年是国家和民族的希望，创新是社会进步的灵魂，创业是推动经济社会发展、改善民生的重要途径。青年学生富有想象力和创造力，是创新创业的有生力量。希望广大青年学生把自己的人生追求同国家发展进步、人民伟大实践紧密结合起来，刻苦学习，脚踏实地，锐意进取，在创新创业中展示才华、服务社会。"④ 习近平总书记在给第三届中国"互联网＋"大学生创新创业大赛"青年红色筑梦之旅"的同学们

---

① 邓小平文选（第3卷）[C].北京：人民出版社，1993：372-375.
② 江泽民文选（第1卷）[C].北京：人民出版社，2006：301.
③ 改革开放三十年重要文献选编（下）[C]，中央文献出版社，2008：554.
④ 习近平.习近平致2013年全球创业周中国站活动组委会的贺信[N].人民日报，2013-11-09（001）.

回信中谈道:"希望你们扎根中国大地了解国情民情,在创新创业中增长智慧才干,在艰苦奋斗中锤炼意志品质,在亿万人民为实现中国梦而进行的伟大奋斗中实现人生价值,用青春书写无愧于时代、无愧于历史的华彩篇章。"[1] 2018年,习近平总书记在全国教育大会上指出,"要在增强综合素质上下功夫,教育引导学生培养综合能力,培养创新思维","把创新创业教育贯穿人才培养全过程"。[2]

在领导人不断助推的同时,党的历届代表大会报告中对"创新""创业"的强调也加速了中国创新创业教育的飞速发展。2002年11月,党的十六大报告中指出"创新是一个民族进步的灵魂,是一个国家兴旺发达的不竭动力","引导全社会转变就业观念,推行灵活多样的就业形式,鼓励自谋职业和自主创业"。[3] 2003年10月,党的十六届三中全会通过的《中共中央关于完善社会主义市场经济体制若干问题的决定》,将"构建现代国民教育体系和终身教育体系,建设学习型社会,全面推进素质教育,增强国民的就业能力、创新能力、创业能力,努力把人口压力转变为人力资源优势"[4]纳入深化教育体制改革的重要目标,这是中国创业教育迈上新台阶的标志。2007年10月,党的十七大报告明确提出了"实施扩大就业的发展战略,促进以创业带动就业"的战略方针[5]。2012年党的十八大报告提出:"引导劳动者转变就业观念,鼓励多渠道多形式就业,促进创业带动就业……全党都要关注青年、关心青年、关爱青年,倾听青年心声,鼓励青年成长,支持青年创业"[6]。党的十九大报告指出"加快建设创新型国家""创新是引领发展的第一动力,是建设现代化经济体系的战略支撑"。[7]

在政府推动方面,我国国务院办公厅、教育部、科技部等多个国家级政府职能部门多次针对创业和创业教育下发过系列政策文件,下面仅就比

---

[1] 习近平总书记给第三届中国"互联网+"大学生创新创业大赛"青年红色筑梦之旅"的大学生的回信[N].人民日报,2017-08-16(001).
[2] 习近平.论坚持全面深化改革[M].北京:中央文献出版社,2018:471-475.
[3] 十六大以来党和国家重要文献选编(上卷)[C],人民出版社,2005:11-24.
[4] 同上书,94.
[5] 胡锦涛.高举中国特色社会主义伟大旗帜 为夺取全面建设小康社会新胜利而奋斗——在中国共产党第十七次全国代表大会上的报告[M],人民出版社,2007:38.
[6] 同[5]:56-57.
[7] 党的十九大报告辅导读本[C].北京:人民出版社,2017:30.

较有代表性的政策或者措施进行举例说明：2009 年，教育部和科技部共同推进"双实双业"基地试点建设工作[①]；2010 年 4 月，教育部、科技部联合制定了《高校学生科技创业实习基地认定办法（试行）》[②]；2010 年，教育部出台《关于大力推进高等学校创新创业教育和大学生自主创业工作的意见》[③]；2012 年，教育部印发《普通本科学校创业教育教学基本要求（试行）》[④]；2015 年，国务院连续发布《国务院关于发展众创空间推进大众创新创业的指导意见》《国务院办公厅关于深化高等学校创新创业教育改革的实施意见》《国务院关于大力推进大众创业万众创新若干政策措施的意见》和《国务院办公厅关于印发进一步做好新形势下就业创业工作重点任务分工方案的通知》等，该年更是被视作"创新创业教育"深化发展之年；2016 年，国务院办公厅出台了《关于建设大众创业万众创新示范基地的实施意见》；2017 年，国务院发布《关于强化实施创新驱动发展战略进一步推进大众创业万众创新深入发展的意见》；2018 年，《政府工作报告》中首次提出"打造'双创'升级版"的概念等。

三、相似的核心理念

2006 年之后，随着欧盟"核心素养框架"的正式出台，欧盟创业教育理念基本确定了下来，理念的核心是通过关注个体创业素养的发展，实现人的全面发展。在此基础上，欧盟倡导创业教育需要面向全体欧洲公民，需要融入终身学习的全过程。

2010 年教育部在《关于大力推进高等学校创新创业教育和大学生自主创业工作的意见》中正式采用"创新创业教育"的提法，明确地将创新创业教育定义为"适应经济社会和国家发展战略需要而产生的一种教学理念与模式"。这是政府官方政策文件中首次出现"创新创业教育"的提法。"面向全体学生，结合专业教育，融入人才培养全过程"是对这一教育理

---

① "高校学生科技创业实习基地"简称"双实双业"，包含实习、实训、创业和就业。
② 教育部.关于印发高校学生科技创业实习基地认定办法（试行）的通知，教技厅〔2010〕2 号.
③ 教育部.关于大力推进高等学校创新创业教育和大学生自主创业工作的意见，教办〔2010〕3 号.
④ 教育部.普通本科学校创业教育教学基本要求（试行）[Z].教办〔2012〕4 号.

念的具体阐释①，这是中国高校创新创业教育去除功利化价值取向的重大进步，为创新创业教育在中国纵深发展提供了理念引领。该理念在之后2012年教育部出台的《普通本科学校创业教育教学基本要求（试行）》以及2015年教育部出台的《关于深化高等学校创新创业教育改革的实施意见》得到继承和发展；创新创业教育应"面向全体大学生，结合专业教育，贯穿于人才培养工作的全过程，将高等学校人才培养和社会服务工作紧密地联系起来，通过一定的创新创业知识传授，着力提高学生的创新精神、创业意识和创业能力，使大学生成为高素质创新型人才，期待一部分学生将来成为自主创业者，为社会其他就业人员提供更多的就业岗位"，②成为中国高等教育领域的共识。

欧盟创业教育的核心内容是个体核心素养的发展，而我国创业教育的主要内容是创新精神、创业意识和创业能力的培养。尽管字面的表述不同，但是二者的关注焦点均为"人"，价值旨归均是人素质的提高。欧盟创业教育的受众是全体欧洲公民，而我国创新创业教育面向的是全体高校学生，不分专业。因此从覆盖面或广泛性上二者均是"面向全体"。但是需要指出的是，我国创新创业教育当前仅在高校展开，作为我国高等教育质量改革的突破口，并没有在整个国民教育体系中开展。尽管二者均是"面向全体"，但是范围却不同。

第二节 可借鉴性分析的特色比较

尽管中国和欧盟创业教育从发展理念、发展模式以及发展速度上有相似之处，但是由于社会政治制度、历史发展以及文化表征等诸多不同，中国和欧盟创业教育在本质上并不相同。下面将围绕育人中的关键环节价值导向以及重点领域，审视中国和欧盟创业教育育人的不同。

---

① 教育部.关于大力推进高等学校创新创业教育和大学生自主创业的意见[Z].教办[2010]3号.
② 陈希.将创新创业教育贯穿于高校人才培养全过程[J].中国高等教育，2010，(12)：4-6.

一、育人价值导向不同

马克思主义价值哲学的观点认为,"价值导向是国家从维护国家、阶级、民族和社会利益出发所倡导的共同的社会价值理想、思想道德、观念体系、行为准则等社会意识形态"①。因此,国家性质不同,意识形态表现也各异,价值导向也必然相异。尽管个人、集体或社会因对不同文化、思想和价值观的接收和认同不同,产生多元的价值取向,但是价值导向却是确定的和稳定的。而这一价值导向体现在价值观层面,便是各国的核心价值观。一般而来,价值观可以理解为人类在认识世界和改造世界的过程中所形成的判断主客体关系的"主体性描述"②,而核心价值观是个体或者群体价值观在国家或者地区范围的最大公约数。当前中国人民价值观的最大公约数为中国社会主义核心价值观,而欧盟提出的欧洲人价值观的最大公约数为欧洲共同价值观。

中国社会主义核心价值观与欧洲共同价值观分别决定了中国和欧盟创业教育"育人"的本质不同。从性质上说,中国的社会主义核心价值观主要体现了"中国特色社会主义这个客体对全体中国人民这个主体的主要意义"③,而欧盟共同价值观需要体现欧盟所代表的资本主义这个客体对全体欧洲公民这个主体的主要意义。从科学性视角审视,中国社会主义核心价值观是基于我国的历史文化、制度以及人民的心智模式所提炼出的能够引起最广大人民共同情感共鸣的科学的价值观,其中的家国情怀、社会责任以及生存理念对中国人民有现实意义。而欧洲共同价值观是一种所谓的普世价值观,只是一种理想口号,对当下生活在具体民族国家中的欧洲人并没有现实的意义。

(一)中国创新创业教育的育人价值导向:社会主义核心价值观

中国创新创业教育育人与社会主义核心价值观的关系,我们可以从两个方向去理解:一方面,社会主义核心价值观引领着创新创业教育育人的发展方向,为创新创业教育凝聚人心和提供精神动力;另一方面,创新创业教育也同样为社会主义核心价值观的落细落小落实以及从思想影响转化

---

① 罗国杰. 马克思主义价值观研究 [M]. 北京:人民出版社,2013:122.
② 袁贵仁. 价值观的理论与实践 [M]. 北京:北京师范大学出版社,2006:6.
③ 徐志仓.社会主义核心价值观及国家层面价值观内涵探析 [J].思想理论教育导刊,2016 (09):95-98.

为实践行动充当着载体和转化器的作用。

首先，社会主义核心价值观为中国创新创业教育育人凝聚人心，提供精神动力。习近平总书记曾向广大青年学生指出"核心价值观把涉及国家、社会、公民的价值要求融为一体，既体现了社会主义本质要求，继承了中华优秀传统文化，也吸收了世界文明有益成果，体现了时代精神。"① 十九大报告明确指出"社会主义核心价值观是当代中国精神的集中体现，凝结着全体人民共同的价值追求。"② 社会主义核心价值观承载着全体中国人对国家发展崇敬、社会发展理念以及个人处世之道的追求。按照内容的维度不同，社会主义核心价值观包含国家、社会和个人三个层面。国家层面具体指富强、民主、文明、和谐；社会层面具体指自由、平等、公正、法制；在个人层面具体指爱国、敬业、诚信、友善。三个层面，24 个字，凝聚了全体中国人民对国家、社会和个人的价值共识。

社会主义核心价值观的 24 个字准确回答了中国创新创业教育在育人思想观念上的最大公约数，为创新创业教育提供了强大的精神动力。培养学生的创新精神、创新创业意识和能力一直是创业教育的固有特点，"主动性强""自信""有创造力""有想法""动手能力强"等往往是人们对创新创业教育育人的第一印象。但是上述特征只是创新创业教育的"表面特征"或者"固有特征"，并不是育人的根本和深层价值。换句话说上述特征在各个国家或者阶级社会中都适用。而中国创新创业教育育人的核心所在或者深层次价值蕴含是为建设创新型国家、实现"两个一百年"奋斗目标和中华民族伟大复兴的中国梦提供强大的人才智力支撑，也是"培养德智体美劳全面发展的社会主义建设者和接班人"③。

用社会主义核心价值观作为价值导向，从国家、社会和个人三个层面赋予中国创新创业教育家国情怀、社会责任、爱岗敬业、诚信以及个人修身等价值引导，能够最大程度地为中国创新创业教育凝聚人心，使每个学生坚定创业理想。在战火纷飞的战争年代，为什么人们可以在物质条件极其恶劣的环境下坚持下来，取得革命战争的胜利，直至新中国的建立，这

---

① 习近平.青年要自觉践行社会主义核心价值观[N].人民日报，2014-05-05（002）.
② 党的十九大报告辅导读本[M].北京：人民出版社，2017：41-42.
③ 习近平在全国教育大会上强调：坚持中国特色社会主义教育发展道路　培养德智体美劳全面发展的社会主义建设者和接班人[N].人民日报，2018-09-10（001）.

是因为爱国主义精神以及社会责任等深层次的理想信念在支撑。同样，创新创业教育中对于知识、技能的掌握往往并不是最重要的，最终决定创业是否成功的是创业者的理想信念。而这个理想信念的挖掘需要社会主义核心价值观的引领与感召。

其次，创新创业教育也同样为社会主义核心价值观的落细落小落实以及从思想影响转化为实践行动充当着载体和转化器。社会主义核心价值观是一种价值观念，需要内化于心，外化于行。党和国家一直致力于将社会主义核心价值观融入社会发展各方面，转化为人们的情感认同和行为习惯，使中国人民以与新时代相契合的最佳精神面貌投入社会主义现代化建设的伟大事业中，最终实现中华民族的伟大复兴。

创新创业教育作为一种新的教育理念与模式，最大的优势便是贴近学生的实际。通过依托"做中学"、案例教学、孵化器帮扶、项目实践等具体的方式方法，创新创业教育可以有效激发学生的主动性、唤醒学生的创新意识、培养学生面对未来不确定性的能力。与此同时，创新创业教育对解决学生就业以及学生职业生涯发展都非常地有效。

"解决实际问题与解决思想问题相结合"是思想政治教育的基本原则之一。只有充分解决了学生的实际问题，学生的思想问题才可以有效解决。学生参与创新创业教育，学习了知识、开拓了视野、增强了本领，这个时候教育者向其分析中国的政策与形势，追溯中国特色社会主义不是从天上掉下来的，是党和人民历尽千辛万苦、付出巨大代价取得的，是一代一代的中国人艰苦奋斗、勇于创新、敢于啃硬骨头才得来的，讲解习近平新时代中国特色社会主义思想，会使学生产生强烈的共鸣。创新创业教育定会使学生们对社会主义核心价值观产生极大的认同，自觉践行社会主义核心价值观。

习近平总书记在给第三届中国"互联网+"大学生创新创业大赛"青年红色筑梦之旅"的同学们回信中谈道："希望你们扎根中国大地了解国情民情，在创新创业中增长智慧才干，在艰苦奋斗中锤炼意志品质，在亿万人民为实现中国梦而进行的伟大奋斗中实现人生价值，用青春书写无愧于时代、无愧于历史的华彩篇章。"[①] 回信从国家领导人的政治高度，指出了

---

① 习近平.习近平总书记给第三届中国"互联网+"大学生创新创业大赛"青年红色筑梦之旅"的大学生的回信[N].人民日报，2017-08-16（001）.

创新创业教育应该与社会主义核心价值观的践行相结合，利用创新创业教育这种新的教育形式，将其与中华民族的伟大复兴相联系。教育部在2019年的工作要点中，也明确指出"深化高校创新创业教育改革，办好第五届'互联网＋'大学生创新创业大赛，深入开展'青年红色筑梦之旅'活动，上好全国最大的一堂国情思政课和创新创业课。"① 我们可以看出教育部也充分意识到了创新创业教育对思想政治教育以及社会主义核心价值观转化的重要作用。

综上所述，社会主义核心价值观作为当代中国的价值共识，"实际上是四重历史传统叠加化合的结果。""这四重历史传统，分别是百年来的民族复兴传统，60多年来的社会主义传统，30多年来的改革开放传统，以及作为所有这些传统底色的五千年中国文化传统。"② 因此，社会主义核心价值观是深深扎根于中国历史与现实的科学的价值观。社会主义核心价值观具有社会主义的性质，马克思恩格斯指出："过去的一切运动都是少数人的或者为少数人谋利益的运动。无产阶级的运动是绝大多数人的、为绝大多数人谋利益的独立的运动。"③ 因此，社会主义价值观的落脚点是"人民的幸福"。马克思说，共产主义社会是"以每一个个人的全面而自由的发展为基本原则的社会形式"。"人的自由而全面发展"是社会主义价值观的最高目标。因此，社会主义核心价值观对中国创新创业教育育人的发展具有非常强的引领和支持作用。

（二）欧洲创业教育的育人价值导向：欧洲共同价值观

马克思历史唯物史观认为，"政治上层建筑对经济基础具有保护和巩固作用，观念上层建筑对社会提供观念基础与思想保障"④。一般而言，在现实社会中，政权为了维护自身的合法性，就会利用和发挥观念等上层建筑的作用，增强社会成员的认同与凝聚力。利用和发展观念等上层建筑的过程中，一定会有主流价值的引导。那么，当前欧盟是否致力于在整个欧洲

---

① 教育部.教育部2019年工作要点［EB/OL］.［2019-02-24］.http://www.gov.cn/xinwen/2019-02/23/content_5367914.htm.
② 李健.社会主义核心价值观与西方"普世"价值的四大区别［J］.思想理论教育导刊，2015，（3）：63-67.
③ 马克思恩格斯选集，第1卷［M］，北京：人民出版社，1995：283.
④ 王秀阁.论思想政治教育研究取向的问题——马克思主义实践观视角［J］.马克思主义研究，2015（05）：129-134.

推行主流的价值引导？它的主流价值引导内容又有哪些？我们可以从欧盟当前的核心文件《欧洲联盟条约》中找到依据。《欧洲联盟条约》的第二条中明确提出欧洲核心价值观的概念，主要涉及尊重人的尊严、自由、民主、平等、法制和尊重人权等六项。2018年，在欧洲新修订的核心素养框架中，重新提到核心素养框架的制定是为了增强欧洲核心价值观。2018年，欧盟史无前例地发布《欧洲议会关于促进共同价值观、全纳教育和教学的欧洲维度的建议》，在教育领域强调共同价值观、全纳教育以及欧洲维度的教学①。由此我们可以看出欧洲共同价值观是当前欧盟大力倡导的主流价值观。

　　从内容上看，欧洲核心价值观包括尊重人的尊严、自由、民主、平等、法制和尊重人权等六项内容。而这六项内容带有西方资本主义社会所推行的普世价值观的重要痕迹。笔者认为这些普世价值观在当前的欧洲很难得到落地，主要有以下两个方面原因：一是欧盟成员国国民对欧洲共同价值观的理解差异巨大。"欧人在经济生活上水陆交通上彼此往来密切相依，却不能统合为一大单位者，其身近而心不近也"②。欧盟的27个国家在历史上的联系与矛盾错综复杂，尽管都是资本主义的社会制度，但是作为变体却各不相同。德国人理解的"尊重人的尊严"以及"平等"与克罗地亚人的理解肯定不同。因此各国人民对欧洲共同价值观的理解很难达到统一。二是欧洲共同价值观缺乏根植的土壤。欧洲共同价值观是欧洲的政治精英为了增强欧洲认同以及欧盟合法性而提出的一种文化主张，并没有包含民族性等更能够引起人们情感共鸣的价值。笔者曾就欧洲共同价值观的内容与来自西班牙、波兰以及克罗地亚等多位学者进行访谈，他们的态度和观点惊人的相似。他们都认为欧洲共同价值观的内容过于抽象与宽泛，都是一些常识，对他们而言是"正确"的，但是对他们的生活并没有现实的意义。有的学者甚至表示不清楚欧洲共同价值这个概念。因此，我们可以看出欧洲共同价值观并无法代表欧洲人们的共同意志，其科学性与实效性均十分

---

① European Council.Council Recommendation of 22 May 2018 on promoting common values, inclusive education, and the European dimension of teaching[EB/OL].[2018-05-22].https://publications.europa.eu/en/publication-detail/-/publication/03bd9ecb-6a26-11e8-9483-01aa75ed71a1/language-en/format-PDF/source-87391946.

② 梁漱溟.今天我们应当如何评价孔子,载于东方学术概观[M].成都：巴蜀书社,1986：91.

有限。

从性质上分析，欧盟提出的欧洲共同价值观是典型的根植于西方资本主义制度的意识形态观念，建立在资本主义生产资料私有制的经济基础之上。我们可以具体从两个方面理解它的资本主义意识形态性：一是它强调"个体"而并没有强调"家国情怀"与"社会责任"。资本主义社会由于生产资料占有的极不均衡，剥削与被剥削其实非常的严重，导致社会的贫富两极分化也十分严重。但是欧盟核心价值观中并没有体现出欧洲人对欧盟、国家以及社会的共同价值观，而只是空洞地强调"尊重人的尊严、自由、民主、平等、法制和尊重人权"。二是它具有扩张性质。随着欧盟东扩战略的实施，欧盟赋予东欧和东南欧国家加入欧盟的政治愿景。但是，他们的加入并不是无条件的，而必须要符合欧盟内老牌资本主义国家的价值观念，其中包括政治制度、经济制定以及法律法规等。上述政治意图往往披上欧洲共同价值观的外衣，打着"尊重人的尊严、自由、民主、平等、法制和尊重人权"的旗号。究其本质，欧洲核心价值观被作为欧盟在欧洲实施"欧洲化"重要的意识形态手段，具有扩张性质。

基于上述分析，我们不难看出欧洲核心价值观并不能对当前欧盟创业教育的育人起到"凝神聚力"的作用。欧洲核心价值观、欧洲公民等概念，是欧盟在进行欧洲政治一体化过程中的概念工具，目的是增强欧洲认同从而最终强化欧盟存在的合法性。但是由于缺乏根植的土壤以及有效的实施手段，欧洲核心价值观与欧盟创业教育的联系并不紧密。我们可以通过一个例子形象说明欧洲核心价值观与中国社会主义核心价值观在创业教育过程中的育人差距：我们可以调动学生对家国情怀的情感共鸣，而引导更多的学生加入创业大军；而欧盟做不到这一点。正如欧洲学者所指出的"有谁会像为了民族那样，为欧洲而死呢？"[①]

二、育人重点领域不同

中国和欧盟创业教育的重点领域是不同的。中国创新创业教育重点领域是高校，创新创业教育与高等教育改革、高校内涵式发展以及高校毕业生就业紧密地结合在一起，"创新"是其中的关键词。与中国有所不同，欧

---

① Anthony Smith.Nathions and Nationalism in a Global Era[M].Cambridge:Polity Press,1995：139.

盟创业教育的重点领域是基础教育，创业教育与终身学习结合在一起，核心素养培养是其中的关键词。

（一）中国创新创业教育在高等教育领域的发展

当前，指导我国创新创业教育发展的系列重要文件，均是指向高等教育领域的人才培养问题而颁布的。我国创新创业教育在高校承载着"以创促就"以及促进高等教育提质增效和内涵式发展的双重使命。这均是由我国的具体国情所决定的。

一是创新创业教育承担"以创促就"的历史使命。20世纪80年代以来，我国高校毕业生就业制度发生了深刻变化。计划经济时代的大学生"包分配""包当干部"等局面一去不复返，取而代之的是大学生供需见面会、双向选择的以市场为导向的就业原则。与此同时，为了满足人民对高等教育的需求，中国高校自2003年开始实施扩招战略，高校毕业生人数连年创新高。统计数据显示，2003年，全国高校扩招后的第一批毕业生人数是212万，到2013年，已经增长到699万，是十年前的3倍还多。就业方式的转变，就业人数的激增，都使中央对高校大学生这一特殊群体的就业工作格外重视，将其视作大学生的"民生"首要问题。党的十七大明确提出了"实施扩大就业的发展战略，促进以创业带动就业"的战略方针，指出"实施扩大就业的发展战略，促进以创业带动就业。就业是民生之本。要坚持实施积极的就业政策，加强政府引导，完善市场就业机制，扩大就业规模，改善就业机构。完善支持自主创业、自谋职业政策，加强就业观念教育，使更多劳动者成为创业者"。① 党的十八大明确要求"做好以高校毕业生为重点的青年就业工作"，"鼓励青年创业"，努力实现"就业更加充分"，"推动实现更高质量的就业"，"实施就业优先战略和更加积极的就业政策"，"引导劳动者转变就业观念，鼓励多渠道多形式就业，促进创业带动就业"，"加强职业技能培训，提升劳动者就业创业能力，增强就业稳定性"②，"全党都要关注青年、关心青年、关爱青年，倾听青年心声，鼓励

---

① 胡锦涛:《高举中国特色社会主义伟大旗帜为夺取全面建设小康社会新胜利而奋斗——在中国共产党第十七次全国代表大会上的报告》[M].北京：人民出版社，2007：38.
② 胡锦涛.坚定不移沿着中国特色社会主义道路前进为全面建成小康社会而奋斗——在中国共产党第十八次全国代表大会上的报告[M].北京：人民出版社，2016：35—36.

青年成长，支持青年创业。"① 此外，从2001年至今，教育部、人力资源和社会保障部每年都要颁布做好普通高等学校毕业生就业工作的专门文件，将高等学校的招生计划以及硕博等学科的建设与就业率挂钩，也使得高校对创新创业工作更加地重视。

二是创新创业教育承担推进高等教育综合改革的历史使命。改革开放以来，中国高等教育飞速发展。数据显示，"2016年，我国共有高等教育在学总规模3699万人，比2012年增加373.8万人，增长11.2%，占世界高等教育总规模的比例达到20%，成为世界高等教育第一大国"②。但是与此同时，高等教育综合改革的脚步一直也没有放缓，提高人才培养能力以及人才创新能力一直是高等教育改革的焦点。创新创业教育作为一个旨在培养学生创新精神、创业意识以及创新创业能力的新兴教育理念，被看作是高等教育综合改革的突破口。首先，创新创业教育可以对高校专业教育形成"倒逼压力"。学生在创新创业实践过程中所产生的需求以及反映出的突出问题，可以使高等教育学科固化思维得到冲击，使得学科专家再次审视原有专业中的人才培养质量标准。其次，创新创业教育可以促进高校产学研的协同创新。创新创业教育的实施，需要高校、政府以及企业共同参与，打通产学研的传统壁垒。产学研的协同创新有效提升了高校的社会影响力，并且使高校作为一个创新的发动机，带动经济的提质增效，有效促进了大众创业、万众创新局面的形成。

与欧盟创业教育与终身学习相结合、蓝图设计"大而全"有所不同，我国的创新创业教育实用性以及指向性更明确。欧盟组织自身的非主权国家性质，决定了其在教育问题上无法太过具体，太有针对性，而只能通过提出一些"建议"来呼吁成员国进行教育改革。即使随着欧盟一体化的深入，欧盟近年来在教育领域的行动力不断增强，那也都是通过成员国"授权"或者"主权让渡"的方式进行的。因此，欧盟提出的创业教育需要具有很强的包容性，才能使成员国更多地参与其中。而我国创新创业教育没有上述"包袱"，可以根据我国教育中出现的具体环节和具体问题进行有针对性的实施，这是我国创新创业教育的优势所在。然而，中国创新创业

---

① 胡锦涛.坚定不移沿着中国特色社会主义道路前进为全面建成小康社会而奋斗——在中国共产党第十八次全国代表大会上的报告[M].北京：人民出版社，2016：56—57.

② 张烁.我国高等教育在学总规模位居世界第一[N].人民日报，2017-09-29（006）.

教育仅仅在高校蓬勃发展也并非没有问题。中国高校创新创业教育"既要补启蒙教育落下的课程，又要开发专业教育的课程，以至于多数高校在素质教育与职业教育之间左支右绌"①。

（二）欧盟创业教育在基础教育领域的发展

欧盟创业教育的一个重要思路是将创业教育的发展与终身学习相结合。一般而言，终身学习体系包括正规的学校教育以及非正规的培训等。而正规的学校教育包括基础教育、职业教育以及高等教育。基于核心素养发展的欧盟创业教育，重在通过对学生知识、技能和态度的三位一体影响，最终使学生形成创业思维。态度的变化一般是早期干预比较好，因此欧盟主张作为核心素养发展的创业教育越早发展越好，基础教育阶段则被看作是欧盟创业教育的重点领域。欧盟曾呼吁所有成员国在学生离开义务教育阶段应该至少为学生提供一次创业实践经历②。因此，欧盟很多的实践都是在基础教育阶段开展的，例如"迷你公司项目"及"创业技能护照"项目。

由于欧盟主张将基础教育作为创业教育的重点领域，因此在实践上也形成了自身的特色。一是创业教育充分与其他学科结合。创业教育在基础教育阶段的开展常常采用跨学科融入的方式，充分与其他学科相结合。例如在小学阶段创业教育常常是与公民教育课程相结合，引导学生理解外部世界，走入社区，培养其社会责任感；与职业生涯体验类课程相结合，激发学生的职业理想和兴趣；与课外活动相结合，引导学生"做中学"，提高项目管理以及团队意识等。在基础教育阶段，创业教育由于偏重对学生意识和精神的培养，"自信心""主动性""创造力""做计划""团队合作"等常常是关键词。因此创业教育更像是一种教育方法，而非教育内容。二是重视大中小学相衔接。尽管基础教育是欧盟创业教育的重点发展领域，但是欧盟创业教育终身化的理念使得欧盟在创业教育的发展中积累了很多大中小学一体化发展的理论与实践。例如，在理论上，欧盟主张在中小学阶段重在启蒙，着重培养学生的创新精神与创业意识，而对于知识与技能的培养并不是最重要的，而在职业教育和高等教育阶段，重在专业化培养，着重培养创业技能和创业知识。在实践上，欧盟重视开发学习结果的测量

---

① 王占仁.中国创新创业教育史［M］.北京：社会科学文献出版社，2016：127.

② European Commission.Entrepreneurship 2020 Action Plan [EB/OL].[2017-12-13].http://eur-lex.europa.eu/legal-content/EN/TXT/PDF/?uri=CELEX:52012DC0795&from=EN.

指标。当前,比较有名的学习结果量表一个是2016年"核心素养框架"的442个学习结果,一个是东南欧创业学习中心所开发的学习结果。前者的学习结果着眼终身学习,设计偏向整体性和概念性,而后者按照学段的不同将分别从知识、技能和态度上对创业学习结果进行呈现,设计偏向实操性。这为大中小学相衔接提供了实践指南。

第三节 可借鉴性分析的基本结论

党的十九大报告指出"中国特色社会主义进入了新时代"[①]。新时代是对我国社会发展历史方位的重要论断,具有丰富的理论内涵。首先,进入新时代我国社会的主要矛盾发生了变化,从之前人民日益增长的物质文化需要和落后的社会生产之间的矛盾转变为了人民日益增长的美好生活需要和不平衡不充分的发展之间的矛盾。其次,新时代是决胜全面建成小康社会的攻坚克难时期与全面建设社会主义现代化强国的新阶段。新时代中国特色社会主义阶段赋予中国创新创业教育新的起点、新的目标与新的征程。

站在这个历史新方位上,中国创新创业教育需要以一种继往开来的崭新视角重新审视育人问题。具体到本研究中,一是要站在新时代的历史方位中"观世界",即理性分析当前欧盟创业教育发展的挑战与不足,启示我们在实践中避免此类问题;二是要站在新时代的历史方位上"思自身",着眼于为中华民族伟大复兴提供创新型人才支持的高度,将习近平总书记所提出的新时代育人理念贯穿于整个创新创业教育改革之中。

一、反思欧盟创业教育的顶层设计强与干预能力弱

在欧洲一体化的进程之中,欧盟组织的干预能力是一个不断发展的过程。欧盟干预能力首先始于经济领域,随着欧盟一体化进程的加深,才逐步从经济领域向政治、教育领域等不断渗透。需要指出的是,当前,欧盟并不像主权国家那样拥有完全的权力,它的权力来源于成员国的主权让渡。也就是说,欧盟作为一个"超国家"或者"后国家"的组织,它的权力行

[①] 中共中央宣传部.习近平新时代中国特色社会主义思想三十讲.北京:学习出版社,2018:52.

使需要遵守一定的规则。

根据《欧洲联盟条例》以及《欧洲联盟运行条约》的规定，当前欧盟主要遵守三个运行原则：一是授权原则。所谓授权原则，就是欧盟仅能在由成员国在条约中授予它的权能范围内行动。成员国在该条约里未授权的范围归成员国所有，欧盟不能有所超越。欧盟权能分为专属权能，共享权能，政策协调权能，采取支持、协调和补充行动的权能。而在教育领域，特别是在基础教育领域，欧盟成员国赋予欧盟基础教育方面"支持、协调或补充成员国"的权能。这种权能是有限的。二是辅助性原则。辅助性原则是指在非欧盟专属权能领域，只有当行动目标不能在成员国的中央层面或地区和地方层面完全实现、在欧盟层面行动能更好地实现的情况下，欧盟才能采取行动。也就是说，除了专属权能，欧盟其他所有权能都从属于成员国。三是相称性原则。相称性原则是指欧盟行动的内容和形式不得超出实现条约目标所必需的范围，即行动与目标相称。欧盟对基础教育干预力度的加强是一个渐进的过程①。

在欧洲一体化之初的欧共体年代，欧共体对基础教育领域是不干预的。但是随着20世纪70年代石油危机的爆发，欧共体注意到基础教育的价值，开始逐渐推行基础教育相关政策。直至欧盟成立，欧共体对基础教育的干预始终处于"权限不清、权力不明"的状态。欧盟在经济领域一直拥有非常强的干预能力，而在教育领域的干预能力比较有限。根据《欧洲联盟条例》以及《欧洲联盟运行条约》的规定，"欧盟应该通过鼓励成员国间的合作，为优质教育发展做出贡献。在必要的情况下，可以支持和补充成员国的教育行动，但是需要充分尊重成员国教学内容、教育体系以及文化和语言的多元性"②。简言之，欧盟在教育领域并没有太多实质权力，只是成员国行动的"支持和补充"，干预能力十分有限。尽管随着欧盟一体化的加深，欧盟在教育领域的干预"越来越多、越来越频繁"③，但是始终没有突

---

① 陈时见，冉源懋.欧盟教育政策的历史变迁与发展趋势［M］.北京：高等教育出版社，2016：190

② Official Journal of the European Union. Consolidated Versions of the Treaty on European Union and the Treaty on the Functioning of the European Union [EB/OL].[2018-12-21].https://eur-lex.europa.eu/legal-content/EN/TXT/HTML/?uri=OJ:C:2016:202:FULL&from=EN#d1e4373-47-1.

③ 陈时见，冉源懋.欧盟教育政策的历史变迁与发展趋势［M］.北京：高等教育出版社，2016：190

破"教育的欧洲维度"的定位。

2017年,欧盟提出"欧洲教育领域"的概念。我们可以看出"欧洲教育领域"是欧盟对"教育的欧洲维度"的深化和拓展。欧盟对"教育的欧洲维度"并没有具体的阐述,概念比较模糊。而"欧洲教育领域"强调促进教育流动并支持成员国教育和培训中的现代化,具有明确的发展内容和目标。"教育的欧洲维度"向"欧洲教育领域"的嬗变,意味着欧盟比以往更加重视教育的重要性。2017年"欧洲教育领域"提出之后,欧盟相继推出了一系列政策和措施来推动"欧洲教育领域"的深化和实施,政策和工具的密集程度在教育领域可谓空前。2018年1月,欧盟推出第一个一揽子计划措施,着重从终身学习核心素养、数字技能以及共同价值观与全纳教育三个方面入手,先后发布了多项政策和行动计划,其中"2018框架"便是其中的一项重要政策措施。紧随其后,欧盟于同年又发布了第二个一揽子计划措施,着重关注文凭的互认、语言学习以及早期儿童教育与护理。在此基础之上,"欧洲学生卡""欧洲大学"项目以及"伊拉斯谟斯"项目等欧盟之前主推项目也被统筹入"欧洲教育领域"之中。

随着"教育的欧洲维度"向"欧洲教育领域"的转变,欧盟试图通过更加明确的目标,使教育领域的干预能力更强。定位于核心素养的创业教育,属于欧盟的教育范畴,势必会受到欧盟在教育领域中干预能力的影响。当前欧盟在教育领域本身就存在着"权限不清、权力不明"的状态,势必会导致欧盟对各国创业教育的干预能力的"尴尬"。欧盟针对创业教育的一系列顶层设计,到底会引发一场革命,还是只是"空中楼阁",取决于成员国在教育领域对欧盟的支持。作为欧洲公民终身学习需要掌握的八大核心素养之一,创业素养在成员国教育体制中的落实,是未来欧盟创业教育能否走向纵深的关键。创业教育与终身学习的结合,是当前欧盟在教育领域发挥影响力的必然选择。

反观中国自身,我国创新创业教育并不存在"设计能力强而干预能力弱"的问题。无论是国务院的供给侧改革,还是教育部的创新创业教育改革,自上而下的贯彻力度都是其他国家或者政治形式所不具备的。尽管我们并不会面临上述欧盟的困扰,是不是就意味着我们的设计能力以及落实能力就十分完美呢?笔者认为我们需要反思的是,当前我们在落实创新创业教育相关政策的时候是否存在落实能力不足的问题。2015年的《国务院办公厅关于深化高等学校创新创业教育改革的实施意见》指出，当前创新创业教育中所存在的突出问题是"一些地方和高校重视不够，创新创业教育理念滞后，与专业教育结合不紧，与实践脱节；教师开展创新创业教育的意识和能力欠缺，教学方式方法单一，针对性实效性不强；实践平台短缺，指导帮扶不到位，创新创业教育体系亟待健全。"①2017 年的《中国高校创新创业教育发展蓝皮书》中同样指出，当前我国高校创新创业教育尚存在"对高校创新创业教育的本质理解片面化""对高校创新创业教育的定位呈现'边缘化'""对高校创新创业教育的课程群构建不足""对高校创新创业教育的组织管理专业度不够"和"对创新创业教育与专业教育的关系不明"这五个方面的突出问题②。由于我国省份众多、高校类型也有很大差异，因此势必会在创新创业教育的改革中存在政策与落实间存在距离的情况。有的高校是国家有政策，下面有对策，应付国家的各种检查，不惜在各种材料中弄虚作假，在指导创新创业教育中存在功利化倾向，并没有将创新创业教育落到实处。当前的紧要任务是成立创新创业教育改革的专门机构，通过专门机构来保证创新创业教育各项改革的落地。

二、反思欧洲认同危机对欧盟创业教育的影响

推动欧洲一体化是欧盟组织自建立以来的一个长期战略。欧洲一体化的进程尽管一直非常"曲折"，但是也一直在"前进"。这可以从欧盟历史上的几次扩展中看出：1973 年，欧盟首次扩张，吸纳了英国、丹麦、爱尔兰和格陵兰，实现了欧盟历史上的第一次地理扩展；1981 年吸纳了希腊；1986 年吸纳了西班牙和葡萄牙；1995 年，瑞典、芬兰和奥地利加入；2004 年迎来了欧盟历史上规模最大的一次扩展，吸纳了塞浦路斯、爱沙尼亚、拉脱维亚、立陶宛、波兰、捷克、斯洛伐克、匈牙利、马耳他和斯洛文尼亚共 10 个国家；2007 年吸纳了罗马尼亚和保加利亚；2013 年吸纳了克罗地亚。其中进入 21 世纪的两次扩张吸纳的主要国家来自东欧，因此后两次

---

① 国务院.关于深化高等学校创新创业教育改革的实施意见［Z］.国办发［2015］36 号.
② 北京中科创大创业教育投资管理有限公司.中国高校创新创业教育发展蓝皮书（2017）［M］.北京：冶金工业出版社，2018：11-13.

被称为"欧盟东扩"。连续的扩张,导致了欧盟的"扩大疲乏症"[①],欧盟成员国间的地区差异日益严重,欧盟内部决策众口难调、效率低下等都困扰着今天的欧盟。

当前,随着欧盟各国诸如难民危机,恐怖袭击频发,人口老龄化问题严重,成员国国内民族主义势力普遍抬头等一系列挑战的接踵而至,欧盟遭受前所未有的信任危机。2016年6月,英国通过公投单方面宣布脱欧,更是欧洲认同问题的一个集中爆发。当前"仅有三分之一的欧洲民众信任欧盟,而十年前可以达到二分之一"[②]。2017年,欧盟成立60周年之际,欧盟开始深刻反思并寻求应对良策,加强"欧洲认同"再次被强调,并被看作是解决欧盟"信任危机"、增强欧盟合法性的有效手段。

纳入到欧盟核心素养发展体系的创业教育,无疑是欧盟试图增强其在教育领域影响力的一个重要工具和手段。欧洲认同与创业教育之间的关系我们可以从两个方面去理解:一是欧洲认同影响创业教育的发展。欧洲民众对欧盟越信任,越将自己视作欧洲公民的一员,那么欧盟所提出的创业教育理念无疑越会被认可,而欧洲民众对欧盟越不信任,那么欧盟所提出的的一系列主张便越会受到消极抵制。二是创业教育有利于欧洲认同的形成。作为当前世界流行的一种新型教育理念与形式,创业教育无疑是各国教育的关注点。欧盟审时度势地抓住了这个教育热点,将其作为欧洲公民的八大核心素养之一,可以说是抓住了当前欧洲人对经济增长、社会稳定和个体全面发展的需要。这一举措无疑对欧盟在教育领域的影响力的扩大是有积极意义的。因此我们说创业教育在一定程度上可以促进"欧洲认同"的形成。

反观中国,我们国家的主权完整和民族大融合使我们在发展创新创业教育之时不存在国家认同的问题。这是我们创新创业教育天然的一大优势。欧盟所面临的挑战启示我们创新创业教育的发展会促进国家认同建构。换言之,创新创业教育有隐性思想政治教育的功能,我们需要有效利用这一功能。创新创业教育的实施可以有效将学生全面发展的需求与国家的需求

---

① 周弘.欧洲发展报告.2013-2014,欧盟东扩10年:成就、意义及影响[M].北京:社会科学文献出版社,2014:25.

② European Commission. White Paper on the Future of Europe[EB/OL].[2018-07-28].https://ec.europa.eu/commission/white-paper-future-europe-reflections-and-scenarios-eu27_en.

相结合，通过解决学生就业和创业等职业生涯选择的实际问题，有效解决学生的思想困惑，从而使学生获取积极生活的"正能量"。

三、新时代中国创新创业教育大力彰显社会主义核心价值观的凝聚力

通过中国和欧盟创业教育的比较，我们可以看出不同的社会意识形态决定了主流价值导向的不同。导向的科学性不同，对个体价值观念的影响也不同。社会主义核心价值观是根植于我国社会主义制度、优秀传统文化、革命文化以及老百姓心智模式的科学价值观，代表了中国最广大人民的价值追求，对中国创新创业教育具有十分强的引领力和支持力。然而，由于我国创新创业教育的发展时间较短、发展速度又过快，导致实施部门、教育者以及学生对创新创业教育存在认识不统一、观念多元等问题，集中体现在发展的环节中存在一定的功利化色彩以及个人主义价值观倾向。例如，管理部门只重视创业项目的"量"而忽略"质"；教师只注重教创业知识和技能，而不重视学生价值观的引导；学生中盲目崇拜创业偶像，忽视时代与国家对个人成功的作用。

欧盟的经验是将创业教育视作核心素养发展，具体是创业素养的发展。核心素养是知识、技能和态度三位一体。因此欧盟十分注重将价值观的要素融入到核心素养指标的开发中。在2016版欧盟创业素养学习结果中我们可以看到欧盟的主要观点在"道德与可持续发展"这个具体素养下体现，包含道德伦理、诚实守信、责任心、可持续性思维以及环境保护等核心内容。具体的呈现方式是以我为第一人称，共包含29个具体学习结果，例如"我在学校活动和社区中表现出负责任的道德行为""我能识别诚实正直、责任担当及诚实奉献""我能区分价值创造对社会的影响"。这些表述往往非常简单，有较强的可操作性（详见附录1）。

欧盟的超国家性质，导致欧盟创业教育无法彰显民族精神。而这恰恰是中国创新创业教育的优势所在，也是我们可以充分发挥凝心聚力精神作用的地方。因此，笔者认为我们创新创业价值观教育要重视国家观、政治观、文化观等体现我们国家民族气质的地方。在创新创业价值观具体内容维度的设计上，我们可以参考马克思主义价值观的内容维度，划分为"社会层面"与"个体层面"这两个维度，其中"社会层面"又可以按照内容

的不同细分为"政治""经济""文化"和"生态"这四个部分[①];个人层面涵盖个人的人生理想、就业观、财富观以及商业伦理观等四个部分(详见表5.1)。中国创新创业价值观内容设计的总体思路是凸显社会主义意识形态的根本特点,例如集体主义与为人民服务等,与此同时,将个人的人生理想与党和国家的重大关切紧密结合,注重宏观与微观层面个体的价值选择。具体而言,在社会层面的内容中,需要以习近平新时代中国特色社会主义思想为基本遵循,将新时代的时代内涵,包含国家经济建设、政治建设、文化建设、社会建设以及生态文明建设在内的"五位一体"总体布局,经济发展的新常态等与创新创业及其相关的内容进一步融合;在个人层面上,需要将人生理想、就业观、财富观与商业伦理进行融合。

表 5.1 中国创新创业价值观的内容结构

社会层面	个人层面
政治	人生理想
经济	就业观
文化	财富观
生态	商业伦理

与此同时,我们也可以借鉴欧盟的经验,将中国创新创业价值观的内容按照程度的不同进行进一步划分,例如可以划分为初级、中级、高级和专家级四个层次。在初级和中级主要涉及对常识和概念的了解和基本运用;高级和专家级水平需要学生具有理论水平,并且具备说服他人的能力。在具体的运用上,在面向全体学生开展的以启蒙为目的课程中,教师可以重在启发学生对当前时代、宏观经济形势的知识的兴趣,对国家提倡的就业观念与财富观念进行基本介绍;在针对有明确创业愿望的专业型和精英型的授课中,要在上述基础上,着重讲授个人人生理想、财富观以及商业伦理方面的内容。

四、新时代中国创新创业教育亟需重视"本土创造"

"民族的才是世界的",当前只有将创新创业教育形成一批具有中国气

[①] 罗国杰.马克思主义价值观研究[M].北京:人民出版社,2013:122.

派、中国风格的理论体系，将当代中国创新创业教育的实践经验进行很好的传播，才能实现中国创新创业教育在世界舞台上独树一帜，领跑世界。如果将1989年作为我国创新创业教育的发端之年，那么当前我国创新创业教育发展仅有30年，发展的时间还比较短。因此在很长的一段时间我们一提到"创业教育"或"创新创业教育"，言必称美国，给创业教育披上了"舶来品"的外套，似乎只有西方经验才是好的。其实在强调实践育人以及培养教育者的创造力、主动性与创新方面，我们有非常宝贵的理论资源和文化资源，下面从两个方面进行举例说明：

一是我国近代平民教育家陶行知创造的教育思想。陶行知曾在20世纪30年代到40年代间，发表了多篇文章来探讨其创造教育的思想，例如1933年《创造的教育》、1943年《创造宣言》、1944年《创造的儿童教育》等文章，其中"'行动'是中国教育的开始，'创造'是中国教育的完成"。① "处处是创造之地，天天是创造之时，人人是创造之人，让我们至少走两步退一步，向着创造之路迈进吧"。② 这些都是陶行知创造教育理念的直接体现。而创造教育与当今创新创业教育的"做中学"的理念具有相似性。

二是我国优秀传统文化以及革命文化中对人生选择以及人的发展均有过论述和体现。首先，传统文化不仅有"刚健有为的奋进精神""修身尚德的道德精神""忧国忧民的爱国精神""日进日新的创新"以及"兴邦致用的创业精神"③，还有以"自强不息"的忧患意识和"君子爱财，取之有道""以义取利"为代表的儒商精神④。其次，"以全心全意为人民服务为价值取向，结合工农、起于基层，胸怀理想、永久奋斗，成长为又红又专的社会主义事业的建设者和接班人"⑤是毛泽东对青年人的人生发展和职业追求提出的最为根本的要求。"为实现中华民族伟大复兴的中国梦而奋斗，是中国青年运动的时代主题"⑥ "当代中国青年要有所作为，就必须投身人民

---

① 陶行知.陶行知全集（第3卷）[M].成都：四川教育出版社，2005：450-451.
② 陶行知.陶行知全集（第4卷）[M].成都：四川教育出版社，2005：5.
③ 王占仁."广谱式"创新创业教育通论[M].北京：教育科学出版社，2017：154-322.
④ 刘爱军，钟尉.商业伦理学[M].北京：机械工业出版社，2016：21.
⑤ 王占仁."广谱式"创新创业教育通论[M].北京：教育科学出版社，2017：144-146.
⑥ 中共中央文献研究室.习近平关于青少年和共青团工作论述摘编[M].北京：中央文献出版社，2017：15-17.

的伟大奋斗。同人民一起奋斗，青春才能亮丽；同人民一起前进，青春才能昂扬；同人民一起梦想，青春才能无悔"①是习近平总书记对青年人生选择提出的期望。此外，还有当下习近平总书记"扣好人生第一粒扣子"的论述等。这些论述都应该被创新创业教育研究领域的工作者系统地总结，形成中国创新创业教育理论与实践重要的思想来源。

在发展中国创新创业教育之时，我们应该努力形成一种理论与实践"自觉"，即要重视本土创造。本土创造就是努力发展和形成中国自己的理论，更好地指导中国的实践。笔者认为当前中国创新创业教育"本土创造"的思路是在创新创业教育中践行"德智体美劳"五育并举的思想。习近平总书记在2018年教育大会上强调，培养德智体美劳全面发展的社会主义建设者和接班人，"五育并举"成为教育领域的共识。"五育并举"为当前中国创新创业教育本土创造提供了大的方向。我们可以从下面两个维度破解中国创新创业教育与"五育并举"的关系。

一是"五育并举"为中国创新创业教育指明了育人方向。教育的目的是实现人的全面发展。而当前中国学生全面发展的总体目标便是培养德智体美劳全面发展的社会主义建设者和接班人。这是我国教育领域育人的总体目标。德智体美劳五个方面全面发展是对社会主义建设者和接班人的具体解释。因此中国的创新创业教育也需要以此为育人的总体目标。这也是中国创新创业教育在育人方面与其他国家的本质区别。以欧盟为例，其培养的是全面发展的欧洲人。从核心素养层面去理解，欧盟的全面发展可以分为八项内容，分别为读写素养、数学科学技术工程素养、数字素养、个人社会和学会学习素养、公民素养、创业素养以及文化和表达素养。德智体美劳全面发展的社会主义建设者和接班人比核心素养在概念上更加上位，既体现了国家意志，又体现了人的全面发展诉求。我国需要围绕"五育并举"尽快制定符合中国国情的学生发展核心素养框架，将"五育并举"的指导思想落实到课程标准和大纲之中。

二是"五育并举"丰富了中国创新创业教育的内容。德智体美劳是个体全面发展的五个维度，从这一视角出发可以极大丰富中国创新创业教育

---

① 中共中央文献研究室.习近平关于青少年和共青团工作论述摘编[M].北京：中央文献出版社，2017：15-17.

的内容维度。创新创业教育中的德育维度笔者在上文中进行了讨论，核心便是社会主义核心价值观在创新创业教育领域的落细、落小、落实。创新创业教育的智育维度主要体现在创新创业教育与专业教育的融合。参照我国教育部2012年发布的《普通高等学校本科专业目录》中的专业分类，我国高校专业共分为哲学、经济学、法学、教育学、文学、历史学、理学、工学、农学、医学、管理学和艺术学等12个学科门类[①]。在这12个学科门类中融入创新创业教育便有效拓展了创新创业教育中的智育维度。创新创业教育中的美育维度和体育维度是当前创新创业教育的薄弱环节。通过在体育、音乐、美术等专业领域发展创新创业教育，可以实现创新创业教育中体育和美育的拓展。创新创业教育中的劳育维度是创新创业教育的优势所在。劳动教育顾名思义即使学生养成良好的劳动观念，热爱劳动，通过劳动实现个体全面发展。创新创业教育指向培养学生的创新精神、创业意识与能力，对学生的全面发展既具有工具价值又具有存在价值。而劳动教育对学生而言，同样如此，它既是学生认识世界的工具，也赋予学生存在的意义[②]。因此创新创业教育与劳动教育在本质上具有相合性。与此同时，在实践维度上，创业与劳动均是一种实践形式。从范围上说，创业是劳动的一种方式，具有"时代性"。创业与就业均是学生在社会中实现自我价值的"劳动"。因此，劳动教育是创新创业教育的应有之义。

五、新时代中国创新创业教育要打通大中小学创新型人才培养壁垒

创新型国家的建设需要创新型人才。创新创业教育是培养创新型人才的重要途径。当前我国高校创新创业教育如火如荼地开展，是破解创新型人才培养之困的有力举措。但是创新型人才的培养只依靠高校的力量是不够的，需要大中小学创新型人才培养一体化格局的形成。创新创业素养是对大中小学创新型人才培养一体化的一种积极构想。

---

① 教育部.教育部关于进行普通高等学校本科专业目录修订工作的通知[EB/OL]. http://old.moe.gov.cn//publicfiles/business/htmlfiles/moe/s3882/201012/xxgk_112726.html，2010-12-06.

② 班建武."新"劳动教育的内涵特征与实践路径[J].教育研究，2019，40(01)：21-26.

核心素养关系到国家和地区培养人的问题，具有非常强的意识形态性与时代性。欧盟 2006 及 2018"核心素养框架"的两次提出，充分地体现了欧盟组织对"时代发展"以及"地区意识形态"的双重回应。通过核心素养框架，欧盟向欧洲各国以及世界不断地传递着"21 世纪欧洲到底培养什么样的人"这一问题的答案，欧洲公民的概念也越来越清晰。2018 年习近平总书记在全国教育大会上发表重要讲话指出"坚持中国特色社会主义教育发展道路，培养德智体美劳全面发展的社会主义建设者和接班人"①，明确了新时期我国教育育人的总体目标，这也为当前我国核心素养框架的制定指明了方向。"核心素养是党的教育方针总体要求的具体化和细化。从党和国家层面来看，核心素养是党的教育目标的具体体现，是连接宏观教育理念、培养目标及课程与教学目标的关键环节"②。2019 年 2 月，教育部颁布的《中国教育现代化 2035》中再次明确指出，"完善教育质量标准体系，制定覆盖全学段、体现世界先进水平、符合不同层次类型教育特点的教育质量标准，明确学生发展核心素养要求"。③ 结合当前我国形势，笔者认为需要提出创新创业素养的概念，从而打通大中小学实践育人壁垒。

一是中国创新创业素养提出的必要性。当前，我国尚没有官方出台中国学生核心素养具体的框架。目前，我们找到的最权威的核心素养框架是 2016 年 9 月由北京师范大学林崇德教授团队发布的《中国学生发展核心素养》，其中指出，核心素养的内核指向培养"全面发展的人"，核心素养包含文化基础、自主发展、社会参与三个方面，综合表现为人文底蕴、科学精神、学会学习、健康生活、责任担当以及实践创新六大素养④。我们从《中国学生发展核心素养》中的六种素养的表述不难看出，我国并没有单独提出"创新创业素养"或者"创新素养"，而是将其融入到了"实践创新"之中，而"实践创新"则被包括在"社会参与"的范畴之下。另外，华东师范大学靳玉乐教授等将核心素养划分为语言运用、信息素养、自我理解、

---

① 习近平在全国教育大会上强调：坚持中国特色社会主义教育发展道路 培养德智体美劳全面发展的社会主义建设者和接班人［N］.人民日报，2018-09-10（001）.
② 林崇德.21 世纪学生发展核心素养研究［M］.北京：北京师范大学出版社，2016：3.
③ 教育部.中共中央、国务院印发《中国教育现代化2035》［EB/OL］.http：//www.gov.cn/zhengce/2019-02/23/content_5367987.htm.
④ 《上海教育》编辑部.《中国学生发展核心素养》总体框架正式发布［J］.上海教育，2016（27）：8-9.

反思能力、创新精神、实践能力、合作参与、社会责任以及国际理解九大类[①];学者褚宏启曾发文强调,"创新能力""批判性思维""公民素养""合作与交流能力""自主发展能力"以及"信息素养"是"中国 21 世纪现代人素养的清单,为国民素质提升、国民性改造指明了基本方向;是中国学生亟待发展的重点素质,是深化素质教育的优先选项,为推进教育现代化确定了战略重点",在"现代人素养的清单"中,创新能力是中国"核心素养的核心",培养创新人才是我国教育的优先目标[②]。

综上所述,我们可以看出当前我们在中国学生核心素养框架的内容方面并没有达成一致。但是学者们纷纷强调了创新精神、实践能力、合作参与及社会责任等内容。需要指出的是,上述学者均是从基础教育的角度进行的思考。当前,创新创业教育在我国高等教育领域的发展中积累了丰富的经验,但是也一直深受缺乏基础教育阶段启蒙的困扰,"既要补启蒙教育落下的课程,又要开发专业教育的课程,以至于多数高校在素质教育与职业教育之间左支右绌"[③]。为什么要各个教育阶段单打独斗,各自为战,不能够大中小学一体化整体思考,使实践育人实现大中小学的融合发展呢?基于此,结合欧盟经验,笔者提出创新创业素养的概念。

二是创新型人才培养大中小学一体化的建设思路。随着"大众创业、万众创新"口号的提出,创业已经从精英走向了大众。创新创业教育是否可以在教育体系更大的范围内实施呢?笔者认为答案是肯定的。回望历史,中国的创业教育实验最初是在基础教育领域启动的。1990 年下半年至 1991 年 9 月,中国就曾参与由联合国牵头的"提高青少年创业能力的教育联合革新项目",项目将在基础教育领域实施创业教育的目标和任务科学界定为:培养受教育者初步的创业意识、心理品质、能力技能,使之具有良好的社会适应性,较强的独立学习、生活的意识和本领。项目探索形成了"渗透模式",主要渗透在学科课程、活动课程和环境课程之中。[④]这些教育实验和研究成果为在基础教育阶段实施创业教育奠定了基础,但是此

---

① 靳玉乐,张铭凯,郑鑫.核心素养及其培育[M].南京:江苏人民出版社,2018:21-25.

② 褚宏启.核心素养的国际视野与中国立场——21 世纪中国的国民素质提升与教育目标转型[J].教育研究,2016,37(11):8-18.

③ 王占仁.中国创新创业教育史[M].北京:社会科学文献出版社,2016:127.

④ 毛家瑞,彭钢."创业教育的理论与实验"课题研究报告[J].教育研究,1996(5).

后中国基础教育领域的创业教育并没有在此良好基础上得到持续发展。具体原因我们无从考证。如果创新创业教育在基础教育阶段发展，不仅会使创新创业教育惠及更多学生，也会极大促进中国高校创新创业教育的发展。

我们提出的创新创业素养是一个类概念，包括最广义的"创新"以及最广义的"创业"，旨在培养学生的创新精神、主动性以及创新创业意识和能力。在不同的教育阶段有着不同的侧重点和表现形式。创新创业素养教育在中小学阶段，主要培养学生的创新素养；在高中阶段主要培养学生的职业生涯规划意识和能力；在大学阶段主要侧重创业教育。这样便能将我国高校创新创业教育中的启蒙任务前置化，有效解决基础教育阶段过于应试，而高等教育阶段又过于重视创业结果的尴尬局面。

此外，创新创业素养也是对"德智体美劳"的全面支持，创新创业素养与"劳育"具有天然的紧密联系，通过让学生在各种职业情境下进行劳动体验，有益于学生树立正确的劳动观。

六、新时代中国创新创业教育高校主导型生态系统的构建思路

生态系统的概念最早由生态学领域提出，强调构成生态系统的各个要素以及要素与整体间的关系。高校创新创业教育实践育人效果的彰显，需要依赖良性的生态系统的构建。生态系统中的各个要素要把实践育人作为己任，协同发展，才可打造育人的高地。结合欧盟经验，笔者主要从以下五个方面进行分析。

一是新时代高校主导型生态系统要确保各利益相关者共同参与。欧盟在各种创业教育的政策和文件中，都在强调"利益相关者"共同参与的重要性。这诚然与欧盟成员国众多，欧盟干预能力有限息息相关，但是我们也需要看到创业教育的复杂性决定了发展创业教育需要多方参与、共同发力，同时，也彰显了构建"生态系统"的重要性。这已经成为整个欧盟的共识。例如，发展创业教师教育时，欧盟强调"生态系统"中的参与方包括欧盟、成员国政府、教育部门、区域（地方）政府、学校、中间机构、商业企业家和教师教育培训机构等八个方面。"生态系统"涵盖"创业型教师"职前教育、教师持续专业发展、国家（地区）支持以及地方学校支持等四个"创业型教师"教育培养环节。为了确保"创业型教师"教育参与

各方都能够对自己的责任有比较清晰的认识,将教师教育各个环节落到实处,欧盟于 2012 年专门通过《布达佩斯议程》将"创业型教师"培养进行了凝练和细化。以教师职前教育为例,《布达佩斯议程》指出在此阶段主要有"面向全体学生的创业教育""课程内容和教法""评价""选拔学生教师"和"合作"五个要点。在"面向全体学生的创业教育"这个要点中需要成员国政府、教育部门、区域(地方)政府和教师教育培训机构这四个主体的参与。《布达佩斯议程》具有非常强的可操作性,已成为欧盟各国开展"创业型教师"教育的标准。

新时代高校主导型创新创业教育生态系统包括高校、地方政府和企业三大组成部分。其中高校内部需要全员参与,形成"内部整合"与"外部联动"相互衔接的良好局面[①]。这也是 2015 年教育部深化高校创新创业教育改革文件中的重点,"各地区要成立创新创业教育专家指导委员会,开展高校创新创业教育的研究、咨询、指导和服务。各高校要落实创新创业教育主体责任,把创新创业教育纳入改革发展重要议事日程,成立由校长任组长、分管校领导任副组长、有关部门负责人参加的创新创业教育工作领导小组,建立教务部门牵头,学生工作、团委等部门齐抓共管的创新创业教育工作机制。"[②]然而,当前高校中并没有形成全员参与、内外联动的良好局面。创新创业教育的主要开展部门还是就业中心或团委。多数高校教务部门、学科建设中并没有体现出创新创业教育的内容。因此,在新时代创新创业教育中需要着力确保利益相关者的共同参与。

二是新时代高校主导型生态系统应该高度重视高师院校的重要性。欧盟"创业型教师"的培养是为了满足欧盟将创业教育贯穿学生的义务教育、中等教育、职业教育和高等教育等各个阶段的战略而提出的。欧盟政策制定者普遍认为学生创业思维需要从小培养,开展得越早,效果越好,并且号召成员国在学生离开义务教育阶段后至少提供一次创业实践经历[③]。与此相比,我国创新创业教育发展起步较晚,发展速度较快,大量的社会需求

---

① 陈静.高校主导型创业教育生态系统构建研究[D].东北师范大学,2017:79.

② 国务院.关于深化高等学校创新创业教育改革的实施意见[Z].国办发[2015]36 号.

③ European Commission. Rethinking education: investing in skills for better socio-economic outcomes/[EB/OL].[2016-11-07].http://ec.europa.eu/transparency/regdoc/rep/1/2012/EN/1-2012-669-EN-F1-1.pdf/.

使得教师的缺口很大，尤其是在大学、中学和小学顺利衔接和一体化方面还有很多潜力可以挖掘。在为中小学培养"创新型教师"方面，高师院校大有可为。当前，针对高师院校培养创新创业型人才还存在着认识误区。有人认为高师院校学生不能创业、不该创业、不需创业。这些错误观念已经严重地制约了中国高校创新创业教育的深化改革和全面发展。破除这些认识上的藩篱，必须立足服务国家创新驱动发展战略的高度，围绕深化高师院校综合改革、促进内涵发展和质量提升的核心任务，瞄准大中小学创新创业教育衔接联动的突出问题，深刻把握中国高师院校创新创业人才培养的重要意义。我们应该看到在创新创业人才培养中，高师院校既可以为社会输送大量创新创业型人才，又可以充分发挥教师教育的独特优势，为教育事业输送优质师资，使这些教师在大学期间就具备创新精神和形成创业思维，以备在工作岗位上播撒创业的种子。高师院校通过培养创新创业人才，将创新创业教育前置化，实现创新创业教育融入国民教育全过程。

三是新时代高校主导型生态系统应该大力鼓励区域间建立伙伴合作。伴随欧洲经济、政治一体化进程，欧洲高等教育区域整合一直保持着非常好的传统。1999年"博洛尼亚进程"提出之后，欧洲高校间的合作更是前所未有。欧盟在推行创业教育的时候，也延续了这一传统优势，很多项目通过区域间的伙伴合作扩大了影响范围，统一了内部标准，有效推广了实践经验。欧盟的伙伴合作主要体现在国家间的伙伴合作以及教育机构间的伙伴合作两种形式。前者通常比较正式，合作领域比较广泛，例如东南欧创业学习中心。我国地域广袤，省份众多，各个高校开展创新创业教育的情况也不尽相同，如果只是"单打独斗"，势必造成资源配置的严重浪费，并且难以形成合力。因此，我国高校创新创业教育发展过程中需要借鉴欧盟各成员国（地区）和组织机构间成熟的伙伴合作经验。2012年，我国教育部启动"高等学校创新能力提升计划"（简称"2011计划"），旨在"通过构建面向科学前沿、文化传承创新、行业产业以及区域发展重大需求的四类协同创新模式，深化高校的机制体制改革，转变高校创新方式，建立起能冲击世界一流的新优势"[1]。协同创新模式一改以往"单打独斗"的方

---

[1] 教育部，财政部关于印发《2011协同创新中心建设发展规划》等三个文件的通知[EB/OL].[2016-11-06]. http://www.moe.edu.cn/srcsite/A16/kjs_2011jh/201404/t20140411_167787.html.

式，旨在通过学科、区域、行业等的协调合作，形成新的竞争力，这与创新创业教育实施过程中的伙伴合作有异曲同工之处。因此，我国高校创新创业教育的发展必须紧紧抓住这一国家教育新的发展契机，通过高校之间、高校与地方政府、高校与企业等建立协同合作关系，促进内涵发展，切实提升创新创业教育质量。

四是新时代高校主导型生态系统应该重视学生组织的力量。欧洲青年企业联盟的定位是高校学生组织，是通过学生自下而上推动高校创业教育的一种形式。我国高校与欧盟相比，在学生组织方面具有无可比拟的制度优势和师资优势。首先，我国高校有专门的学生工作部门来指导和组织学生各类活动。例如，我国高校设有共青团委员会来直接指导包括学生会和社团等在内的学生组织活动，引领青年学生思想。共青团委员会一般在各个院系都有自己的分支部门来指导学生的各项活动。共青团委员会指导下的学生组织在学生除"第一课堂"之外的"第二课堂"活动的引领中起到了不可替代的主导作用。高校推广创业教育不能仅仅停留在第一课堂的建设中，更应该发挥第二课堂对于学生创业能力培养的作用。其次，近年来高校辅导员队伍的不断发展为高校学生创业提供了必要的师资保证。高校学生创业过程中离不开创业教师的指导。然而，我国创业教育的发展一开始便缺少在商学院内部"自生长""自成熟"的专业发展过程，从一开始就呈现出专业教育与普及教育"双轨并进"的布局。[①] 高校辅导员队伍专业化职业化进程的加深，势必会为高校创新创业教育发展提供师资补给，从而推动高校学生组织创业实践的发展。因此，高校在发展创业教育的过程中不应该忽略学生组织这支力量。高校创新创业教育职能部门应该基于"广谱式"创业教育的理念，以提高学生创业能力和就业能力为切实出发点，最大限度地调度学生组织的力量。这样创新创业教育才能真正从"上"走到"下"，并实现"上下联动"，最终形成创业文化。

五是新时代高校主导型生态系统应该重视"做中学"的体验式学习模式。青年企业的概念是基于"做中学"的体验式学习模式而提出的，并迅速在欧洲范围内发展开来。我国学者熊川武对体验式学习模式进行了追本

[①] 王占仁，常飒飒.美国高校创业教育"成熟型""合法性"及"发展趋势"的论争与启示[J].比较教育研究，2016（1）：7-13.

溯源,认为"体验式学习发源于著名教育家杜威的'经验学习'。杜威认为,要保障人类经验的传承和改造,学校教育就必须为学生提供一定的材料;而要获得真知,则必须借助运用、尝试、改造等实践活动,这就是著名的'做中学'。"① 体验式学习理念一经提出,在世界范围内掀起了一场学习的革命。由于创新创业教育本身实践性强等特点,世界各地如美国、欧盟等在开展创业教育过程中均十分重视体验式学习的教学方法。我国高校创新创业教育在实施过程中也应该从多个方面倡导这一理念:教育主管部门,应该努力为创新创业教育提供更多的体验式学习机会;高校层面,应该从创新创业教育课程体系及评价体系入手,将"体验式学习"理念融入其中;教师层面,应该成为学生学习过程中的"引导者",教师在整个学习过程中发挥的作用应该是从原来"填鸭式"地讲授知识与技能转变为着眼于学生需求而提供学习支持;学生层面,应该努力转变自己的思维方式,从原来的被动接受转变为主动建构,主动为自己争取体验式学习的一切资源。

---

① [美]库伯.体验学习——让体验成为学习与发展的源泉[M].王灿明等译.上海:华东师范大学出版社.2008:2.

附 录

欧盟创业素养学习结果一览表[1]

领域	素养	等级 1	等级 2	等级 3	等级 4	等级 5	等级 6	等级 7	等级 8
意识与机会	寻找机会	我能寻觅机会为他人创造价值。	我能认识社区和周围环境并创造价值。	我能解释为什么某个机会能创造价值。	我能主动地（包括在必要的情况下）寻觅能够创造价值的机会。	我能描述用以识别创业机会的不同分析方式。	我能运用对环境的了解来创造价值。	我能识别能够创造价值的机会，并根据我所在的不同的环境（比如微观、中观、发观经济）决定是否利用该机会。	我能发现并迅速利用机会。
		我能发现或等待解决的不同挑战。	我能在社区和周围环境中识别我能帮助解决的挑战。	我能发现机会，并以多种方式来解决问题。	我能重新定义相关挑战，因而也能发现解决该挑战的方式。	我能剖析惯例和具有挑战性的主流思想来创造机会并从多个角度观察挑战。	我能把握正确的时间，抓住同的机会去创造价值。	我能把握那多个不同的机会或识别不同机会产生的协同作用，以便发挥它们的最大效益。	我能明确那些同的机会让我体现绝对优势的机会。

---

[1] European Commission.EntreComp:The Entrepreneurship Competence Framework[EB/OL].https://publications.jrc.ec.europa.eu/repository/handle/JRC101581.

续表

领域	素养	等级1	等级2	等级3	等级4	等级5	等级6	等级7	等级8
意识与机会	寻找机会	我能指出那些因问题得到解决而受益的群体。	我能发现社区和周围环境中未被满足的需求。	我能解释说明为什么不同的群体有不同的需求。	我能明确在创造价值时我想应对的用户群体和需求。	我能针对利益相关者开展需求分析。	我能发现不同利益相关者相互矛盾的需求和利益带来的挑战。	我能设计出有关需求以及满足该需求的行为的"路线图",用以帮助我创造价值。	我能设计用来预测未来需求的项目。
	创造力	我能指出我能创造价值的不同地区的不同之处（比如在家、社区、自然环境、金融圈和社会中）。	我能明确公共部门、私人部门以及第三方部门在我所在地区或国家扮演的不同角色。	我能指出不同环境下创造价值的不同之处（比如,社区和非正式社交网,现有组织及市场）。	我能判断我在现有组织中或自主创业时在创造价值方面的个人、社会及职业机会。	我能判断我（或我的团队）创造价值时的相关体系的界限。	在分析一项价值创造活动时,我能对其进行全面观察并寻找机会取得进步。	我能监控相关趋势,并观察它们如何产生威胁或创造机会来创造价值。	我能创造文化,即企业文化,鼓励发现微弱的转变的信号,从而发现创造价值的新机会。
		我能表现出我对新事物的兴趣。	我能探索新办法来使用现有资源。	在新环境中我能试验我的技能和能力。	我能主动地寻觅能够满足我的需求的新办法。	我能主动地寻觅能够提升价值创造过程的新办法。	我能结合我对不同环境的理解使用不同领域的知识,创意和解决办法。		

续表

领域	素养	等级 1	等级 2	等级 3	等级 4	等级 5	等级 6	等级 7	等级 8
意识与机会	创造力	我会开发式创意,解决与我的环境相关的问题。	无论是独立还是合作,我都能开发创意,为他人创造价值。	我能有效利用资源,使用不同的方法来寻求解决问题的方法。	我能通过终端用户来检验我的解决方案。	我能使用不同的办法通过终端用户来检验创意。	我能为利益相关者参与发现、开发以及检验过程设计一系列步骤。	我能以不同的方式让利益相关者参与进来,以便满足价值创造活动的需求。	我能为利益相关者参与创意(能创造价值的创意)的发现、开发以及实现过程设计新的步骤。
		我会对开放式问题(具有多种解决办法的问题)产生兴趣。	我能多角度地考虑开放式问题,从而获得多种解决办法。	我能参与以明确开放式问题为目标的小组活动。	我能重新定义开放式问题,让其符合我的能力。	我能描述并解释定义开放式问题以及不同方法的策略。	我能通过致励、实验、使用创新方法解决问题来帮助他人创造价值。	我能启动、发展、管理并终止一项创新项目。	我能使用一组创新方法来不断创造价值。
		我能将自己和他人创造价值的项目组合起来。	我能改善现有产品、服务和流程,以便更好满足我的同伴和社会的需求。	我能确定某个原型应该具有的基本功能,以便简述我的创意的价值。	我能组合、检验并逐步完善原型,使其能够模拟我想要创造的价值。	我能(独立或合作)创造能够解决我的问题和需求的产品或服务。	我能开发并实现不同发展阶段我的价值,体现我的价值(或我的团队)的创意,并逐渐添加更多。	我能使用不同的方法、设计方法,通过新产品或服务来创造价值。	我能设计并使用新工艺来创造价值。

续表

领域	素养	等级 1	等级 2	等级 3	等级 4	等级 5	等级 6	等级 7	等级 8
意识与机会	创造力	我能举例说明创新产品、服务和解决办法。	我能解释为什么一些创新促进了社会转型。	我知道不同类型创新之间的差异(例如,产品创新及社会创新、渐进性创新与破坏性创新)。	我能判断一个创意、产品或流程是否是革新的或只是对我来说如此。	我能描述创新在社会、文化和市场中是如何发展的。	我能描述不同级别的创新(比如,渐进性、转型性的或新创造性的)以及他们在活动上扮演的角色。	我能根据从创意到现有企业、新建企业或社会发展来确定创意可行性的必需步骤。	我可以管理创新工艺以应对新兴的需求,并充分利用可以把握的机会。
	愿景	我能想象一个理想的未来。	我能想象一个简单的未来图景,为我的社区和周围环境创造价值。	我能(独立或与他人一起)与他想象一个能鼓舞人心的未来愿景。	我能在我创造价值的时候实现未来的愿景。	我能凭借我对环境的理解,确定未来的战略愿景来创造价值。	我能详细阐述我的(或创造成员的)再创造价值方面的战略愿景。	我能(独立或与他人一起)开发并比较不同的未来愿景。	针对不同受众,我都能展示我的愿景在行动时期的益处。
			我能解释愿景及其目的。		我知道建立一个愿景需要什么。	我能解释在战略规划上愿景声明的作用。	我能为我(或我的团队)制定有关价值创造的愿景声明,以便指导价值创造。	我能根据愿景制定计划,设计能够实现该愿景的必要战略。	我能围绕一个令人信服的愿景来调动人们的积极性和归属感。

续表

领域	素养	等级 1	等级 2	等级 3	等级 4	等级 5	等级 6	等级 7	等级 8
意识与机会	愿景			我在创造价值上的愿景促使我努力将创意付诸实践。	我能确定我愿意致力于哪一种有关价值创造的愿景。	我能确定为了实现我的愿景需要作出的改变。	我能促进有利于我的愿景的变革和改革。	我能明确与我（我团队）的愿景相关的挑战，认识到利益相关者会受到影响。	我能根据我在价值创造上的愿景来创造（独立或与他人一起）一个"路线图"。
	创意	我能举例说明一些创意，该创意对自己和他人都有价值。	我能展示不同组织（比如企业和组织）是如何在我的社区和周围环境中创造价值的。	我能指出社会、文化、经济价值的差异。	我能决定我想实施的某类创意并选择最合适的实现方式。	我能识别创业获得的不同种类的价值（比如社会、文化或经济价值）。	我可以把价值分解成不同的部分，并确定每部分的价值是如何增加的。	我可以制定策略，有效地利用机会为我的组织或企业创造价值。	我可以从不同角度相关来陈述一个新想法的价值。
	评估	我能简明怎样可以在尊重他人权利的前提下遵守并使用他们的创意。	我能解释创意是可以分享和传播的，从而有利于所有人。我也能解释创意是可以受相关著作权（比如著作权和专利权）保护的。	我能区分用以分享创意和维护权的不同种类的许可证。	为了分享并保护我的创意的价值，我能选择最合适的许可证。	我能区分商标权、注册设计权、地理标识、商业秘密、保密协议和版权许可证，包括开放的、公共领域的许可，如创意共享。	当我和他人一起开发创意时，我能起草有利所有者的传播协议和开发协议。	我可以针对地理需求制定一套知识产权的定制策略。	我能针对知识产权年限制定有关知识产权的战略。

续表

领域	素养	等级 1	等级 2	等级 3	等级 4	等级 5	等级 6	等级 7	等级 8
意识与机会	道德与可持续思维	我能识别诚实正直、负责任担当及真诚奉献的行动。	我能用自己的语言描述诚实和道德的重要性。	我能从道德角度来思考消费和生产过程。	我能诚实正直地作出决策。	我认为创造价值的创意应该受到道德、性别、平等、公平、社会公正及环境可持续发展的支持。	我能负责地在我的影响范围内鼓励道德行为（例如，强调不平等的存在和诚实品质的缺失来促进性别平等）。	我认为在我的影响范围内应优先遵守并促进道德行为。	我以实际行动来反对不道德的行为。
		我能举例说明有利于社区的对环境友好的行为。	我能识别企业为社会创造价值时的环境友好行为。	我能发现不可持续的行为及其对环境带来的影响。	在面对不可持续的项目时，我能清晰地陈述问题。	我能详细阐述组织对环境的影响（反之也可）。	我能详细阐述社会和科技发展在影响环境方面的关系。	我能选择合适的方法根据环境的业务分析其造成的影响。	我能在我的业务范围内对我的调节进行详细阐述。
		我能发现并举例说明人类在社会、文化、环境或经济背景下的行为所带来的变化。	我能区分价值创造活动对社区的影响和对更广泛社会的影响。	我能识别利用机会对于我、我的团队、目标群体以及周围环境带来的影响。	我能识别受我（或我的团队）创造价值影响的利益相关者，以及无法为自己辩护的关系（比如，后代、子孙、气候或自然）。	我能分析价值在我工作体系领域内、我的价值创造活动的影响。	我能阐明影响、评估、监测和效果评价的目的。	我能选择"衡量指标"来监测和评估我在价值创造活动上的影响。	我能对价值创造活动进行影响评估、监测和效果评价。

续表

领域	素养	等级 1	等级 2	等级 3	等级 4	等级 5	等级 6	等级 7	等级 8
意识与机会	道德与可持续思维				我能区别对资源使用的负责和对我的价值创造活动对利益相关者的影响和环境的负责。	我能区分投入、产出、结果和影响。	我能阐述功能同责和战略同责的具体方法。	我能使用那些判定我对内部及外部利益相关者负责的问责制度。	我能设计对所有利益相关者负责的方式。
资源	自我意识与自我效能感	我能发现我的需求、欲望、兴趣和目标。	我能描述我的需求、欲望、兴趣和目标。	我能投身于实现我的需求、欲望、兴趣和目标的事情。	我可以反思涉及机会和未来前景的个人和群体的需求、欲望、兴趣和愿望。	我能将我的需求、欲望、兴趣和梦想转变为帮助我实现它们的目标。	我能帮助他人来思考自己的需求、欲望、兴趣和梦想，以及应如何将其转变为目标。		
		我能发现我擅长做的事情。		我可以评判我的优势、劣势和与创造价值的机会相关的其他事务。	我渴望使用我的优势和能力来充分利用机会，创造价值。	我能通过与他人合作来取长补短。	我能帮助他人发现自己的优势和不足。		

续表

领域	素养	等级 1	等级 2	等级 3	等级 4	等级 5	等级 6	等级 7	等级 8
资源	自我意识与自我效能感	我相信我能成功完成别人让我做的事。	我相信我能实现我的目标。	我可以辨别通过我的成就获得的控制能力（与那些外部的影响相比）。	我相信我能给人们和环境带去良好影响。	尽管有困难以及资源和他人帮助的不足，我相信我有能力实现我的梦想和计划要做的事情。	我相信我的经历，即便他人认为是失败的，我也能从中获益。		
		我能举出不同种类的工作及其主要职能。	我能描述不同工作需要的品质和能力以及其中我具有的品质和能力。	我能表述我在职业选择方面的技能和能力，包括个人经验。	如果有新机会或有必要，我能利用我的技能和能力来改变我的职业道路。	我能说明对我个人态度、技能和知识的真实理解如何能够影响我的决策，与他人的关系和生活的质量。	我能在清晰了解自身优势和不足的情况下，与我的团队和组织一同选择职业发展机会。	我能在清晰了解我们的优势和不足，充分考虑目前和未来的机会，为我的团队和组织创造价值的基础上，设计我的团队和组织的职业发展战略。	我能设计战略来克服我（或我的团队或组织）的不足，并开拓我们在预测未来需求方面的能力。
	动力和毅力	为自己或他人做贡献和好事的可能性激励着我前进。	为自己以及他人创造价值的想法激励着我前进。	我能预想到完成目标后的感觉，这种感觉激励着我前进。	我能管理我自己的行为，保持有动力的状态，表得将为行动而带来的好处和利益。				

续表

领域	素素	等级1	等级2	等级3	等级4	等级5	等级6	等级7	等级8
资源	动力和毅力	我会将任务视作挑战,并尽力做到最好。	挑战激励着我的前进。	我能设置各种挑战来激励我前进。	我愿意付出努力并利用资源来战胜挑战,达成我(或团队)的目标。	想要取得成就的愿望以及对自己能力的信心都鼓舞着我继续努力前进。	我能指导他人如何做到保持动力,并鼓励他们投身于自己想要完成的事业。	我能营造激励团队的良好氛围(比如:庆祝胜利,从失败中吸取教训,鼓励采用新颖创新的方式解决问题)。	我认为所有成果都是即时的,只适用于当下时间和环境。因此我是按照可持续进步提高保证我们的价值来逐步提高和创新的。
			我知道激励自己以及他人创造价值的诸多方式。	我会思考社会激励,这些社会激励与首创精神以及为自己和他人创造价值有关。	我能判断个人因素与外部因素之间的差异,这些因素在我或者他人创造价值时,激励我们的前进。	我会运用策略来保持动力(例如,设立目标,监测表现,评估进展)。	我会运用策略来使我的团队保持动力,吸引人才,专注于创造价值。	我会创新方法有效地吸引人才,并时刻激励他们。	在我的团队以及组织中,我会适当地奖励首创精神,辛勤努力以取得的成就。
		我会展示实现目标的热情与强烈意愿。	我有决心和毅力达成我(或团队)的目标。	我能克服基本的不利条件。	我能判断出什么时候就没有必要再坚持一个创意。	努力达成目标的过程中,面对逆境和困难我也会继续坚持。	我会制定策略,克服一般的不利条件。	我能应对未预料到的变化,挫折以及失败(如失业)。	在作出困难决定或应对失败时,我会保持我的团队或组织保持积极向上的态度。

续表

领域	素养	等级 1	等级 2	等级 3	等级 4	等级 5	等级 6	等级 7	等级 8
	动力和毅力	面对困难，我不会放弃，继续前行。	为达成目标，为达成目标，我不惧工作的艰辛。	由于我可以长期努力，为创造更多价值，我会延迟完成目标。	尽管有困难和挫折，我仍会继续努力，保持兴趣和动力。	我会庆祝短期胜利来保持动力。	通过展示激情和主人翁意识来激励他人为自己的目标努力工作。	尽管会面临诸多挑战，我仍会专注于我的愿景和目标。	
资源	资源与调动	我能意识到资源并不是取之不尽的。	我知道与他人共享资源的重要性。	我会尝试不同的资源组合来帮助我将创意付诸行动。	我会获取并管理必要资源将创意付诸行动。	当开始价值创造活动时，我能为如何管理有限资源制定计划。	我会汇集必要的资源，促进我的价值创造活动的开展。	我会给我（或团队）的价值创造活动的行动计划每个步骤都分配足够的资源（时间、资金，以及团队人员的技能、知识和经验）。	我能判断支持一个创新理念或机会所需要的关键资源，这些创意和机会是为了发展已有的事业，或开创新企业或社会企业。
		我很珍惜自己的资源，并且能够合理使用。	我能够阐述资源是如何通过重复利用、修复和回收利用而得以持续使用。	我可以阐述循环经济和资源再利用的基本原则。	我会高效负责地使用资源（如能源、应链或生产过程中的原料，以及公共空间）。	当作关于价值创造活动的决定时，我会考虑资源使用的非物质成本。	我会选择并实施有效的资源管理程序（如生命周期分析和固体废物）。	我可以发现有效利用资源的机会，并在我的组织中推行循环经济。	我可以创新方法来降低价值创造活动对环境、社区，以及社会产生的总体影响，也能够衡量改善程度。

续表

领域	素养	等级1	等级2	等级3	等级4	等级5	等级6	等级7	等级8
资源	资源与调动	我可以为我的任务分配不同的时间（比如什么时候学习、玩耍、休息）。在任务过程中遇到困难时，我会寻求帮助。	我很珍惜时间，并将其看作稀有资源。我能判断价值创造活动中可以帮我的人（如教师、同学和导师）。	我能阐释在不同价值创造活动中投入时间的必要性。我可以阐述劳动工作和工作专业化这两个概念。	我能有效利用时间来达成我的目标。我可以找到并列出可以帮助我的价值创造活动的公共和私人服务（如企业孵化器，社会企业顾问，针对初创企业的天使投资人以及投资商会）。	我会采用一些方法和手段来高效地管理时间，提高效率。我可以为我的价值创造活动寻求数字解决方案（如免费、付费或者公开的方案）。	我能帮助别人高效地安排时间。为抓住机会创造价值，我会寻求支持和帮助（如咨询服务、同学或导师的帮助）。	我会实施高效的时间管理程序。在组织内外我都可以高效地委托任务，获得最大价值（如外包、合伙、收购以及众包）。	我可以设计高效的时间程序，创造活动的特定需求。我可以借助支持我的价值创造活动的外部组织机构，发展一个灵活、响应迅速的供应商网络。
	财经素养	我熟知与金钱相关的术语和标志。	我会解释简单的经济学概念（如供给和需求、市场价格、贸易）。	我会运用机会成本和比较优势的概念解释个体、地区和国家之间进行交易的原因。	我能读懂利润表和资产负债表。	我会解释资产负债表和损益表之间的区别。	我会设立财务指标（如投资回报率指标）。	我会使用财务指标来衡量价值创造活动的财务健康状况。	我会运用财务指标与竞争者的财务健康状况做对比。

续表

领域	素养	等级1	等级2	等级3	等级4	等级5	等级6	等级7	等级8
资源	财经素养	我能判断应该投入资金的地方。	我会负责任地制定家庭预算。	我会为价值创造活动制定预算。	我会估算价值创造活动的现金流需求。	我会进行财务计划,并目预测我将创意付诸行动需要知道的概念和知识（如营利和非营利）。	我会估算复杂项目的现金流需求。	我会估算组织的现金流需求,这个组织运行着多个相互依存的价值创造项目。	我能为我（或团队）的价值创造活动在财务和经济方面的长期可持续发展制定计划。
		我知道家庭、企业、非营利组织和国家的主要收入类型。	我能描述银行在社会和经济中所扮演的重要角色。	我能说明价值创造活动有多种形式（普通企业、社会企业、非营利组织等）；它们的所有权结构也是不一样的（个人企业、有限责任公司和合伙企业）。	我知道价值创造活动可能的公共和私人资助来源（如奖金、众筹、股票）。	我会选择最合适的资金来源来建立新创企业或者拓展我的价值创造活动。	我会申请公共或私人的企业支持项目、国家融资方案、国家补贴或投标。	我可以筹集资金,确保收入来源的多样性,并有效管理这些资源。	我能判断可以带来潜在投资者的机会。

续表

领域	素养	等级 1	等级 2	等级 3	等级 4	等级 5	等级 6	等级 7	等级 8
资源	财经素养	我能概括税收的目的。	我能解释税收是如何资助国家的，以及税收在提供公共产品和服务方面的作用。	我会估算主要会计账单和应缴纳的税收金额，以达到经济活动的交税要求。		我会估算我的财务决策（投资、购置资产和产品等）会对税收产生的影响。	我会以当前的税收方案为依据，作出财务决策。	我会依据不同国家或地区的税收方案来作出财务决策。	
	动员他人	我对挑战充满热情。	我会积极地参与为他人创造价值的活动。	我不会因为困难而气馁。	我能做到以身作则，成为榜样。	我可以获得他人的认可和帮助来支持我的价值创造活动。	在不利的环境下，我能激励他人。	困境时，我也会与我的团队、合作伙伴和利益相关者一起保持良好势头。	我会组成合作联盟将创意付诸行动。
			我会提出多个论点和理由来说服别人。		我会激发他人的情感来说服他人。	在潜在投资者和捐赠者面前我会积极有效地宣传自己的项目。	我（或团队）创新的目标、方法和价值活动会影响到一些人，我会尽力克服他们的阻力和不满。	我会呼吁内部利益相关者的共同参与（如合伙人、员工或高管）。	我会为可以创造价值的创意进行洽谈、争取和支持。

续表

领域	素养	等级 1	等级 2	等级 3	等级 4	等级 5	等级 6	等级 7	等级 8
资源	动员他人	我会清楚地向他人传达我的创意。	我能运用不同方式（如海报、视频、角色扮演），极具说服力地向他人展示团队的创意。	我能够传达有创意的设计和解决方法。	对于不同背景的利益相关者，我都能成功地传达我自己（或团队）创意的价值。	我能将我（或团队）的愿景以鼓励或劝说的方式传达给外部群体（如投资人、合作者、志愿组织、新成员以及关系密切的支持者）。	我能以讲述或场景构建的方式鼓励和领导人们。	我会和有创意的目标群体开展建设性的讨论。	我可以让所有利益相关者对一个创造价值的机会负责并采取行动。
		我可以举例列出我通过交流方面的活动。	我能阐述媒体是如何通过不同的方式接触受众的。	我采取不同方式向大家（包括社交媒体）有效地传达创造价值的创意。	由于我知道目己的受众和目标，所以我会合理地利用媒体。	通过有计划地利用社交媒体，我可以对价值创造活动相关的看法施加影响。	我能够策划社交媒体活动来动员我（或团队）的价值创造活动有关的人群。	我能定义并运用一定的交流策略去动员与我的价值创造活动相关的人群。	我会保持并增加对未来愿景的支持。
实际行动	主动性	我会负责地完成布置给我的任务。	在团体活动中，我习惯于负责任地完成自己的任务。	在价值创造活动中，我会承担个人和团体的责任，完成简单的初级任务。	在价值创造活动中，我会主动承担团体的责任。	我能够合理地委托重任。	我会鼓励他人在价值创造活动中承担自己的那份责任。	我会对复杂的价值创造活动负责。	在价值创造活动遇到前所未有的挑战时，我会承担新的任务，抓住新的机遇。

续表

领域	素养	等级 1	等级 2	等级 3	等级 4	等级 5	等级 6	等级 7	等级 8
主动性 / 计划与管理 / 实际行动	主动性	在完成我的任务时，我会表现出一定的独立性。	我能独立完成简单的价值创造活动。	我能发起简单的价值创造活动。	我受到未来能独立开创价值的创造活动的可能性的驱动。	我能独立或与他人一起发起价值创造活动。	我可以独立地帮助他人工作。	我会赞赏他人的工作，并恰当地在团队和组织内部给予奖励。	
		我会采取行动解决影响到周围环境的问题。	我在解决影响周围环境的问题时，展现出行动的积极性。	我能积极面对挑战，抓住机遇，解决问题，创造价值。		我会将创意和机会付诸行动，给新的或现有的事业增添价值。	我看重那些独立地积极采取行动、主动解决问题和创造价值的人。	我能够鼓励他人在团队和组织中积极主动解决问题，创造价值。	
	计划与管理	我可以阐述在简单的价值创造活动中我要实现的目标。	我知道在简单的创造活动中，为创造价值我还应该实现的其他目标。	我能描述未来的目标，设定我的目标与我的理想、力量、兴趣和成绩相符。	我可以确立我能执行的短期目标。	我能明确我（或团队）的价值创造活动的长期目标。	我能将短期、中期和长期我（或团队）的价值创造活动的愿景相匹配。	我能制定与我（或团队）的愿景相符的策略来实现我的目标。	我能平衡创造性和控制力两方面的需求，确保并促进组织在实现目标方面的能力。
	实际行动	我能为价值创造活动制定简单的计划。	我能自在地同时处理多项简单任务。	我能制定行动计划来明确实现目标的必要步骤。	我允许我的计划有变动的可能性。	我会总结项目管理的基本原则。	在管理价值创造活动的时候，我会运用项目管理的基本原则。	我会制定并坚持一个详细的项目管理计划，并根据环境的变化进行调整，确保目标的实现。	在有挑战性的情况下，我能制定管理的步骤，高效地创造价值。

续表

领域	素养	等级1	等级2	等级3	等级4	等级5	等级6	等级7	等级8
实际行动	计划与管理			我能为自己的创意开发一个商业模型。	我能阐明商业模型实现特定价值所必需的关键组成部分。	我能根据模型制定商业计划，并描述如何实现价值。	我能利用规划方法，如商业营销策划，来组织和管理我的价值创造活动的顺序。	在规划方法上我能与时俱进，适时调整规划以适应不断变化的环境。	我能调整价值创造活动的商业模型来应对新的挑战。
		我能回想我所参加的简单价值创造步骤的顺序。	我能明确价值创造活动所需的基本步骤。	我能为价值创造活动的基本步骤进行优先排序。	我能为自己的事情设立优先级，然后按优先次序采取行动。	为实现我（或团队）的愿景，我会对事情的优先次序进行定义。	尽管情况不断变化，我仍然能够专注于已确立好的优先次序。	在模糊不确定以及信息不完全的情况下，我仍能够明确优先次序。	
		我知道自己在某个任务上的进度。	我能关注到是否要开始规划某项任务。	我知道监督一个简单价值创造活动进展所需的数据类型。	我能设立基本指标和观测指标来监督我的价值创造的进展。	我能描述监测业绩和影响的不同方式。	我能明确监测价值创造活动效率所需要的数据，并找到合适方法收集这些数据。	我能制定制度我（或团队）需要的绩效指标，以监控工作进展，确保我的项目是否在不断变化的环境中取得圆满的结果。	我会制定并执行数据收集计划，密切关注我的项目是否达到目标。

领域	素养	等级 1	等级 2	等级 3	等级 4	等级 5	等级 6	等级 7	等级 8
实际行动	计划与管理	我乐于接受变化。	我能以建设性的方式应对并处理变化。	我能根据团队的需求调整计划。	根据控制之外的变化，我会调整自己的计划来实现目标。	我会欣然接受可以为我的价值创造带来新的机会的变化。	在价值创造过程中，我会参与并关注人为变化。	我会利用监测的结果调整自己的优先次序、目标、愿景、计划、行动步骤或者价值创造的其他方面。	我能将变化和调整的理由很好地传达给组织。
	不确定性模糊性和风险	我并不害怕在尝试新事物的时候犯错误。	在完成任务时，我会探索自己的方式。	我能阐明信息在减少不确定性、模糊性和风险方面的作用。	我能主动寻找并对比信息的不同来源，来帮助我减少做决定时面临的模糊性、不确定性风险。	当信息不完全时，我会寻找方法来作出决定。	当不确定性非常大时，我能集聚不同的看法和见，作出明智的决定。	我能作出决定，评估不确定或模糊情境下的不同组成元素。	我会为数据收集和监管制定合适的策略，并在做决定时有可靠的依据。
		我能在周围环境中识别关于风险的例子。	我能描述与我参与的简单价值创造活动相关的风险。	我能区分可接受风险与不可接受风险之间的区别。	我能权衡创业与其他职业的风险和收益，并作出符合自我意愿的决定。	在创造价值时，我能用可承受损失这一概念来做决策。	我能根据风险评估来比较不同的价值创造活动。	当环境变化时，我能衡量我的事业所面临的风险。	我能使用结构化方法评估高风险的长期投资项目。

续表

领域	素素	等级1	等级2	等级3	等级4	等级5	等级6	等级7	等级8
实际行动	不确定性、模糊性和风险		我欢迎他人为价值创造活动带来的价值。	我能考虑到不同因素,客观地评估与我的价值关联的创造活动的风险。	在我工作的领域中,我能客观地评估正式开展一个价值创造事业会面临的风险。	我能表明我会通过权衡价值创造活动的风险和预期收益来作出决策。	当开展我的价值创造活动时,我能概括出我的风险管理计划(或团队)做选择。	我能采取策略来降低价值创造过程中可能出现的风险。	我会制定策略以降低我的创造价值过程时而被淘汰的项目因风险。
	合作能力	我会尊重他人,以及他们的背景和处境。		我会联合不同的支持和帮助来创造价值。	我会珍惜多样性,把多样性看作创意和机会的来源。		我会鼓励和支持团队和组织内部的多样性发展。	在我的组织外,我能发现创造价值的创意,并充分利用这些创意。	
		我能对他人展现出同理心。	我能意识到情感、态度以及行为在塑造他人态度和行为方面的重要作用,反之亦然。	我能自信地表达我的创造价值的创意和想法。	我能直面冲突,并解决冲突。	当必要时,我会做出让步。	我能处理阻碍我的价值创造活动的不自信的行为(如消极的态度和看法、破坏性行为等)。	我能恰当地处理冲突。	
		我能对他人展现出同理心。	我可以阐述倾听别人的想法对实现我(或团队)的目标的好处。	对他人关于创造价值的想法,我会不带偏见地认真倾听。	我能倾听客户的想法和意见。	我能描述与终端用户打交道的不同技巧和方法。	我会实施一定的策略来积极地倾听我的终端用户,并采取行动满足客户需求。	我会整合不同来源的众多信息帮助我理解终端用户的需求。	

续表

领域	素养	等级1	等级2	等级3	等级4	等级5	等级6	等级7	等级8
实际行动	合作能力	我能接受独立工作也能与他人一起合作，我能扮演不同的角色，并承担相应的责任。	我乐于改变我在团队中的工作方式。	我可以和各式各样的个体和团队合作。	我会和团队中的成员分享价值创造活动的所有权。	我能根据成员的个人知识、技能和态度来组建团队。	我能利用数字科技与分散的群体合作，促进价值创造活动。	我可以设计实体和虚拟空间，鼓励团队成员之间合作共进。	我会通过鼓励人们一起工作，来增强组织创造价值的能力。
		在价值创造活动中，我乐于吸引他人的参与。	我能为简单价值创造活动做出贡献。	我能为群体决策作出建设性的贡献。	在价值创造互动中，我能组建一个互相合作的团队。	我会运用一些技术和工具来帮助大家一起合作。	我能给予人们支持，帮助他们在团队中发挥最优异的表现。	我可以与远程团队的人一起工作，他们可以独立地为创造价值的活动做出贡献。	我会采用一些工作方式和激励措施来促进团队成员的相互合作。
		我会解释关系、合作以及同伴支持这些名词的含义和不同表现形式（如家庭和其他群体）。	我乐于与他人（个体或团队）建立联系，共同合作。	我会利用关系来获得相应支持（包括情感支持），帮助我将创意转化为行动。	为获取将创意转化为行动所需的支持和帮助（包括情感支持），我会建立新的关系，如建立与导师的关系网。	我会利用我的关系网寻找适合我（或团队）的价值创造活动。	我会主动与组织内外的给我的价值创造活动的支持和帮助（如扩大会和社交媒体）。	我可以利用我的关系网将不同的观点汇集在一起，为我（或创造团队）的价值创造过程提供信息。	我会以设计高效流程，与不同或新的利益相关者建立关系网，并确保他们的参与。

续表

领域	素养	等级 1	等级 2	等级 3	等级 4	等级 5	等级 6	等级 7	等级 8
实际行动	体验式学习	我可以找到我创造价值但惨败的例子。	我可以提供虽有暂时失败,但最终获得有价值成果的例子。	我能反思我或他人的失败,找出失败的原因,并吸取失败的教训。	我会阐明我是否并目如何完成目标,以使我能评估相应的表现,并吸取经验和教训。	事情进展过程中,我会不断反思我的成就和暂时的失败,不断学习,从而提高自己创造价值的能力。	我会通过向他人提供真诚且有建设性的反馈来帮助他人反思成就和暂时的失败。	根据反馈以及不断地从成功和失败中吸取经验和教训,我会帮助我的团队以及组织更上一层楼。	
		我能举出例子证明我的技能和能力已经随着经验的积累和失败而得到了提升。	我能预见到我的技能和能力会随着经验的积累(从成功和失败中学习)而得到提升。	我能反思我的学习路径对我的未来机会以及选择的重要性。	我会一直寻求机会增强我的优势和长处,减少或弥补我的劣势与不足。	我会寻求并选择机会来克服我(或团队)的不足,发展我(或团队)的优势和长处。	我会帮助他人发挥长处,减少或弥补不足。	我会在组织内外发现自我提高的机会。	我会制定并执行策略来保证我的事业继续创造价值。
		我知道通过参加价值创造活动我学到了什么。	我会反思我参与价值创造活动的经历,并从中吸取经验和教训。	我会思考我与他人的互动和交往(包括与伙伴以及导师之间的交往),并从中学习。	我会过来自他人的反馈,并从中获取有益的信息。	我会将终生学习融入个人发展策略以及职业发展中。	我能帮助他人反思自己与他人的互动和交往,并引导他们从交往中学习。	我能从监测影响的结果以及评估活动的知识,这些评估活动的设计是用来追踪价值创造活动的最新进展的。	我能从监测以及评估学习中学习,并将学习的经验和教训纳入组织的学习过程中。

参考文献

经典文献

[1] 马克思恩格斯选集（1-4卷）[M].北京：人民出版社，2012.
[2] 马克思恩格斯文集（1-10卷）[M].北京：人民出版社，2009.
[3] 马克思、恩格斯、列宁论意识形态[C].北京：人民出版社，2009.
[4] 毛泽东选集（1-4卷）[M].北京：人民出版社，1991.
[5] 邓小平文选（1-3卷）[M].北京：人民出版社，1993-1994.
[6] 江泽民文选（1-3卷）[M].北京：人民出版社，2006.
[7] 胡锦涛.高举中国特色社会主义伟大旗帜　为夺取全面建设小康社会新胜利而奋斗——在中国共产党第十七次全国代表大会上的报告[M].北京：人民出版社，2007.
[8] 毛泽东、邓小平、江泽民论青少年和青少年工作（增订本）[C].北京：中央文献出版社，2003.
[9] 习近平总书记系列重要讲话读本[M].北京：学习出版社、人民出版社，2016.
[10] 习近平谈治国理政（第一卷）[M].北京：外文出版社，2014.
[11] 习近平谈治国理政（第二卷）[M].北京：外文出版社，2017.
[12] 习近平关于青少年和共青团工作论述摘编[M].北京：中央文献出版社2017.
[13] 习近平.论坚持推动构建人类命运共同体[M].北京：中央文献出版社，2018.
[14] 习近平.论坚持全面深化改革[M].北京：中央文献出版社，2018.
[15] 习近平.在纪念五四运动100周年大会上的讲话[M].北京：人民出

版社，2019.
［16］十六大以来党和国家重要文献选编（上卷）（下卷）［C］.人民出版社，2005.
［17］十七大以来重要文献选编（上）［C］.北京：中央文献出版社，2009.
［18］十七大以来重要文献选编（中）［C］.北京：中央文献出版社，2011.
［19］十七大以来重要文献选编（下）［C］.北京：中央文献出版社，2013.
［20］十八大以来重要文献选编（上）［C］.北京：中央文献出版社，2014.
［21］十八大以来重要文献选编（中）［C］.北京：中央文献出版社，2016.
［22］十八大以来重要文献选编（下）［C］.北京：中央文献出版社，2018.
［23］党的十九大报告辅导读本［C］.北京：人民出版社，2017.
［24］中国共产党第十九次全国代表大会文件汇编［C］.北京：人民出版社，2017.
［25］中共中央宣传部.习近平新时代中国特色社会主义思想三十讲［C］.北京：学习出版社，2018.
［26］改革开放三十年重要文献选编（上）（下）［C］.北京：中央文献出版社，2008.
［27］中共中央关于全面深化改革若干重大问题的决定［C］.北京：人民出版社，2013.

中文学术专著、译著

［28］国家教委国家教育发展研究中心，中国教科文组织全委会秘书处.未来教育面临的困惑与挑战——面向21世纪教育国际研讨会论文集.［M］.人民教育出版社，1991.
［29］教育部高等教育司.创业教育在中国：试点与实践［M］.北京：高等教育出版社，2006.
［30］教育部高等教育司.高等学校创业教育经验汇编［M］.北京：高等教育出版社，2011.
［31］教育部高等教育司.世界主要国家创业教育情况［M］.北京：高等教育出版社，2012.
［32］教育部.国家中长期教育改革和发展规划纲要（2010-2020年）［M］

北京：人民出版社，2010.

［33］陶行知.陶行知全集（第 3-4 卷）［M］.成都：四川教育出版社，2005.

［34］张耀灿，郑永廷，吴潜涛，骆郁廷.现代思想政治教育学［M］.北京：人民出版社，2006.

［35］张耀灿，陈万析.思想政治教育学原理［M］.上海：华中师范大学出版社，2009.

［36］罗国杰.马克思主义价值观研究［M］.北京：人民出版社，2013.

［37］袁贵仁.价值观的理论与实践［M］.北京：北京师范大学出版社，2006.

［38］杨晓慧.社会主义核心价值体系融入大学生思想政治教育全过程的基本问题研究［M］.北京：人民出版社，2011.

［39］杨晓慧.中国大学生就业创业发展报告·2011［M］.北京：人民出版社，2013.

［40］王占仁."广谱式"创新创业教育导论［M］.北京：人民出版社，2012.

［41］王占仁."广谱式"创新创业教育概论［M］.北京：人民出版社，2016.

［42］王占仁."广谱式"创新创业教育通论［M］.北京：教育科学出版社，2017.

［43］王占仁.中国创新创业教育史［M］.北京：社会科学文献出版社，2016.

［44］郑永廷.思想政治教育方法论［M］.北京：高等教育出版社，2010.

［45］郑永廷，高国希等.大学生自主创新理论与方法［M］.北京：人民出版社，2010.

［46］沈壮海，冯刚.中国大学生思想政治教育发展报告 2013［M］.北京：北京师范大学出版社，2013.

［47］沈壮海.思想政治教育有效性研究［M］.武汉：武汉大学出版社，2008.

［48］张澍军.高校学生思想政治教育载体研究［M］.北京：北京出版社，1999.

［49］骆郁廷.当代大学生思想政治教育［M］.北京：中国人民大学出版社，2010.

［50］刘沧山.中外高校思想政治教育研究［M］.北京：人民出版社，2008.

［51］彭钢.创业教育学［M］.南京：江苏教育出版社，1995.

［52］曹胜利，雷家骕.中国大学创新创业教育发展报告［M］.辽宁：万卷出版公司，2009.

［53］徐小洲，叶映华.中国高校创业教育［M］.浙江：浙江教育出版社，2010.

［54］牛长松.英国高校创业教育研究［M］.上海：学林出版社，2009.

［55］张项民.创业教育与专业教育耦合研究［M］北京：科学出版社，2013.

［56］陈时见，冉源懋.欧盟教育政策的历史变迁与发展趋势［M］.北京：高等教育出版社，2016.

［57］周弘.欧洲发展报告.2013-2014，欧盟东扩10年：成就、意义及影响［M］.北京：社会科学文献出版社，2014.

［58］徐刚.巴尔干地区合作与欧洲一体化［M］.北京：社会科学文献出版社，2016.

［59］李明明.超越与同一——欧盟的集体认同研究［M］.上海：世纪出版集团，2009.

［60］雷建锋.欧盟多层治理与政策［M］.北京：世界知识出版社，2010.

［61］刘文修.欧盟的超国家治理［M］.北京：社会科学文献出版社，2009.

［62］苏崇德.比较思想政治教育学［M］.北京：高等教育出版社，1998.

［63］靳玉乐，张铭凯，郑鑫.核心素养及其培育［M］.南京：江苏人民出版社，2018.

［64］刘爱军，钟尉.商业伦理学［M］.北京：机械工业出版社，2016.

［65］北京中科创大创业教育投资管理有限公司.中国高校创新创业教育发展蓝皮书（2017）［M］.北京：冶金工业出版社，2018.

［66］［美］杰弗里·蒂蒙斯，小斯蒂芬·斯皮内利.创业学［M］.周伟民，吕长春译.北京：人民邮电出版社，2005.

［67］［澳］科林·琼斯.本科生创业教育［M］.王占仁译.北京：商务印书馆，2016.
［68］［德］理查德·韦伯.创业教育评估［M］.常飒飒，武晓哲译.北京：商务印书馆，2017.
［69］［芬］克里斯汀娜·埃尔基莱.常飒飒等译.创业教育：美国、英国与芬兰的论争［M］.北京：商务印书馆，2017.
［70］［美］库伯.王灿明等译.体验学习——让体验成为学习与发展的源泉［M］.上海：华东师范大学出版社，2008.

中文期刊论文

［71］陈希.将创新创业教育贯穿于高校人才培养全过程［J］.中国高等教育，2010，（12）：4-6.
［72］陈希.在推进高等学校创新创业教育和促进大学生自主创业工作视频会议上的讲话［J］.中国大学生就业，2010，（06）：13-17.
［73］冯刚.在中华民族伟大复兴进程中坚定文化自信［J］.马克思主义理论学科研究，2017，3（03）：94-103.
［74］冯刚.改革开放40年来高校思想政治教育发展的经验与展望［J］.中国高等教育，2018（Z2）：47-51.
［75］冯刚.改革开放以来高校思想政治教育政策设计与发展展望［J］.国家教育行政学院学报，2018（09）：28-35.
［76］冯刚，曾永平.学科交叉视野下思想政治教育创新发展的特点与趋势——基于2017年学科交叉与思想政治教育研究成果的分析［J］.思想政治教育研究，2018，34（01）：18-23.
［77］张耀灿.思想政治教育学科理论体系发展创新探析［J］.思想教育研究，2007（04）：9-12.
［78］杨晓慧.我国高校创业教育与创新型人才培养研究［J］.中国高教研究，2015，（01）：39-44.
［79］杨晓慧.创业教育的价值取向、知识结构与实施策略［J］.教育研究，2012，33（09）：73-78.
［80］杨晓慧.比较思想政治教育研究的学科理性、本质定位及系统建设

[J].思想理论教育导刊,2014(10):101-105.

[81] 杨晓慧.关于加强比较思想政治教育学科建设的几个问题[J].社会科学战线,2014(06):208-213.

[82] 杨晓慧.对深化思想政治教育学科建设的几点思考[J].思想政治教育研究,2014,30(01):12-16.

[83] 杨晓慧.高校创业教育生态系统建设的国际比较和中国特色[J].中国高教研究,2018(01):48-52.

[84] 杨晓慧.习近平青年价值观教育思想论要[J].马克思主义研究,2017(11):124-133+160.

[85] 王占仁,常飒飒.英国高校职业生涯管理技能课程研究——以英国里丁大学为个案[J].中国高教研究,2012(10):58-61.

[86] 王占仁."经由就业走向创业"教育体系建设研究[J].东北师大学报(哲学社会科学版),2013,(05):166-171.

[87] 王占仁.创新创业教育的历史由来与释义[J].创新与创业教育,2015,第6卷(4):1-6.

[88] 王占仁."广谱式"创新创业教育的体系架构与理论价值[J].教育研究,2015,第36卷(5):56-63.

[89] 王占仁,常飒飒.国际创业教育研究中的核心概念辨析——以"Enterprise"与"Entrepreneurship"语义、语用分析为中心[J].外国教育研究,2015,42(06):78-88.

[90] 王占仁,常飒飒.美国高校创业教育"成熟性""合法性"及"发展趋势"的论争与启示[J].比较教育研究,2016,38(01):7-13.

[91] 王占仁,吴晓庆.创新创业教育对大学生思想政治教育的重要贡献论析[J].思想教育研究,2016,(08):33-37.

[92] 王占仁.中国创业教育的演进历程与发展趋势研究[J].华东师范大学学报(教育科学版),2016,第34卷(2):30-38,113

[93] 王占仁.中国高校创新创业教育的学科化特性与发展取向研究[J].教育研究,2016,(3):56-63.

[94] 王占仁,刘志,刘海滨,李亚员.创新创业教育评价的现状、问题与趋势[J].思想理论教育,2016,(8):89-94.

[95] 王占仁.高校思想政治教育如何实现全程、全方位育人[J].教育研

究，2017，第38卷（8）：25-31.

[96] 王占仁，常飒飒.欧盟"创业型教师"教育研究[J].比较教育研究，2017，39（06）：20-27.

[97] 王占仁.创新创业教育与思想政治教育的关系论析[J].深圳大学学报（人文社会科学版），2018，35（01）：111-115.

[98] 王占仁.创新创业教育的核心要义与周边关系论析[J].国家教育行政学院学报，2018（01）：21-26.

[99] 王秀阁.论思想政治教育研究取向的问题——马克思主义实践观视角[J].马克思主义研究，2015（05）：129-134.

[100] 宋妍，王占仁.论思想政治教育与创新创业教育的双向建构[J].思想教育研究，2017，（06）：38-41.

[101] 宋妍，王占仁.试论思想政治教育对创新创业教育的价值引领[J].思想政治教育研究，2017，33（03）：141-144.

[102] 宋妍，王占仁.论当代大学生创新创业价值观的引领[J]国家教育行政学院学报，2017，239（11）：52-57.

[103] 褚宏启.核心素养的国际视野与中国立场——21世纪中国的国民素质提升与教育目标转型[J].教育研究，2016，37（11）：8-18.

[104] 侯惠勤.意识形态的历史转型及其当代挑战[J].《马克思主义研究》，2013（12）：5-13.

[105] 徐志仓.社会主义核心价值观及国家层面价值观内涵探析[J].思想理论教育导刊，2016（09）：95-98.

[106] 徐小洲，倪好，吴静超.创业教育国际发展趋势与我国创业教育观念转型[J].中国高教研究，2017（04）：92-97.

[107] 徐小洲，梅伟惠.高校创业教育的战略选择：美国模式与欧盟模式[J].高等教育研究，2010，31（6）：98-103.

[108] 梅伟惠.欧盟高校创业教育政策分析[J].教育发展研究，2010，（09）：77-81.

[109] 梅伟惠.高校创业教育评价的类型与影响因素[J].教育发展研究，2011，31（03）：45-49.

[110] 王志强.一体与多元：欧盟创业教育的发展趋势及其启示[J].教育研究，2014，（04）：145-151.

[111] 黄兆信，张中秋，王志强，刘婵娟.欧盟创业教育发展战略的演进、特征与关键领域［J］.高等工程教育研究，2015，（01）：91-96.

[112] 刘虹.欧盟创业教育政策和发展战略［J］.世界教育信息，2016，（21）：27-33.

[113] 刘志，梁祯婕."双创时代"研究生创业伦理培育的意义与研究进路［J］.学位与研究生教育，2017（6）.

[114] 崔军.欧盟创业能力框架：创业教育行动新指南［J］.比较教育研究，2017，（01）：45-51.

[115] 陈伟，李方星.创业教育终身化的若干问题［J］.继续教育研究，2017，（12）：19-21.

[116] 牟晓青，于志涛.欧盟中小学创业教育现状解析［J］.山东理工大学学报（社会科学版），2017，（01）：97-105.

[117] 王志强，代以平.欧盟大学－产业部门合作创新机制的主要类型及路径选择［J］.比较教育研究，2018，（02）：7-12.

[118] 常媛媛.基于实践的创业教育——欧盟"最佳程序项目：中等教育迷你公司"解析［J］.上海教育科研，2014，（07）：9-13.

[119] 常媛媛.新时期欧盟创业教育发展策略［J］.复旦教育论坛，2014，12（06）：102-106.

[120] 常飒飒，王占仁.欧盟创业教育评价的类型、工具与发展趋势［J］.大学教育科学学，2018（06）：74-80.

[121] 常飒飒，王占仁.欧洲高校学生组织创业实践研究——以欧洲青年企业联盟为个案［J］.外国教育研究，2018（12）：44-55.

[122] 常飒飒.欧洲一体化背景下东南欧地区创业教育发展研究［J］.国家教育行政学院学报，2019（03）：87-95.

[123] 牛长松.英国大学生创业教育政策探析［J］.比较教育研究，2007（04）：79-83.

[124] 沈雁.丹麦大学创业教育模式研究——以哥本哈根商学院为例［J］.高等工程教育研究，2015，（03）：161-165.

[125] 王辉，周谊.芬兰高校创业教育质量保障实践探析［J］.职业教育研究，2017，（12）：91-96.

[126] 段世飞."一带一路"背景下西班牙创业现状及启示［J］.创新与创

业教育，2017，8（04）：127-130.

[127] 王文礼.波兰高校创业教育述评[J].世界教育信息，2011，(08)：39-43.

[128] 黄晓波，柯政彦.波兰高校创业教育发展及对中国的启示——以克拉科夫经济大学为例[J].高教探索，2011，(04)：66-69.

[129] 蔡敦浩，林韶怡.创业教育的教学模式：典范差异与现状反思[J].创业管理研究，2013，8（2）：1-18.

[130] 裴新宁，刘新阳.为21世纪重建教育——欧盟"核心素养"框架的确立[J].全球教育展望，2013，42（12）：89-102.

[131] 陈希.将创新创业教育贯穿于高校人才培养全过程[J].中国高等教育，2010（12）：4-6.

[132] 毛家瑞，彭钢."创业教育的理论与实验"课题研究报告.[J].教育研究，1996（5）.

[133] 毛家瑞.从创业教育研究到创业教育工程.[J]教育评论，1995(2).

[134] 班建武."新"劳动教育的内涵特征与实践路径[J].教育研究，2019，40（01）：21-26.

[135] 林海亮.欧盟基础教育政策的主要内容、实施路径及影响[J].基础教育，2013，10（06）：89-102.

中文博士学位论文

[136] 宋妍.高校创新创业教育与思想政治教育关系研究[D].东北师范大学，2017.

[137] 常媛媛.欧盟创业教育发展策略研究[D].浙江大学，2015.

[138] 孔洁珺.大学生创业价值观教育研究.[D].东北师范大学，2017.

[139] 朱春楠.大学生创业价值观教育研究.[D].东北师范大学，2017.

[140] 陈静.高校主导型创业教育生态系统构建研究[D].东北师范大学，2017.

[141] 李明明.欧洲联盟的集体认同研究[D].复旦大学，2004.

重要中文政策、报告、报纸

[142] 中共中央，国务院.关于加强技术创新，发展高科技，实现产业化的决定［Z］.中发［1999］14号.

[143] 中共教育部党组.关于进一步加强高等学校学生思想政治工作队伍建设的若干意见的通知［Z］.教党［2004］12号.

[144] 中共中央，国务院.关于进一步加强和改进大学生思想政治教育的意见［Z］.中发［2004］16号.

[145] 教育部.关于大力推进高等学校创新创业教育和大学生自主创业的意见［Z］.教办［2010］3号.

[146] 教育部.关于做好2012年全国普通高等学校毕业生就业工作的通知［Z］.教学［2011］12号.

[147] 教育部.普通本科学校创业教育教学基本要求（试行）［Z］.教办［2012］4号.

[148] 教育部.关于做好2015年全国普通高等学校毕业生就业创业工作的通知［Z］.教学［2014］15号.

[149] 国务院.办公厅关于发展众创空间推进大众创新创业的指导意见［Z］.国发［2015］9号.

[150] 国务院.关于进一步做好新形势下就业创业工作的意见［Z］.国发［2015］23号.

[151] 国务院.关于大力推进大众创业万众创新若干政策措施的意见［Z］.国发［2015］32号.

[152] 国务院.关于深化高等学校创新创业教育改革的实施意见［Z］.国办发［2015］36号.

[153] 国务院.关于积极推进"互联网+"行动的指导意见［Z］.国发［2015］40号.

[154] 教育部.关于做好2017届全国普通高等学校毕业生就业创业工作的通知［Z］.教学［2016］11号.

[155] 中共中央，国务院.关于加强和改进新形势下高校思想政治工作的意见［Z］.中发［2016］31号.

[156] 国务院.办公厅关于建设大众创业万众创新示范基地的实施意见

[Z].国办发[2016]35号.

[157] 教育部.全面贯彻落实全国高校思想政治工作会议精神实施方案[Z].教党[2017]18号.

[158] 习近平.习近平总书记给第三届中国"互联网+"大学生创新创业大赛"青年红色筑梦之旅"的大学生的回信[N].人民日报,2017-08-16.

[159] 习近平.习近平致2013年全球创业周中国站活动组委会的贺信[N].人民日报,2013-11-09.

[160] 习近平.青年要自觉践行社会主义核心价值观[N].人民日报,2014-05-05.

[161] 习近平.决胜全面建成小康社会夺取新时代中国特色社会主义伟大胜利——中国共产党第十九次全国代表大会报告[N].人民日报,2017-10-27.

[162] 习近平在全国高校思想政治工作会议上强调:把思想政治工作贯穿教育教学全过程 开创我国高等教育事业发展新局面[N].人民日报,2016-12-09.

[163] 习近平在全国教育大会上强调:坚持中国特色社会主义教育发展道路 培养德智体美劳全面发展的社会主义建设者和接班人[N].人民日报,2018-09-10.

[164] 曾伟.扎根中国大地了解国情民情 用青春书写无愧于时代无愧于历史的华彩篇章[N].人民日报,2017-08-16.

[165] 柯进.创新创业教育实践的中国样本[N].中国教育报,2017-09-16.

[166] 安蓓,陈炜伟,何雨欣.开启大众创业万众创新新时代——2014夏季达沃斯论坛传递的中国发展新信息[N].人民日报,2014-09-11.

[167] 冯刚.推动思想政治教育创新发展[N].光明日报,2014-06-10.

英文学术专著

[168] Drucker, Peter Ferdinand. Innovation and entrepreneurship[M] HarperCollins. 2006.1-17.

［169］Kent, C.A.Entrepreneurship Education: Current Developments, Future Directions [M]Quorum Books,US. 1990:53-69.

［170］Alain Fayolle. Handbook of Research in Entrepreneurship Education: A General Perspective (Vol.1) [M]. Cheltenham: Edward Elgar Publishing Limited, 2005.

［171］Alain Fayolle. Handbook of Research in Entrepreneurship Education: Contextual Perspectives (Vol.2)[M]. Cheltenham: Edward Elgar Publishing Limited, 2007.

［172］Alain Fayolle. Handbook of Research in Entrepreneurship Education: International perspective (Vol.3) [M]. Cheltenham: Edward Elgar Publishing Limited, 2010.

［173］Alain Fayolle and Harry Matlay. Handbook of Research on Social Entrepreneurship [M]. Cheltenham: Edward Elgar Publishing Limited, 2011.

［174］Alain Fayolle and Paula Kyro. European Research in Entrepreneurship Series: The Dynamics between Entrepreneurship, Environment and Education [M]. Cheltenham: Edward Elgar Publishing Limited, 2008.

［175］Odd Jarl Borch, Alain Fayolle, Paula Kyro, *et al*. European Research in Entrepreneurship Series: Entrepreneurship Research in Europe: Evolving Concepts and Processes [M]. Cheltenham: Edward Elgar Publishing Limited, 2011.

［176］Alain Fayolle and Kiril Todorov. European Research in Entrepreneurship Series: European Entrepreneurship in the Globalizing Economy [M]. Cheltenham: Edward Elgar Publishing Limited, 2011.

［177］Robert Blackburn, Frederic Delmar , Alain Fayolle, *et al*. European Research in Entrepreneurship Series: Entrepreneurship, People and Organizations: Frontiers in European Entrepreneurship Research. [M]. Cheltenham: Edward Elgar Publishing Limited, 2014.

［178］Alain Fayolle, Paula Kyro, Francisco Linan. European Research in Entrepreneurship Series: Developing, Shaping and Growing Entrepreneurship [M]. Cheltenham: Edward Elgar Publishing Limited, 2015.

［179］Alain Fayolle, Mine Karatas-Ozkan, Katerina Nicolopoulou. Philosophical Reflexivity and Entrepreneurship Research [M]. New York: Routledge, 2018.

［180］Colin Jones. Teaching Entrepreneurship to Undergraduates [M]. Cheltenham: Edward Elgar Publishing Limited, 2011.

［181］Colin Jones. Teaching Entrepreneurship to postgraduates [M]. Cheltenham: Edward Elgar Publishing Limited, 2015.

［182］Anthony Smith.Nathions and Nationalism in a Global Era [M]. Cambridge:Polity Press,1995.139.

英文期刊及会议论文

［183］Fairclough, N..What might we mean by 'Enterprise Discourse'?[A].R.Keat,N.Abercrombie, Enterprise Culture [C].London:Routledge,1991.38-50.

［184］Gibb, A.A.The Enterprise Culture and Education – Understanding Enterprise Education and its Links with Small Business, Entrepreneurship and Wider Educational Goals [J].International Small Business Journal,1993, 11(3): 11-34.

［185］Rosa.Entrepreneurial Training in the UK: Past Confusion and Future Promise[C].Scottish Enterprise Foundation, 1992:81-92.

［186］Breen, P.J.Enterprise, entrepreneurship and small business: where are the boundaries [J].Entrepreneurship and Small Business. 2004, 1(1/2):21-32.

［187］Rae, D.Connecting enterprise and graduate employability. Challenges to the higher education culture and curriculum? [J]. Education + Training. 2007, 49(8/9): 605-619.

［188］Stevenson,H.H. and Sahlman,W.A.Entrepreneurship A Process, Not a Person. Working Paper, Cambridge, MA：Harvard Business School. 1987:1-7.

［189］Gibb, A.A.The Enterprise Culture and Education – Understanding Enterprise Education and its Links with Small Business, Entrepreneurship and Wider Educational Goals [J].International Small Business Journal. 1993, 11(3): 11-34.

[190] Hendriks M, Luyten H, Scheerens J, et al. Teachers' professional development: Europe in international comparison: an analysis of teachers' professional development based on the OECD's Teaching and Learning International Survey (TALIS)[J]. Office for Official Publications of the European Union, 2010.

[191] Krathwohl, D. R. A Revision of Bloom's Taxonomy: An Overview. Theory into Practice [J]. 2002, 41(4), 212-218.

[192] M. Bacigalupo, P. Kampylis, E. McCallum, Y. Punie. Promoting the Entrepreneurship Competence of Young Adults in Europe:Towards a Self-assessment Tool[R].Spain:IATED Academy, 2016.

[193] Donald F. Kuratko. The Emergence of Entrepreneurship Education: Development, Trends, and Challenges [J].Entrepreneurship Theory and Practice, 2005, 29(5): 577-598.

[194] Donald F. Kuratko.Entrepreneurship theory, process, and practice in the 21st century [J]. Entrepreneurship and Small Business, 2011,1(13):8-17.

[195] Jerome A. Katz. The Chronology and Intellectual Trajectory of American Entrepreneurship Education [J].Journal of Business Venturing, 2002,18(2):294-298.

[196] Jerome A. Katz. Fully Mature but Not Fully Legitimate: A Different Perspective on the State of Entrepreneurship Education [J].Journal of Small Business Management, 2008, 46(4):550-566.

欧盟组织政策文献报告
创业教育相关

[197] European Commission. Fostering Entrepreneurship in Europe: Priorities for the Future[R]. 1998.

[198] European Commission, Action Plan to Promote Entrepreneurship and Competitiveness[R].1999.

[199] European Commission, Final Report of The Expert Group "Best Procedure" Project on Education and Training For Entrepreneurship[R].2002.

[200] European Commission, Green Paper Entrepreneurship in Europe[R].2003.

[201] European Commission, Implementing the Community Lisbon Programme:Fostering entrepreneurial mindsets through education and learning[R].2006.

[202] European Commission, Entrepreneurship Education in Europe: Fostering Entrepreneurial Mindsets through Education and Learning[R].2006.

[203] European Commission, Final Report of the expert group: Entrepreneurship in higher education, especially within non-business studies[R].2008.

[204] European Commission, Survey of Entrepreneurship in Higher Education in Europe[R].2008.

[205] European Commission, Final Report of the Expert Group Entrepreneurship in Vocational Education[R].2009.

[206] European Commission, Towards Greater Cooperation and Coherence in Entrepreneurship Education[R]. 2010.

[207] European Commission, Enabling Teachers as a Critical Success Factor[R].2011.

[208] European Commission, Study: Effects and impact of entrepreneurship programmes in higher education[R].2012.

[209] European Commission, Entrepreneurship Education at School in Europe[R].2012.

[210] European Commission, Entrepreneurship Education – A Guide for Educators[R].2013.

[211] European Commission, Entrepreneurship Education 2020 Action Plan[R].2013.

[212] European Commission. Entrepreneurship Education at School in Europe[R]. 2016.

[213] European Commission.Taking the future into their own hands:Youth work

and entrepreneurial learning.2017.

［214］European Commission. EntreComp: The Entrepreneurship Competence Framework[R].2018.

教育及社会权利相关

［215］European Commission. The concrete future objectives of education and training systems[R].2001.

［216］European Commission. Making a European Area of Lifelong Learning a Reality[R].2001.

［217］European Council. The Recommendation of the European Parliament and of the Council of 18 December 2006 on key competences for lifelong learning[R].2006.

［218］European Council. EDUCATION & TRAINING 2010: THE SUCCESS OF THE LISBON STRATEGY HINGES ON URGENT REFORMS[R].2004.

［219］European Council. COUNCIL RECOMMENDATION of 20 December 2012 on the validation of non-formal and informal learning[R].2012.

［220］European Commission. IMPROVING AND MODERNISING EDUCATION[R].2016.

［221］European Commission. Rethinking Education: Investing in skills for better socio-economic outcomes[R].2016.

［222］European Commission. Strengthening European Identity through Education and Culture[R].2017.

［223］European Commission. School development and excellent teaching for a great start in life[R].2017.

［224］European Parliament, European Council and European Commission, the European Pillar of Social Rights[R].2017.

［225］European Council. Council Recommendation of 22 May 2018 on Key Competences for Lifelong Learning[R].2018.

［226］European Council. Council Recommendation of 22 May 2018 on promoting common values, inclusive education, and the European dimension of teaching[R].2018.

经济相关

［227］European Commission.THE LISBON STRATEGY ——MAKING CHANGE HAPPEN[R].2002

［228］European Commission. "Think Small First" A "Small Business Act" for Europe [R].2008.

［229］European Commission.EUROPE 2020: A strategy for smart, sustainable and inclusive growth[R].2010.

［230］European Commission. European Innovation Scorecard[R].2017.

东南欧地区相关

［231］South East European Centre for Entrepreneurial Learning. A key competence approach ISCED level 1[R].2014.

［232］South East European Centre for Entrepreneurial Learning. A key competence approach ISCED level 2[R].2011.

［233］South East European Centre for Entrepreneurial Learning. A key competence approach ISCED level 3[R].2014.

［234］South East European Centre for Entrepreneurial Learning. A key competence approach ISCED level 5/6[R].2011.

［235］South East European Centre for Entrepreneurial Learning. Zagreb Charter on Lifelong Entrepreneurial Learning: A Keystone for Competitiveness, Smart and Inclusive Growth and Jobs in the SEECP Participants[R].2016.

［236］South East European Centre for Entrepreneurial Learning. A Charter for Entrepreneurial Learning: the Keystone for Growth and Jobs[R].2012.

其他网络文献

［237］教育部.高校思想政治工作质量提升工程实施纲要.[EB/OL]. http://www.moe.gov.cn/jyb_xwfb/xw_fbh/moe_2069/xwfbh_2017n/xwfb_20171206/mtbd/201712/t20171207_320825.html,2017-12-07.

[238] Heinnovate. Is your Higher Education Institution promoting the development of an entrepreneurial culture [EB/OL]. https://heinnovate.eu/en, 2017-12-13.

[239] McCoshan A, *et al*. Towards Greater Cooperation and Coherence in Entrepreneurship Education [EB/OL].https://ec.europa.eu/docsroom/documents/9269/attachments/1/translations/en/renditions/pdf, 2018-09-04.

[240] European Confederation of Junior Enterprises. A success story from Janus consultants, Germany[EB/OL].http://www.jadenet.org/news,2017-11-30

[241] European Confederation of Junior Enterprises. JADE Events [EB/OL]. http://www.jadenet.org/events, 2018-04-02.

[242] European Confederation of Junior Enterprises. Annual Report 2016-2017 JADE – European Confederation of Junior Enterprises [EB/OL]. http://www.jadenet.org/jade-annual-report-2017,2017-11-27.

[243] European Confederation of Junior Enterprises. The Junior Enterprise Concept[EB/OL]. http://www.jadenet.org,2017-11-10.

[244] European Confederation of Junior Enterprises. What-is-a-junior-enterprise[EB/OL].http://www.jadenet.org,2017-11-10.

后 记

当今世界正处在大发展大变革大调整的洪流之中，科学技术日新月异，知识驱动和创新驱动日益成为经济社会发展的主要动力。在这种背景下，职业的更迭间隔被不断缩短，个体需要面对以往任何时代都不曾有过的变化和不确定性。创业对个体的意义已经远远超越了一份职业或者一个谋生手段，它是一种与知识经济相互适应的崭新的思维方式，是适应快速变化社会的一种生活方式，是个体在新时代中获得全面发展的有效途径。基于此，创新创业教育的终极关怀应该是"人"，它是一种帮助"个体"全面发展，更好适应未来时代的教育。选择欧盟创业教育作为研究对象，是因为它是着眼于核心素养发展的育人模式。欧盟将成员国创业教育的多元发展统一到创业素养发展这一话语体系之中，既兼容并包了成员国（地区）创业教育的发展差异，又对欧盟整体育人框架提供了支持。欧盟将创业素养纳入到了欧洲公民终身学习需要掌握的八大核心素养框架之中，实现了创业教育由经济领域向教育领域的转向。而当前，欧盟面临着一系列挑战，遭受着前所未有的认同危机。英国通过公投单方面宣布"脱欧"，更是认同危机的集中爆发。通过教育来强化"欧洲认同"是当前欧盟教育领域的决心和态度。从一贯的"教育的欧洲维度"嬗变为当前的"欧洲教育领域"，体现了欧盟在教育领域中的"雄心壮志"。作为"欧洲教育领域"提出后的首批一揽子政策工具，"2018核心素养框架"无疑是欧盟在教育领域增强"欧洲认同"的重要手段。他山之石可以攻玉。分析欧盟创业教育对我国创新创业教育改革与发展提供了一种"他者"视角。习近平总书记在全国高校思想政治工作会议上也指出，"要教育引导学生正确认识世界和中国发展大势"，"正确认识中国特色和国际比较，全面客观认识当代中国、看待外部世界"①。通过客观审视欧盟创业教育的育人导向、特点以及实践经验，反思欧盟创业教育的可借鉴性，对提出新时代中国创新创业教育的发展思路有重要参考价值，这也是本书创作的初衷。

此书的出版要感谢东北师范大学思想政治教育研究中心的各位领导和老师。他们一直秉持以学术研究推动学科发展的理念，积极为青年人的学术成长搭建平台，特别是本丛书主编杨晓慧教授和高地教授，对本书的出版给予了大力支持。与此同时，我也特别感谢导师王占仁教授，本书部分内容是我在读博士期间与导师共同发表的学术论文。导师严谨的治学态度，积极向上的人生观，永远值得我学习。我要感谢东北师范大学党委学生工作部的各位领导以及我工作过的学院的领导和同仁们，他们是我工作和学习的榜样。我还要感谢在研究过程中有幸结识的国内外创业教育专家学者，他们是：徐小洲教授及团队的诸多优秀学者，他们对国际创业教育的持续关注，为我提供了丰富的学术资源与观点启发；联合国教科文组织的汪利兵教授和Laychen女士，他们搭建的学术平台为亚洲创业教育领域学者提供了共同交流的机会；我的好朋友澳大利亚学者科林·琼斯以及英国学者安迪·帕纳卢那，与他们进行学术交流，常常使我耳目一新、备受鼓舞。最后，我要感谢商务印书馆的领导和编辑，他们为本书的顺利出版付出了辛勤劳动。由于作者研究水平有限，此书一定存在着一些不足和缺陷，恳请广大读者在使用本书的过程中多提宝贵意见。

常飒飒

2022年7月

---

① 习近平在全国高校思想政治工作会议上强调：把思想政治工作贯穿教育教学全过程 开创我国高等教育事业发展新局面［N］.人民日报，2016-12-09（001）.